Education
by
Choice

The Case for Family Control

John E. Coons   Stephen D. Sugarman

教育选择
家庭的权利与责任

［美］约翰·E.孔斯　　［美］史蒂芬·D.休格曼　　著

王佳佳　程接力　韦珠祎　　译

广西师范大学出版社
· 桂林 ·

总　序

教育政策中的理性设计与集体经验

　　一年前，和来访的澳大利亚专家进行了一次关于教育市场化的专题讨论。讨论的议题涉及 20 世纪 90 年代以来，澳大利亚的教育市场化改革中，家长使用"学券＋自费"的方式离开公立学校，导致公立学校日益衰退的案例，也涉及著名的私立学前教育集团 ABC Learning 疯狂扩张，乃至最后崩盘的过程分析。在讨论的过程中，澳大利亚专家多次提到，这场改革是政府主导下的集体试验，没有相关经验，对于家长选择给公立学校带来的影响，也没有进行充分思考。他最后总结道："这些改革的教训不是彻底否认教育选择，而是说明，家庭的教育选择行为和政府分配教育机会的方式是需要彼此配合的，市场需要管制，公立教育需要弹性。"

　　这次专题讨论使我回忆起五年前，对加州大学伯克利分校法学院教授，也是美国择校研究的核心人物约翰·E. 孔斯（John E. Coons）和史蒂芬·D. 休格曼（Stephen D. Sugarman）的拜访。在那次拜访中，我们谈及我们正在组织翻译的"教育均衡与选择"研究丛书，谈及他们的著作选入该丛书的原因，也谈及中国当时如火如荼的"择校治理"。他们也反复强调，美国的择校研究，是公立学校体系内部的改革尝试，是对不利人群选择权的尊重……应该说，当时的我仅仅从文本上理解了这些，但今天从政策意义上理解了其中的含义。

　　从开始对择校进行研究，到现在出版"教育均衡与选择"研究丛书，十多年过去了，我和我的同事们越来越少了当初的意气风发，越来越深刻地理解了教育政策的本质。公立教育对公共性、集体利益的追求，与家长对自己孩子未来的关注之间，在很多时候并不一致，因此，在这两个目标之间寻求平衡和妥协，建立一个公平有效的机制，是教育政策的核心追求。这也是"十九大报告"中对我国社会主要矛盾的描述，即"人民日益增长的美好生活需要和不平衡不充分的发展之间的矛盾"，这其中涉及"供需"之间的结构性矛盾，也涉及供给体系内部，地区间、各类供给间的不平衡和不充分。

对于教育体制改革的目标，社会整体的认同度非常高，然而，我们今天却非常缺乏对于策略和政策工具的研究与思考，也缺乏相应的集体经验和感知。即使在法治体系相对健全、阶层差异相对较小的澳大利亚，政策经验的缺乏也使得其教育改革出现了未曾预料的结果。这使我想起了日本著名的发展经济学家对发展中国家的忠告，即技术引进的一个重要条件是进行制度创新，且新的制度要和本国人民的价值体系相一致才能有效运行，这是一个追赶型国家发展的"社会能力"。① 这种社会能力，不仅取决于学者的思考和理论建构，更取决于公众的已有经验和感受。

然而，中国改革开放 40 年的经验表明，社会经验的形成不仅需要多试验、多总结，还需要从多方面寻求间接经验、有益的经验和糟糕的教训。这是我们在新的时期进行国际学术翻译的"新道路"，这些著作不仅仅向我们提供概念和思考，而且和伟大的社会实践与尝试结合起来，反映了这些学者的思考和分析。美国尝试对公立教育体系改革已经近 40 年了，和澳大利亚不同，美国的择校改革主要是在公立学校体系内部进行的，虽然涉及私立学校，但也对这种选择过程进行了严格的招生程序监管和过程监管。这种监管对于公立教育的核心价值的影响，以及各种法庭判例对于公立学校改革的意义，是我们非常稀缺的社会经验。

就我们这些翻译者而言，选择书的过程，也是思考的过程，我们奉献的丛书，也是我们对公立教育基本问题的思考。从贺拉斯·曼（Horace Mann）建立第一个公立学校体系，到今天进行公立教育改革的尝试，美国人用 200 年积累的问题和 40 年积累的改革经验，向我们展示了进行教育体制改革的困难。在学术研究的漫长道路上，尽管枯坐冷板凳，内心会产生强烈的孤独感，但是，面对教育体制改革的关键时刻，需要我们不忘初心，以多年的学术思考、真诚的学术态度，构建教育体制改革的共识，提高社会对政策工具的认识。

组织出版这套学术译丛，从某种意义上说，体现了我们的学术使命。从选书来看，这套译丛中每一本的作者都是美国顶尖学府的当代主流学者，每一本都是他们的经典力作，每一本都由久负盛名的出版机构精心打造，而且

① 速水佑次郎.发展经济学——从贫困到富裕［M］.李周，译.北京：社会科学文献出版社，2003：170—175.

每本书的观点不尽相同，是一套在政治光谱上覆盖面较广的、学术观点对比强烈的、思想价值较高的译丛。而且这套译丛的译者中有多位跟原书作者长期学习过或保持长期交流，对原著的理解更加细致深入，因此，我们在准确译介、思想传播方面也不辱使命。当然，这套译丛更重要的学术使命，是通过引介国外经典的、有影响力的学术思想作品，深度反思我国义务教育均衡发展政策的相关话语概念，为择校政策困局寻求疏导之策，为择校问题研究提供可鉴之思。

本丛书第一次推出五本著作，它们分别是：

1.《教育选择：家庭的权利与责任》

本书是教育选择研究领域的学术经典作品之一，在本书中，孔斯教授和休格曼教授围绕着为何要实施教育选择、谁来做出选择以及如何实施教育选择等核心议题展开了论述。其间涉及教育选择的思想流派和理论基础、儿童的利益问题、教育权的归属问题、种族融合问题、教育资助的主体、类型与方式问题等。两位作者分析论证了教育选择在补偿弱势群体方面所能发挥的重要价值和作用，旗帜鲜明地提出了要赋予弱势群体家庭以教育选择权，并构建了一个立法和政策改革的模板。在这两位法学教授看来，教育选择有助于促进教育公平而非损害教育公平。事实上，相较于市场化等改革指向，以教育公平为导向的教育选择计划在实践中最具有可行性，其影响力也是最大的。

2.《选择平等：美国的择校、宪法与社会》

这本书结合历史考察、法理分析和哲学思辨，并以来自大量实证研究的已有成果为支撑，对各种公立和非公立学校间的择校计划及其与教育平等目标的关系进行了系统讨论，为读者描绘了一幅有关学校选择在利益纠结与价值冲突之下动态发展的画卷。不仅如此，作为一名政治学和法学"科班出身"的学者，约瑟夫·P. 维特里迪（Joseph P. Viteritti）教授在本书中独具匠心地以公民社会的视角来认识择校，就缔结了美利坚合众国的联邦宪法及其修正案的不同理论解释进行了梳理辨析，对州宪法层面上的阻碍及其与公立学校运动的关系进行了讨论，从教育与公民社会间的深刻联系出发就择校的功能与价值进行了阐释，并以促进教育机会平等为目标提出了学校选择项目合理实施的前提和原则。

3.《拯救学校：从贺拉斯·曼到虚拟学习》

从这本书的名字就可以看出作者立足改革公立学校体系的雄心壮志，不过，这本书本质上是一次历史回顾，它描绘了建国时期、进步教育、人权运动、工会化、法制化、特殊教育、双语教学、问责机制、特许学校、家庭学校……各个时期、不同的方式，在不同时代的教育舞台上出现的重要角色和他们的改革。保罗·E.彼得森（Paul E. Peterson）教授为我们展示了这些人的教育梦如何走向迷途，公立学校如何成为一场政治足球赛，这其中的两边既不是家庭与社区，也不是政府、法庭与联邦政府。彼得森预见到，虚拟学习可以作为一种解决之道，它可为个体学习注入新的活力，为人们提供个性化的教育和学习方式，这也是公立教育的先驱和哲学家们所一直梦寐以求的结果。

4.《特殊利益：教师工会与美国公立学校》

自20世纪80年代以来，美国公众对公立学校的质量表现出不满，美国各级政府采取了多种形式的改革，然而成效一般。为什么公立学校的表现差强人意？为什么公立学校无法解雇不合格教师而只能低效运行？为什么数十年的教育改革，代价高昂，学校却拒绝变化、难以提升？特里·M.莫（Terry M. Moe）教授在分析了大量资料之后，把批评的矛头指向了教师工会。该书通过大量的信息和卓越的分析，以新的眼光审视了美国教师工会政治权力上升的历史、制度基础、政治运作方式，研究结论简单而令人震惊：教师工会是美国近年来教育改革的阻碍力量，它们利用团体的政治合力，通过集体谈判和其他政治活动，为保护自己的利益而抵制那些对孩子们至关重要的教育改革；只要教师工会依然强大，美国学校就不可能真正为孩子提供最有效的教育。

5.《学校、法庭与议会：解决美国公立学校投入产出的难题》

埃里克·A.汉纳谢克（Eric A. Hanushek）教授长期置身于教育财政问题的研究，并且在相关领域颇具权威。书中回溯了美国教育改革的历史，认为法庭在教育资金和教育政策的制定中起着十分重要的作用。然而研究发现，法庭和立法机构虽然通过决议，将大量资源投入学校，却并没有显著改善学生的成绩。作者认为，这是因为法庭在制定相关政策时，扭曲了对学校和教师的激励。基于此，作者提出了解决美国公立学校投入产出难题的新方法：建立一个基于业绩评价的激励系统，将教育资金与学生业绩表现直接关联。这个系统将赋权并激励教育者，以更好、更高效的决定进行学校管理，从而最终改善学生的成绩。作者利用以往的丰富经验和严谨的数据及研究，说明了为何在公立学校改革中，重构财政制度、激励制度和问责制是必要的。该书对于教育政策、教育财政和学校改革的相关研究具有极大的参考价值。

在很长一段时间里，贫穷限制了我们的选择，因此，当我们拥有选择能力的时候，我们少有考虑我们的选择给整个社会带来了什么。市场是一个选择的工具，但是，市场是和许多工具一起发挥作用的，其中就包括法律、利益相关者组织、财务评价和监管、教师代表……译丛向我们展示了对"教育选择"议题的讨论进入第二代后的复杂的治理体系。

这套译丛从立项到出版前后用时六年多，如今终于要和各位读者见面了，需要感谢的人很多。感激我们的译者团队，大家相互熟知、相互独立、相互交流、相互欣赏、相互支持，以民主的精神、真诚的态度、友善的方式、持久的耐心，建立了超越学术地位、跨越学脉关系、穿越学府界限，虽远在天边却近在眼前，既能独当一面又能相互抚慰的、自由平等的学术合作。真心感谢他们为这个译丛项目持续多年的、精益求精的、不计回报的付出。他们所体现出的思想活力、专业态度、合作精神和理想情怀给我留下了最深刻的印象和最美好的记忆。

除了译者队伍，还要隆重感谢此次翻译工作的支持团队。首先是奕阳教育的张守礼先生，他对这套译丛的出版资助，对编译团队的全程支持，以及在每一次需要出手相助的时候体现出的爽朗、慷慨和温暖，让我们永记心中。译丛的原书作者约翰·E.孔斯教授、史蒂芬·D.休格曼教授、约瑟夫·P.维特里迪教授、保罗·E.彼得森教授、特里·M.莫教授和埃里克·A.汉纳谢克教授，他们多年来给予翻译团队充分信任、关心指导和耐心包容。还要感谢广西师范大学出版社的刘美文、周伟和李影编辑对这套译丛的欣赏和呵护，多年来，他们与翻译团队始终通力合作，最终确保译丛顺利出版。

此外，特别要衷心感谢给译丛的每一本书题写推荐语的德高望重的学界前辈和造诣深厚的学界同仁，这套译丛正是因为有了他们的鼎力推荐，才具有了更加厚重的学术品位。

经过长达六年的不懈努力，我们收获的不仅仅是这套译著成果，还看到一群年轻学者忠于志趣、精诚合作、使命担当，感受到他们以学术为志业、笃定前行、抚慰内心、经世致用的精神气质，更让我感受到中国择校研究不久将迎来春天，正如休格曼教授在给我们的赠言中写下的寄语："致敬下一代的择校研究领域的学者们。"希望这套译丛仅仅是个开始……

是为序。

曾晓东　刘　涛
分别于北京师范大学、华东师范大学

中文版序

致敬杰克·孔斯：捍卫学校选择*

四十多年来，杰克·孔斯（Jack Coons）始终致力于捍卫家庭的教育选择权（Coons，Clune & Sugarman，1969）。在此期间，他始终坚定地认为，赋予家庭以更大的权力，让家庭在决定子女的受教育场所和受教育方式上扮演更重要的角色是一件好事情，无论对子女还是家长来说都是如此。（Coons & Sugarman，1977；Coons，Monookin & Sugarman，1993）。杰克所支持的学校选择机制，是一种为经济弱势群体、蓝领阶层和低收入家庭量身定制、以确保他们获得真正选择权的机制（Coons & Sugarman，1971；Sugarman & Coons，1980；Coons & Sugarman，1992c；Coons & Sugarman，1999）。

这些核心价值观，致使杰克在学校选择的支持者中显得有些另类，因为这个群体的主要目标是减少公共经费对教育的投入，通过学校之间的竞争来提高学业考试成绩。这种出于经济效率和反对政府管制的考虑而对学校选择持赞成态度的观点，通常与米尔顿·弗里德曼对学校的看法密切相关，但无法反映杰克作品中占据核心地位的平等主义价值观。

杰克第一次站出来支持家庭的教育选择权的方式，可以最好地解释横亘在杰克和米尔顿之间的分歧。在20世纪60年代末至70年代初，他带头倡导了一场以改变公立学校的拨款方式为目的的全国性的诉讼活动（Coons，Clune & Sugarman，1970）。杰克推动这项改革的动机来源于这样一种信念，即一个孩子所获得的教育质量不应该受这个孩子碰巧所处的这个学区的富裕程度的影响（特别是对于众多家庭来说，搬迁至一个更富裕的学区是一个无

---

* 经美国加利福尼亚大学伯克利分校法学院史蒂芬·D. 休格曼（Stephen D.Sugarman）教授同意，以此篇文章作为本书的中文版序言。原文刊发于 Stephen D.Sugarman. Jack Coons: School Choice Champion［J］. Journal of School Choice，2010，4（2）：191—194（http://www.tandfonline.com）.

效选项）。然而，在那个时期（许多州如今依然如此），富裕学区系统性地为他们的学生投入更多的经费，而且，为了做到这一点，他们只需要让纳税人稍稍支持下公共教育即可。简单地说，富裕学区能够并且轻而易举地在教育支出上超过贫困学区，即便贫困学区付出了更多的努力。通常，贫困学区要以更高的税率征收学区内微薄的财产税。

所有学区的教育经费完全由州层面按照统一的水平线完全统筹（可能因各地成本和需求不同而调整），这也许是一种针对财富不平等的补救办法，但不是唯一办法。"学区实力均等"（district power equalizing）是另一种办法，这是公立学校经费分配的一种新方式，通过调整州的拨款公式（state aid formulas）有效促使所有学区生均教育经费相等。通过同样的税收"努力"，就会带来各地生均教育经费相等的结果。值得注意的是，虽然这种改革体现出消除财富优势这样一种信念，但是它无法阻止各个地区将更多的经费投给学校的渴望。只要当地愿意征收更高的赋税，他们就能够做到这一点。这些年，由州层面完全统筹经费的办法和学区实力均等的办法在许多州都得到支持。

然而，杰克从 1970 年起就全力支持的一项更为深入的学校财政改革至今仍没有尝试，即"家庭权力均等"（family power equalizing）。实际上，家庭权力均等会使得每个家庭成为一个独立学区，这个独立学区花费在子女身上的教育支出所反映的，与其说是家庭的财富，倒不如说是家长为子女利益而花钱的意愿。家庭权力均等还意味着，由家长而不是学校官员来决定他们子女的受教育场所，除此之外，也不受因家庭收入不平等而产生的学费负担的影响。实际上是家庭权力均等促使杰克研究学校选择和教育券。

杰克很快就断定，像家庭权力均等这种制度不应该限制家庭只能在公立学校中进行选择。他认为，私立学校作为一种选项，包括教会学校在内，也应该供所有家庭选择。到 1978 年，他的主要关注点已经从公立学区财政改革转向致力于通过学校选择制度为中小学教育提供经费方面（Coons & Sugarman，1992a，1992b）。

这些年，"选择"原则已经在大体上被公立教育接受。如今，特许学校、磁石学校、备择学校、学区内转学、跨学区转学、小型的校中校（small schools-within-schools）以及州内跨公立学区择校，使家庭在送孩子去哪里就读的问题上，有了越来越多的选择，而且不用搬迁。简而言之，杰克为家庭选择提供的方法在公立学校系统中受到了越来越多的支持。

　　然而，美国几乎没有哪个州政府在财政上支持低收入家庭选择私立学校，尽管这种做法在其他许多国家非常普遍。特别是由于特许学校运动的蓬勃发展，那些为子女寻求范围广泛的非教会学校的家庭，能够在公共经费支持的公立学校中越来越多地达成所愿。但是，那些更钟情于教会学校的家庭仍然被排除在这项制度之外。之所以这样，并非是宪法限制，而是以下因素综合的结果，即美国政教分离的政治信条、教师工会的政治力量以及这个私人—市场的正当性本身不足以推动学校教育券计划获得立法通过。

　　如果美国少数几个司法管辖区想要扩大家庭的教育选择权，为那些想要选择教会学校的贫困家庭提供奖学金，就不得不获取来自美国政治上的左派和中间派的支持。为了获得这种支持，就要让杰克的理念得到更大范围的认可，即信任和授权家庭——不仅仅是富裕家庭——去选择他们认为子女最适合的学校。为了这个信念，即便是从学术职位退休之后，杰克还帮助创建了美国学校选择中心（American Center for School Choice）并担任该中心的理事会主席，这是基于杰克的核心价值观而建立起来的一个新的组织。

　　我感到非常荣幸的是，从 1964 年开始，杰克就成为了我的导师；而且在近半个世纪里，我与他共同撰写过很多书籍和论文。回顾我与杰克刚刚开始合作的 20 世纪 60 年代，我们会看到，美国 K12 教育的图景发生了巨大的变化。越来越多的美国人已经不再装模作样地说要为所有儿童提供同样的"公共"学校教育，而是主张要提供更多的选择机会，让家长根据子女的需要为他们选择适合的教育（或者在学校内选择适合的教育项目）。这种转变在很大程度上要归功于杰克长期不懈的努力。

史蒂芬·D.休格曼

英文版序一

多年来，我们一直在讨论是否有可能建立一个不同于现有的公立教育的替代体制，即政府不再是公共教育的唯一提供者，而孩子们也不再被迫到一所指定的学校就读。这类建立一个替代体制的实施计划涉及许多概念：教育券、赋权、教育票（education stamps）等。虽然这些实施计划存在着诸多差异，但是它们有一个共通之处，那就是收回当前学校官员代表政府所行使的指派孩子到哪所学校就读的权力，并将其赋予家长和孩子，让他们来选择孩子就读的学校。在这些计划中，大多数都主张，家长和孩子不仅有权在公立学校内部进行选择，还有权选择私立学校。隐含在所有这些计划背后的前提假设是，如果家长和孩子拥有更大的选择权，教育将会变得更好。

这些计划相互之间存在着如此大的差异，所反映的正是这些计划的倡导者们所持的价值观念的差异，包括政府与家庭分别应当拥有多少教育权、非主流的思想学说对社会融合有多大危害、专业工作者与他们所服务的顾客在做出选择和判断时存在着多大的能力差异、维护现存的制度秩序的重要程度如何等。

于是，传统的政治派别的划分开始受到质疑，自由主义者与保守主义者、平等主义者与精英主义者之间的界限显得越来越模糊，同时出现了许多奇怪的联盟。我们发现，米尔顿·弗里德曼（Milton Friedman）、克里斯托弗·詹克斯（Christopher Jencks）、马里奥·凡蒂尼（Mario Fantini）出现在了支持这类计划的名单上，而美国公民自由联盟（American Civil Liberties Union）和美国教师联合会（American Federation of Teachers）却反对这类计划。我们发现，这类计划受到了黑人、穆斯林团体、城市免费学校和天主教会的广泛欢迎，却遭到了"里根共和党人"（Reagan Republican）和"新政民主党人"（New Deal Democrats）的反对。

也许有人会问：为什么最近几年这种替代体制，这种基于家庭选择的替代体制会从四面八方涌现出来？我认为，这种现象出现的根源在于两方

面之间的矛盾：一方面，这个国家所采取的是以地方为主的教育管理体
制；另一方面，各个地区之间经济发展依存度在不断增强，包括州政府和
联邦政府的教育经费均在不断增加。我们国家的教育组织形式是围绕着地
方而建立起来的，包括街区、郊区的城镇、村庄、农村地区等，有时还包
括县；随着人们的工作场所与居住地相互分离的趋势越来越明显，教育由
于这种地方差异而带来的区别也就越来越明显。当前，越来越多的富裕家
庭有能力通过搬迁而让自己的孩子与其他背景相同的孩子在一起相处。与
此同时，两所相邻的学校却会表现出完全迥异的情况：经费水平差异巨
大，课程差异巨大，教师质量差异巨大，甚至学生肤色也差异巨大。在过
去，这种巨大差异的出现有其合理的原因：每个学区都是靠它们自己的财
政来维持的，每个学区的财政状况主要取决于当地的经济发展水平，因为
每个地区都是一个独立的经济体。但是现在，这种情况已经无法再维持下
去了。目前，将近一半的学校财政由州政府和联邦政府承担，而且每个
地区的财政状况不仅取决于当地的经济状况，同时也受到其他地区经济
发展状况的影响。因此，教育的地方基础正在受到削弱，而州和联邦控
制教育的合理性正在加强，因为州和联邦层面正在承担越来越多的教育
经费。

与此同时，作为社会构成成分的各类小群体在教育决策上也难以达成一
致意见，因而无法对孩子们施加特定的影响；于是，如何平衡当前教育决策
集权程度不断增强的趋势、找到一种替代体制就显得尤为重要。其中的一种
替代体制就是让选择的权利回归到个体层面，即赋予家长和孩子们以选择的
权力。如果说，当各个学区基本独立的时候（我认为过去这些学区的独立程
度更高）这种替代体制就已经显现出了它的吸引力和价值的话，那么，今天，
发展这种替代体制已经变得极为迫切。

我认为，正是由于这些社会变革，才使得越来越多的教育者和对教育感
兴趣的有识之士出于各自不同的考虑开始把教育赋权或教育券看作是未来组
织教育活动的正确方式。但是，随着相关讨论的深入，我们需要深入分析一
些相关的哲学问题，分析教育券计划可能的调整空间和幅度以及在实施过程
中的一些问题。

本书所开创的正是此类分析的先河。本书的两位作者采用了一条独特的
分析起点，从教育财政公平的视角出发来研究实施教育券这种替代体制的路
径。他们之前与威廉·克鲁恩（William Clune）合著的一本书《个人财富与

公共教育》（*Private Wealth and Public Education*）成为了自"塞拉诺诉普里斯特案"（Serrano v. Priest）① 以来影响法院判决的重要因素，而且很有可能是唯一最重要的因素。该案推动了各州立法机构修改学校资助方式以实现州内部的教育财政平等。他们所倡导的"各学区权力均等"的原则也成为了各州修改学校资助方式的主要理念。

但即便在《个人财富与公共教育》这本书中，孔斯和休格曼也已明确地指出，权力均等化这一理念的最终目标（或者也可以说合理延伸）绝不仅仅是到学区这一层面为止，而是要延伸到家庭这一层面，实现"家庭权力均等"。这也正是教育券体制所要做的：为孩子们提供平等的教育资源，而无论他们的家庭是否有能力搬迁或承担私立学校的费用。事实上，正如孔斯和休格曼所指出的那样，一旦政府着手要为孩子们提供真正平等的教育资源，就必须采用教育券体制让家长和孩子们能够在众多的选项中进行选择，否则，任何一种其他的措施都会带来严重的并发症，而这些并发症是离开政府的强力控制所无法解决的。

在本书中，孔斯和休格曼分析了在教育领域中建立一个家庭选择体制所必须解决的大多数问题。他们正面回应了一些反对教育券计划的有力观点，包括教育券计划会让孩子们被灌输成为极端主义者以及教育券体制会加剧种族隔离等。他们的观点令人信服：在他们看来，教育券体制能够有效地缓解不同思想观念之间的冲突，而不是加剧这种冲突；他们还指出了应当如何对学校（而不是家庭）施加限制条件以抵制种族隔离效应。（我个人认为，种族隔离的趋势会比他们所描述的更加严重，所以我觉得也许有必要采取比他们的提议更加严厉的限制措施。）

在构建教育选择理念体系的过程中，这本书成为了一块重要基石。这是

---

① "塞拉诺诉普里斯特案"是推动美国义务教育财政体制变革的一个标志性的诉讼案。塞拉诺是加利福尼亚州洛杉矶市公立学校的一位学生家长，而普里斯特则是当时加利福尼亚州财政厅的厅长。1971 年，原告塞拉诺控告加利福尼亚州的教育财政资助体系导致贫富学区教育经费差距拉大，因而违反了州和联邦宪法的平等保护条款。原告认为，儿童的生均经费不仅应取决于所在学区的财政状况，还应取决于整个州的富裕程度。加利福尼亚州最高法院经审理后认可了原告的诉求，责令州政府设计更加平等的教育经费分配机制。该案开启了美国义务教育财政体制变革的新时代，降低了学校教育经费对地方财产税和不稳定的教育费用的依赖程度，并持续增加州政府对教育经费的投入，促进了教育资源的平等分配。——译者注

孔斯和休格曼旨在探寻教育公平的著作，但它所带来的教育价值和社会价值
却远不止于教育公平。

詹姆斯·科尔曼

英文版序二

随着 20 世纪的结束和新千年的到来，在以适当方式教育每个儿童——无论其社会经济或种族背景——的问题上，美国面临着巨大的挑战。历史上，这个国家一直采用的是一套被称之为"公共教育"的资源配置系统。但遗憾的是，这套试图让所有孩子平等接受教育的系统失败了。尤其在大量底层民众聚居的城市社区，情况更是如此。

公共教育系统的立法者和拥护者们振振有词地声称，任何试图改变现状的替代性制度都将引起这一公共系统的崩溃。在很大程度上，提出并鼓吹这一观点的都是现行系统的受益者——强大工会背后的教师们——而非学生及其家长。尽管如此，由于许多管理者的大胆创新和一些立法者的锐意改革，情况已经发生了巨大的改变，择校问题的发展已经在迫使很多教育行政机构最终必须去应对"竞争"这一现实。

竞争是以特许学校和奖学金（也称教育券）的形式出现的。这些方式正在推动那些被承诺已久但通过现有公共教育模式却难以实施的改革。由于这些做法，在密尔沃基和克利夫兰公共部门中发生的变化已经得到很大程度的扩展。那些被新建特许学校包围的公立学校，或者说大量学生带着政府奖学金或私人奖学金离开的公立学校，也正在得到一些投资。Ted Forstmann 和 John Walton 分别以个人名义捐款 1 亿美元作为奖学金，这给教育行政部门带来了很大的震动。快速出现的公私合作正在推动美国年轻一代教育基本途径的转变。

在那些经济和社会机制失调已经影响到大多数青少年获得有质量教育的地区，这些变革显得尤为显著。不合格的教育已经损害了数代美国青少年的发展。而诸多现行择校项目则带来了希望，未来正在变得光明起来。随着这些项目的扩展，不管这个国家的青少年身处郊区、城市还是农村，多数人的可测学业水平都会得到大幅提高。

《使择校惠及所有家庭》一书（收录进本书作为下篇——编者注）的作者 John E. Coons 和 Stephen D. Sugarman 为了解决困扰美国教育的难题，考察了

各种教育途径的优缺点。那些关心美国公立学校及现行择校方案的人们都有
必要阅读一下该书。尽管该书没有解决所有问题,但它确实开启了关于变革
问题的严肃讨论和辩论。很多人认为这些变革过于激进,可能会摧毁公共教
育系统。Coons 教授和 Sugarman 教授并没有回避奖学金计划存在争议的部分
以及相关的宪法问题。此外,他们还为那些有意参与开发各类备选学校的人
提供了一些具体的标准。同时,他们还深入研究了相关机构实施教学测试和
教师资格认证的方式方法。对于被称为"在家接受教育"的新增择校计划,
他们也给予了认可,并指出了这一形式的优缺点。

该书应当被看作一本手册,适合对择校运动有浓厚兴趣的所有个人、组
织和机构。

Floyd Flake 牧师
于纽约市牙买加

目 录

下篇　使择校惠及所有家庭：一个立法和政策
　　　改革的模板

上 篇

教育选择：
家庭的权利与责任

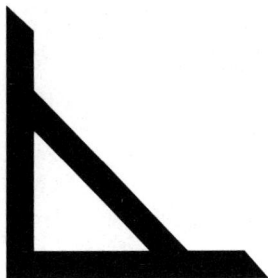

引　言

> 如果……我们能够找到反叛所属的一种哲学理念的话，
> 那就是一种关于界限的哲学理念，
> 一种经过精心预测但却仍然显得愚蠢的哲学理念，
> 一种有关危险的哲学理念。
> 如果一个人不了解一切，
> 他就无法破坏一切。
>
> ——阿尔伯特·加缪（Albert Camus），《反抗者》

　　想象一下，假如有一群人，他们渴望和谐共处，渴望相互合作以共同生产、共同抵御外敌，并渴望能够以一种公正的方式分配社会财富。但同时，他们对"好生活"有着各自不同的看法：有人看重个人奋斗和回报；有人想要快乐；还有人强调平静的生活和精神愉悦。那么，他们会怎样安排子女的教育呢？

　　这个问题非常重要，因为我们所处的正是这样一个社会。可以认为，美国就是这样的一个国家，尽管人们的肤色各不相同；而且从整体上看，我们可以认为，这些善良的人们非常关注社会公正。但是从个人的角度看，美国却像是一个动物园一样。虽然从表面上看，人们有相似性的一面：他们都出生在工业经济的背景下；但在现实中，却不存在"美国"这样一个种族，即便曾经有的话，也早已成为历史了。虽然工作和消费仍然是这个时代的主题，但这早已不再是大多数人的志趣所在；工作伦理正在受到文化、宗教、艺术等多种世界观的挑战。这种人生观的多元化对教育也产生了影响。如果说，对于社会的教育责任，过去曾经出现过全国性的统一理解和认识的话，那么，现在，这种理解和认识已经不复存在。尽管如此，人们仍然坚信，一个公正的社会应该为孩子们提供充足的正规教育，并做出公平和合理的分配。但是，分配的对象是什么呢？鉴于美国的成年人持有如此多样化的价值观，由公共经费支持的教育应该包括其中哪些价值观呢？

在我们看来，要想解决这个问题，就应该资助更加多样化的个人选择。这是一条尊重个人价值观、特别是尊重个人自由所必须采取的路径。这会涉及许多为人熟知的自由主义的基本概念，如私立学校、市场、竞争等。但我们的主题仍然是平等主义；它所涉及的是儿童生活中的一个重要领域，是一个需要实现平均分配的社会主义理想的领域。对于儿童而言，在这个领域，他只有得到了他所应得的全部股份，才能够追求和实现他想要得到的善。对于教育而言，我们的目标就是让每个人平等地享有自由。我们认为，在这里，自由与平等之间的冲突可以被调和。政府应该改变过去打包分配义务教育的方式，而代之以尊重个人自主、尊重个人的意愿和智识的方式。

重新分配教育选择权是一件复杂的事情。简单地把选择权赋予儿童是行不通的。对于那些由于年龄、疾病、精神失常或其他原因而缺乏自主能力的人来说，自由是一个糟糕的理想。当这个人是个孩子的时候，问题就显得尤为复杂；孩子们缺乏自主能力，但又不同于那些心智残障的成人。孩子们的自主能力处于不断的发展过程之中；起初他们只有一部分的自主能力，而最终他们将完全具备自主能力。而且，孩子们对自由的要求也不是静止不变的，他们需要得到权威的保护，这种保护既要能够促进其利益的实现，同时也要能够适应他们个人成熟度的发展阶段。

那么，选出这样的权威是否存在着某些标准呢？我们认为，只有分权制的政治体制才最有利于实现孩子的最大利益，这个政治体制应该能够提供尽可能大的空间让人们进行自由选择，而不只是在小范围内实现。因而，应当反对那种由某个较大的单位（无论是公立还是私立）彻底控制教育的情况。对我们来说，应该强化家庭在教育中所扮演的角色，同时促进教学行业协会的发展，使教师团体与家庭之间的关系更像是专业工作者与顾客的关系，而不是主人和仆人的关系。为贫困家庭提供教育选择权将改变美国的双重标准：对于那些有能力承担私立学校学费的家庭来说，社会为他们提供更高的教育目标和实现目标的途径；而对于其他的家庭来说，他们的天赋却受到了政策限制，必须到一所指定的公立学校就读。

我们的志向并不太高。我们无意探讨推翻这座教育大厦的紧迫性。我们只是想呈现一个新的框架从而更好地讨论一个公平的教育秩序应该是怎样的，想让人们对教育实验持更加宽容的态度。我们并没有穷尽所有可能的论点来为自己的结论辩护。作为一本只是为了让人们支持教育实验的著作，我们没有必要预测家庭选择可能带来的所有社会影响。例如，我们并没有就教育选择体制下教师可能面临的机遇或遇到的挑战展开详细的论述；我们也没有设想家庭选择可能对学校与工作之间的关系所产生的影响。我们想要的目标不是确切无误的证据，而只是思辨性的论述。当然，我们也不需要设一些复杂的学术陷阱。我们尽可能地减少学术争论常有的晦涩辞藻，而直接针对广大关心教育政策的听众来展开论述。

简要介绍一下我们的个人经历也许有助于了解本书的写作背景。从20世纪60年代初开始，在西北大学和加利福尼亚大学伯克利分校，我们（多数情况下是共同合作）就开始分析学校政策并参与其中的一些改革。当时，我们的学术兴趣主要集中在学校财政和管理以及如何促进种族融合等方面。在20世纪60年代中期，我们与威廉·克鲁恩合作，提出了一个有关合宪性的论点，并著述出版。① 如果这一论点得以采纳，将有助于在加强传统的地方控制和管理体制的基础上消除公立学校之间的经费歧视。在一些著作和文章中，我们提出了分别建立在政治单位（学区）和主要的社会单位（家庭）基础上的学校财政体制的法规模型。从1968年开始，我们曾积极地参与立法改革过程或法律诉讼过程，在多数情况下扮演着"法庭之友"② 的角色。

从1972年开始，在研究项目"儿童与政府项目"（Childhood and Government Project）开展的过程中，我们的想法得以酝酿和发展。这个为期五年的项目得到了福特基金会（Ford Foundation）和纽约卡内基基金会（Garnegie Corporation of New York）的慷慨资助，同时也成为了加利福尼亚大学伯克利分校厄尔·沃伦法律研究所（Earl Warren Legal Institute）的一个研究项目。该项目的成员来自不同的学科背景，他们所持的价值观则更为广泛。由于我们所研究的主题具有如此强的争议性，这个项目经常会成为思想交锋的战场；感谢我们的同事们，他们饱含深情的思想论争丰富了我们的工作和生活。

我们还要感谢许多同仁的慷慨相助。盖尔·萨利特曼博士（Gail Saliterman）敏锐地指出了文中可能出现谬误的几个地方，并热心地提出了批评建议。伯

---

① John Coons, William Clune Ⅲ and Stephen Sugarman, *Private Wealth and Public Education* (Cambridge, Mass., Harvard University Press, 1970).

② "法庭之友"是英美法系国家的一种诉讼制度，指案件当事人之外的个人、团体或政府机关在法庭作出判决之前就法院所面临的法律等问题向法院提供意见的制度。"法庭之友"向法庭提交意见的目的在于帮助法庭作出正确的判决，具体方式包括澄清立法意旨、厘清模糊的法律规定、告知法院关于案件的真实情况等。——译者注

克利的罗伯特·姆努金教授（Robert Mnookin）提出了不少重要而深刻的见解，使我们收获颇多。威斯康星大学的威廉·克鲁恩教授虽然与我们只合作过一段时间，但一直是我们成败的见证者。在我们合著的第一本书中，詹姆斯·科尔曼就曾为我们写过序言，这次他又慷慨地为我们提供了一个充满思想性的开头。最后，虽然打字可能并不是一件非常有趣的事情，但朱迪思·卡恩（Judith Kahn）、埃洛伊丝·施密特（Eloise Schmidt）、劳拉·柏刚（Laura Bergang）、芭芭拉·刘易斯（Barbara Lewis）、伊娃·西皮奥（Eva Scipio）、帕姆·科莱西（Pam Kolacy）却显得兴致盎然，感谢他们。

对于那些将毕生精力投入到现有的公立教育体制的一些人来说，我们对现存体制的批评肯定会让他们有所不满。对他们而言，即便我们在别的地方努力以更为传统的方式改进公立教育体制，也无法抵消在这里所犯的错误。因此，重要的是我们要坚持自己的观点，即我们反对以公立学校之名而施行的邪说。虽然我们希望把孩子们从一个没有选择的教育体制中解救出来，但是，我们最希望看到的是这种解救最终实现双赢的局面。长远来看，在抛弃了支撑自己的拐杖之后，公立学校将会变得更加强大。

第一部分 教育选择的背景

他不能，
像平民一样，
为自己生活。
因为，
他的选择，
决定着整个国家的兴衰与安危。

——威廉·莎士比亚，《哈姆雷特》

第一章　霍布森的选择 ①：你临近的公立学校，要就要，不要就算了

你并没有选择我，但我已选择你。

——《约翰福音》15：13

当前，公立教育体制中并非完全没有选择。通常，儿童被指派到某所学校就读，并不是靠运气或智商，而是靠居住地。家庭可以选择搬迁；而且，不同学区、不同学校的风格、课程也会存在一些差异。许多学校体制甚至允许家庭在当地的公立学校中进行选择，允许孩子们到临近的有容纳能力的学校就读。在佛蒙特（Vermont）学区和新汉普希尔（New Hampshire）学区，大规模的家庭选择体制已经静悄悄地运行了数代人的时间；最近几年，一个由联邦政府资助的名为"教育券实验"的家庭选择项目已经在加利福尼亚州的一个公立学校学区开始实施。最后，在现代中学教育中，几乎所有地方都提供了一些选择机会，如学术轨道的选择，包括大学预科、普通教育、职业教育等；还有个人课程的选择等。因此，从表面上看，公立学校体制内似乎存在着一些个人选择的空间。

但是，这些选择都只是特例；而且，与家庭因使用公立教育而产生的利益关系相比，这些选择的范围明显太小。满足个人选择的偏好从来都不是这个体制的主要目标。通常，一个家庭要想得到它想要的教育，必须得有足够好的运气：它必须恰好居住在一个特定的学区，该学区的学校管理者和大多数家庭与这个家庭

---

① 霍布森的选择是指没有选择余地的选择。霍布森是英国剑桥的一位商人，他在从事马匹生意时，经常将马匹的数量维持在 40 匹左右，并把所有的马匹放出来供顾客挑选。表面上看，顾客有足够充裕的选择余地，但霍布森却提出了一个附加条件：只允许顾客挑选最靠近门边的那匹马。这就在事实上限制了顾客的选择机会，是根本没有选择余地的选择，顾客只能在"要"与"不要"两者间选择。——译者注

的偏好相一致，当然还要在遵守法律和相关政策的前提下。至少，对于那些无力承担私立学校高昂学费，或者没有足够多的资源、智识或时间以找到合适的公立教育项目并想方设法让孩子到这些学校就读的家庭来说，情况就是这样。这些家庭不仅仅包括那些低收入的家庭。事实上，大多数中等收入的家庭，如果他们有不止一个孩子在学校就读，或者需要承担高额的医疗费用开支，或者夫妻双方只有一人工作，凡此种种，他们的教育选择机会都会受到限制。

我们仔细分析一下下面的例子。安·奥尔洛夫（Ann Orlov）今年 11 岁了。她的弟弟叫拉里（Larry），他们的父母是哈里（Harry）和琼（Jean），他们全家生活在城市中。哈里是一名警察，他的年收入是 14000 美元；琼兼职做秘书，每年为家庭增收 3000 美元。安在临近的一所学校威利斯（Willis）小学就读。她并没有表现出超人的天赋，但是对艺术很感兴趣，喜欢了解艺术家的工作和生活。她并不喜欢威利斯小学，因为这所学校并不重视艺术。每周六她都会参加一个社区项目学习艺术，但她觉得她的正规教育完全是在浪费时间，除了每周有一节 45 分钟的艺术课由专业人员教授以外。她非常希望自己每天都能跟着这位艺术老师学习，但是对于这所学校的孩子们来说，这是不可能的。安的正式教师发现，自己所扮演的角色与安的需求并不一致，于是就允许她从早到晚单独坐到教室后面。奥尔洛夫一家曾向威利斯小学的校长、一位富有同情心的女士求助，但不幸的是，除了让安转到其他学校以外，她并没有找到任何可以解决问题的办法。

安恳求转到其他学校就读。她希望能够找到一所重视艺术的学校，只要正式教师在课堂上经常关注她的兴趣就很好了。她的父母希望能够帮助她，但却面临一些问题。有一所名为贝尔伍德（Bellwood）的艺术学校，安也觉得自己会喜欢这所学校，但这是一所收费昂贵的私立学校，奥尔洛夫一家负担不起。当地还有一所价格适中的天主教会学校，但奥尔洛夫一家不想靠宗教来解决这一问题。他们或许还发现了本市一所公立学校的艺术项目或教师非常有吸引力，而且距离也不算远；但是到这里就读必须得到这所学校当局的批准，允许安从威利斯小学转学过来，但这种可能性也不大。当然，奥尔洛夫一家可以选择搬迁到这所学校的生源学区居住。他们甚至可以搬迁到其他学区。他们过去的许多邻居都是这样做的，而且也确实有不少家庭得到了满意的结果。

但是，对于奥尔洛夫一家来说，仍然受到了一些条件的限制。警察必须居住在城市里，所以对于哈里而言，搬迁就意味着要重新找一份工作。出于多种原因的考虑，包括公园、邻居、购物、教堂、搬迁成本等因素，奥尔洛夫一家宁愿选择原地不动，而且觉得搬迁是一件劳民伤财的事情。他们最担心的是小拉里，因为他非常喜欢威利斯小学的强项——音乐项目，特别是一个男孩合唱队，他扮演独唱的角色。哈里和琼觉得任何搬迁对拉里来说都是一个巨大的冒险。即便对安来说，搬迁也存在风险。如果新学校的学生根据能力分组，那么安很有可能被分到最差的组。更重要的是，奥尔洛夫一家还担心，如果举家搬迁，教师的人事变动和学校政策的调整可能会让全家陷入更糟糕的境地。

阿明·施罗德（Armin Schroeder）是市郊一个蓝领工人聚集区的公立学校的一名青年艺术教师。他制订出了一份综合性的小学课程方案。根据这份方案，各门基础学科的教学都将建立在艺术符号和材料的基础上。施罗德曾试着劝说学校当局为他提供一所实验学校；不过，虽然他们对这个方案表示同情，但实际上的做法却与此截然相反。但是，无论施罗德在他所在的学区取得了多么大的成功，对安·奥尔洛夫而言都是毫无帮助的；即便这里的学校仍然有足够的容纳能力，她也不可能得到特批离开自己的学区。

施罗德并没有足够的资金来创办这样一所私立学校供自己开展实验。即便他能够筹集到资金，这所学校的学费也很有可能达到每年1400美元；也许他能够吸引到富裕的顾客以维持学校运营，但他却不愿意办这样一所精英学校。与奥尔洛夫一家情况类似的家庭完全有可能选择这样一所学校，但前提是他们必须能够负担得起学费。而多数家庭都会觉得他们无力负担。奥尔洛夫一家的存款并不丰裕，而且他们的负担很重；其实，以各种税收的方式，他们每年已经为教育支付了700美元。当然，公立学校是"免费的"。在这种情况下，即便比较富有的家庭通常也会放弃他们本来想要选择的私立教育。

当地的公立学校是否满足了它们所服务的家庭的需要？想明确地回答这个问题并不容易。20世纪60年代和70年代对美国教育铺天盖地的批评表明公立学校并没有做到这一点。许多人的倾向和喜好更像是被掩盖了，并未得到满足。许多孩子和家庭并不想要被指派的强制性的教育，而希望代之以有所侧重的各类项目，如科学、经典名著、《麦加菲美德读本》①、音乐、《巴尔

---

① 麦加菲是美国著名的教育家，曾担任过辛辛那提大学、俄亥俄大学的校长。他用了二十多年的时间倾心编写了系列"语文"教材——《麦加菲美德读本》。这一系列教材自1836年第一次出版以后，就被众多学校所采用，成为19世纪美国学生最为通用的课本，对美国青年的心灵塑造与道德培养，乃至整个"美国精神"的建构，都产生了史无前例的影响。本书持续销售了一百多年，累计销量高达1.22亿册，被美国《出版商周刊》誉为是继《圣经》和《韦氏词典》之后"人类出版史上的第三大畅销书"。——译者注

的摩教义问答》①、《毛主席语录》等。对学校的教育形式也有不同的要求，有人也许想要户外学校，有人想要客厅学校，有人希望学校能够在早上7点上课、中午结束，有人希望学校会在秋季放长假，还有人希望教师都是艺术家或者在校外的业余时间聘请艺术家来当教师。与之类似，许多教师同样希望他们能够有更大的自由空间引导学生学习，他们可以展现自己在舞蹈、植物学、法语、中国文化、穆斯林教育等方面的特长。但是，我们所知道的是，即便学校、教师、家长和学生的目标完全和谐一致，许多家庭也会发现，今天，要想让孩子获得他们想要的学习经历是件非常困难的事情，除非碰巧出现意外情况。

我们往往会认为教育体制出现这样的问题是正常现象。但是，社会上有太多的奥尔洛夫家庭和施罗德，他们并不是特例。如果安和她的父母想要的东西不是教育，如果施罗德想要提供的东西不是教育，问题就会迎刃而解：奥尔洛夫一家可以方便地作出选择，甚至在必要和可能的情况下进行购买。安想要的其他东西都可以通过这种方式得到解决，再重要的东西也都可以。家庭可以为她购买她想吃的东西、她想穿的鞋子。无论在哪种情况下，选择都是由家长或孩子单独作出的，或者很有可能是经过一个筛选过程由他们共同作出的。当然，销售者会影响选择过程，政府会对某些购买行为进行限制。但整体而言，政府愿意相信奥尔洛夫一家在食物、休息时间以及其他会对孩子造成影响的重要事务上所作的决定。只有当触及教育问题时，无论是否有意，政府在事实上剥夺了家庭的选择权力。政府代替家庭建立了一个组织结构，这个组织结构难以为安提供被奥尔洛夫一家认为合适的教育，尽管在公立学校中有教师能够且愿意提供这种教育。

政府为什么会采取这一政策呢？是因为担心家庭会选择不合适的教育或者根本不为孩子选择吗？这种担心是有道理的。说句公道话，不管父母持何种观点，政府都应该保证孩子接受一定程度的教育。我们普遍相信，教育有助于增进社会福祉。无论是从个人的角度还是从社会的角度考虑，政府都应该严格确保家长履行法律责任，使子女受到教育。这就够了吗？符合情理的回答是，受教育权不应受到父母所拥有的资源的限制；对于孩子来说，如果

---

① 1885年天主教会在美国马里兰州巴尔的摩市发布的一份正式教义，此后几经修订，成为1885年至20世纪60年代末美国天主教会学校普遍采用的教材，部分教会学校至今仍在使用这份教义。——译者注

家庭无力承担他们的教育费用，家长的责任就会沦为一句空话。因此，社会有必要采取共同行动；而且，除非家长被剥夺了监护权，否则政府就应该为家长提供资助。唯有如此，孩子对教育的渴望才不会因家庭的经济困难而受到限制。

也许我们应该直接给穷人发钱。但如果采取这种发放津贴的计划，教育可能会被迫与孩子的其他需要、与家庭中包括成人在内的其他成员的需要争夺这些津贴。如果家长教育子女的法律责任能够轻易得到执行，这也许就不是一个非常严重的问题了。但是，明确地标明这笔津贴必须用于教育并不能保证家长不会将其挪作他用，无论是用于自己还是用于孩子。

但是，这些说法并不能证明当前所实行的面向所有人的免费公立教育的合理性。还有两个非常重要的问题需要解决：为什么要向那些并不贫困的家庭提供教育资助？更重要的是，为什么要提供不同的教育类型？我们将分别分析这两个问题。

今天，即便政府不提供资助，许多家庭也有能力承担子女的教育费用。还有很多家庭，如果不是政府以教育税的方式拿走了相当一部分家庭收入，他们也能够承担子女的教育费用。如果家长能够通过政府担保贷款的方式借到一些钱，以后再慢慢还款，那么有能力承担子女教育费用的家庭数量将急剧上升。[①] 简言之，政府是不是只要为低收入家庭提供教育津贴、为中等收入的家庭提供贷款就可以了呢？

答案显然是否定的。论证为所有人提供的免费公立教育的合理性有多种似是而非的观点。有观点认为，取消收入审查有助于避免穷人难堪，他们在公立医院病房和福利体制中正在遭受这种痛苦。有观点认为，免费公立教育可以被看作是为子女多的家庭提供的一种福利，一种类似于为未成年孩子提供减税的财政举措，因而无须考虑家庭收入多少。有观点认为，为中等收入家庭和高收入家庭提供教育津贴可以被看作是一个要求强制性地实施教育贷款的体系；学校税收系统其实就是强制性地让家长为子女的教育借钱，并在一生中不断还款。最后，还有观点认为，孩子本人可以被看作是借款人，当他们成人以后，他们会以交纳税收的方式归还这笔教育费用。但是，无论从整体上看还是分开来看，这些观点都只是为了说明资助那些并不贫困的家庭

---

① Stephen Sugarman and David Kirp, "Rethinking Collective Responsibility for Education," 39 *Law and Contemporary Problems* 144（1975）.

的合理性，尤其是在中等收入家庭和高收入家庭承担了相当一部分税收用以支持教育系统的情况下（这其实并不是我们关心的问题）。但是，无论如何，这些观点并没有说服我们为什么只能通过实物分配的方式、通过归政府所有、由政府管理的学校来提供这种资助。我们现在就开始分析这一重要问题。

家庭贫困所威胁的不仅仅是子女的教育；如果没有钱，不仅支付不起学费，也不能为家长或孩子提供食物、衣服和居所。在 20 世纪，我们的社会承担了越来越多的责任以保障穷人、特别是有子女的穷人的基本需要。在此过程中，政府已经找到了除实物分配以外的多种方式；在教育以外的其他领域，政府曾尝试过多种其他分配方式。住房就是全方位地运用政策工具的典型。①有时，政府会通过建设廉租房为低收入家庭直接提供住房；这是与公立教育体制最相似的一种做法，也是政府改善居民住房条件效果最差的一种做法。第二种方式是通过税收优惠或资助的方式鼓励私人房东把房子租给达到一定标准的低收入家庭。第三种方式是向低收入家庭发放住房券，他们可以在政府规定的一些地方选择自己想要租住的房屋，并用住房券支付租金。这种做法正处于试验阶段。最后一种方式，也是今天使用最频繁的方式，就是直接把钱发给穷人，让他们自己到私有租赁市场讨价还价。

现在，我们大多数的"福利"项目属于最后一种类型。②今天，政府通常不是直接提供土豆，而是把钱直接发给穷人，任由他们去购买羹汤、肥皂或长袜。一般来说，这似乎是一种明智的做法，因为并不是所有人都喜欢土豆或者适合吸收土豆的营养。不过，有人可能会决定从酒精中汲取营养，这就构成了一个问题，尤其是孩子会因此而受苦。于是，政府有时会明确限制选项的范围，例如：政府会采用食品券或医疗卡的方式限制这笔钱的用途，要求它只能用于购买食品或医疗。但即便在施加这些限制条件的前提下，这些项目也迥然不同于政府直接提供羹汤或医生的做法，因为这些券或卡允许其持有者选择食品或医生。

---

① See Generally, Kenneth Philips and Michael Agelasto II, "Housing and Central Cities: The Conversation Approach," 4 *Ecology Law Quarterly* 797（1975）.

② See Generally, *Handbook of Public Income Transfer Programs*; Studies in Public Welfare, Paper #20, a staff study prepared for the Subcommittee on Fiscal Policy of the Joint Economic Committee of Congress（Washington, D. C., Government Printing Office, 1974）.

　　为什么学校的资金不能以这种方式分配呢？为什么不能允许家庭选择教育者呢？就像有些孩子可能不喜欢政府的土豆一样，有些人可能不喜欢自己的学校或教师。但是，政府不仅选择自己开办学校，而且通过经济杠杆要求大多数孩子必须到这里就读。这种允许普通家庭选择食品，却不允许其选择教育的做法显得很奇怪。许多家庭可能会对相对统一、选择空间不大的医疗项目表示满意；对于一份特定的食谱可能也会表示满意，只要份额足够大就行。但当涉及心灵的培养时，人们的品位可能就会出现较大差别了。对于一个家庭来说，与其他需要相比，在教育方面，想必他们想要的是更多的选择而不是更少的选择。

　　当然，强烈地要求选择可能也会被认为是一个问题。现状的辩护者提醒我们，在一个民主社会中，接受一定程度的教育是必需的；如果把钱直接发给家庭让他们购买自己想要的教育，有人可能会选择类似于酒精的教育方式。不过这种担心是不成立的，除非我们只有两个选项：一个选项是像现在这样把并不富有的孩子们全都赶到公立学校；另一个选项就是完全根据家庭的富裕程度和家长的意愿决定孩子的教育。但这种政策困境很难成立，至少表面上如此。无论在哪种实行家庭选择的政治体制中，公立学校和私立学校都要遵守法律的规定，达到一定的最低标准。无论家长有多么任性，孩子所面对的并不是两个教育独裁者（政府和家长）之间毫无确定性的权力交替；孩子们本身将构成一方当事人，与另外一方构成一种权力的平衡状态。政府将强制要求所有孩子必须接受一些教育内容以形成社会认同感。这其实不过就是让孩子们接受最低程度的教育；需要注意的是，当前的体制同样是这样做的。其实，已经有支持自由选择的观点指出，在实行了家庭选择之后，孩子们事实上接受这类教育的程度将会得到提升。而且，除了这种政治规定的最低程度的教育以外，家庭追求自己教育选择的经济能力也得到了保障。本书将讨论支持和反对这种做法的相关论点。

　　这种设想涉及许多棘手的政策和法律问题。在过去的一个世纪中，美国从来没有为并不富有的家庭提供过具有实质性的教育选择权。推行家庭选择会给许多对现状感到满意的教育者和其他利益相关者带来麻烦，因而可能会遇到前所未有的阻力。他们之所以反对，并非完全出于党派立场的考虑，也不全都是为了个人私利，他们的批评实质上也是为了实现儿童的最大利益。在他们看来，家庭选择就意味着专业眼光和专业视角的消退，家庭选择以及安·奥尔洛夫的故事会像"罗生门"一样混淆视听。①他们认为，在历史上，公立教育者曾传奇般地把孩子们从挫折、从家长的贫困和无知、从私立学校的贪婪中解救出来。从他们的角度来看，家庭选择是一个极端主义者（左翼或右翼）设计的阴谋：在这个体系中，学校将有权通过控制学费的高低把穷人排挤出去，家长将有权与学校讨价还价以提取回扣，校长则会滥用职权根据自己的喜好招收或开除学生。对于这些批评者而言，监管并不能从根本上解决问题；即便通过方案的精心设计可以控制家长和官僚机构滥用权力，但每个人的教育偏好不可能得到充分满足，因为在任何一个特定范围内持有同样偏好的人都只是寥寥无几。因此，无论如何设计教育体制，安·奥尔洛夫的故事不可能有一个圆满的结局。

　　但是，正如我们上述所言，她的故事却有着非常重要的意义：这并不是一个虚构的故事，而是现实情况的真实报道。只要读一读马里奥·凡蒂尼（Marino Fantini）的《公立学校的选择》（*Public Schools of Choice*），我们就能够感受到教育中的自由是多么有限，即便是一个捍卫公立学校体制、认为其中存在着潜在的选择空间的人也很难找到其中的自由成分。

　　　　[公立教育]现在的组织结构难以有效地解决多样化的问题，也无法满足义务教育的需求。它正在强迫非常具有多样性的学生群体适应同一个加工过程，一个贴着"失败"标签的加工过程……

　　　　公立学校的结构要求所有的专业工作者集中精力建设一个单一式的教育，并要求所有学生必须接受这种教育。包括教师、校长、咨询师、督学在内的所有人都在努力改进这个单一式的教育体制。②

---

①　"罗生门"（Rushomon）指每个人为了自己的利益而编造自己的谎言，令事实真相不为人知。罗生门原为佛教禅经中的故事。后来佛教传入日本后，与日本当地传说融合，有了"位于人间和地狱之间的城门"的含义。到了现代，由于"罗生门"一词诞生时便有"生死徘徊"的意味，后来就演化成"当事人各执一词，各自按照自己的利益和逻辑来表述证明，同时又都无法拿出第三方的公正有力的证据，结果使得事实真相始终不为人知，事实结果一直在'真相'与'假象'之间徘徊，最终陷入无休止的争论与反复，从而无法水落石出、真相大白的事件或状态"。——译者注

②　Mario Fantini, *Public Schools of Choice*（New York，Simon and Schuster，1973），p.82，p.247.

当使用者对体制感到不满时，美国人最常做的就是尝试换一种做法。在公共生活的各个领域，再没有比公立教育更让使用者感到苦恼的了。

我们的目标不过如此：试着在当前的体制中增加家庭选择的机会。即便是教育选择的坚定反对者也不必过于激烈地反对；也许实验会证实他们的担心是有道理的，而且表明政府应该更多地干预父母对子女的养育过程——不仅要更早地干预，而且要更果断地干预。其实我们知道，反对试行教育选择的力量非常强大；因此我们不能只是武断地说有必要开展实验，而必须客观地评判批评者的各类告诫。如果他说专业教育者为孩子所作的选择是最好的，我们必须认真考虑这个观点；如果他说政府必须把并不富有的孩子送到政府办的学校以实现像种族融合这样更大的社会目标，我们必须分别作出详细的回应。如果批评者担心公立学校的教师可能丢掉工作，我们也将对此进行评估，因为他们的担心是合乎情理的。但是，如果问我们是否能够举出某个有关教育中的自由的实例，答案是否定的。我们的目标只是说服公正的读者，有必要在这个限制家庭选择权利的体制内开展实验，而且这场实验应该得到联邦、州和地方的支持。

我们提议，应该以奖学金的形式给家庭发放津贴，而且这种奖学金应该限制在所谓的"学校"以内。至于达到怎样的标准才能算作是学校，答案可能有很多种，但这种标准应体现在教育方面。从这种意义上讲，有人可能会指责我们不够大胆。这并不是说，我们认为把钱花在其他方面对孩子不重要。我们同样可以设想为家庭提供"儿童需要券"，允许家庭选择给孩子购买衣服而不是教育。事实上，在当前公共开支水平不变的情况下，如果政府把投资于教育的钱转而投到其他方面，比如孩子的健康，也许孩子和社会所得到的收益和回报都会更大；这种观点似乎也有一定的道理。

但是从策略上看，将津贴仅限于资助教育是有道理的。与孩子们的其他一大串需要相比，教育津贴似乎更容易赢得政治信任。也许有人从政治上更倾向于把津贴限制用于保健或日托。但是与这些项目相比，教育的特点在于，它目前已经得到了大量公共经费的资助，而且这些资助得到了社会公众的普遍认可；给家庭发放津贴并没有增加开支，而只是改变了控制这些津贴的主体而已。也许只有限制津贴必须用于教育才能够保障这些津贴的控制权顺利实现转移。其实，即便有人最终想要把公立学校的开支用于日托、医疗保健，甚或是推动社会的收入再分配，提供教育津贴也将是明智的首选。在此过程中，家庭将获取分配资源的经验，而批评者们则可以了解这些并不富有的家庭的习惯和偏好。当前有人在争论，家庭收入与家长考虑和维护子女利益的能力是否有关？在面临这个新的选择机会时人们的所作所为将为这场争论提供现实版的答案。

前面的路

我们讨论的对象是教育，这一点至关重要。在接下来的几章中，我们将就此进行深入分析，并探讨家庭权利的增加可能对教育产生怎样的影响。在教育领域，也许最大的问题就是确定目标。在组织和运营这个耗资 700 亿美元的全国学校系统的过程中，可能会遇到许多实际困难和问题；但是比较而言，这些困难和问题并不重要。即便在这个系统建立并运转起来之后，该系统的创始者们仍然对它持有不同的期望。目标是问题的核心，因为它联系着一个系统的结构和效果。例如，如果学校的目标是为帝国主义服务，那么它就应该由某些特定的群体掌控。这些人无论是在人员构成还是行事风格上都与那些倡导寂静主义①、经典学习、回归自然、儿童兴趣的人迥然不同。当一种教育体制启动时，总会涉及它预期生产什么样的产品，无论社会是否愿意就此作出决定，也无论社会是否明确提出了相关内容。如果选择家庭作为教育决策的主体，那么很有可能将产生更有效的成果。

虽然我们不可能详细分析家庭选择与各种可能想到的教育目标之间的关系，但我们肯定要分析它与普遍为社会所接受的一些目标之间的关系。经过深入细致的分析（具体过程下面将会详细描述），我们得出的结论是：在美国社会，人们普遍期望学校实现的目标有三大类，分别是为孩子的最大利益服务、培养支持宪法秩序的社会认同感以及实现种族融合。本书第二部分将探讨孩子的最大利益。第三部分则关注社会认同感和种族融合这两个主题。我们得出的结论是：更多地依靠家庭将有助于改进学校为孩子服务的能力。我们还指出，精心设计的自愿选择体制将增强社会对有序自由的忠诚度，并促进社会实现外在和内在的种族融合。在第四部分，我们描述了可能采取的行政、财政和教育手段以推进家庭选择，使其符合上述三个政策目标以及其他

---

① "寂静主义"是一种神秘的灵修神学，指信徒在灵修中应当享受与神交通的神秘经验，而这种完美的境界并非来自个人修为，不是人通过努力能够达到的，而是神临在于人们的心灵中而产生的效果。所以应该追求（被动）的寂静与弃绝个人的（主动），以便与神相通甚至合一，因此它强调把人的活动与责任降到最低限度。——译者注

一些重要目标的要求。我们意识到，如果只是让手持教育津贴的家庭进入教育市场可能并不会自动产生自由选择。例如，如果过了一段时间，一小部分私立机构开始控制教育供给，并只提供有限的选项或者只是擅长宣传、能够蛊惑家庭，那么我们的努力就只是换来了另一个垄断机构而已。因此，在第四部分，我们提到应适当限制市场的力量以及学校的宣传广告。类似的是，有些家庭可能会希望让自己的孩子向某些教师学习，而这些教师恰好又没有达到教师资质的要求。在第四部分，我们将讨论如何改变当前适用于公立教育的教师资质要求。

虽然本书有相当一部分内容是在描述增加选择的具体技术，但现在读者们可能更需要了解一些概览而不是细节。因此我们接下来先了解一下历史上尝试让家庭在公立教育中扮演主要角色的过程。

第二章　教育选择思想史

自由的挚友向来寥寥无几，

胜利全都归功于少数。

他们依靠与从旁协助的人结成联盟而获胜，

而这些人常常抱有和他们不同的目的。

——约翰·阿克顿勋爵，《古代自由史》

一、渊　源

政府只应扮演朋友的角色，它的任务只是促进教育的发展而不是主宰教育、强制规定教育的形式；这种观点并不是最近才出现的。在过去的两个世纪，公民自由主义者、经济学家、牧师、穷人的朋友等或多或少地提到了这种观点；他们一致呼吁，应向家庭分配一定的公共资源以便使他们能够为其子女购买教育。托马斯·潘恩（Thomas Paine）可能是第一个持这种观点的美国人（在 1792 年出版的《人的权利》一书中）[1]，但他也是唯一一位影响美国的外国思想家。潘恩早年曾与他的故乡英国的一些个人主义哲学家交往；当时，在亚当·斯密（Adam Smith）1776 年出版的《国富论》中，恰好出现了类似的观点。在揭示垄断所导致的各种弊病时，斯密提到了许多学校和大学的例子。这些机构的出资方（政府）保护它们免于竞争，让它们仅对掌管教学的教职员工负责，结果就导致它们发展迟缓、低效："学校和大学的出资方……不仅腐蚀了公立学校教师的勤勉，而且导致它几乎没有任何私立机构所能带来的好处。"[2]

斯密的主要兴趣在于推动教师把创造力和精力全部用于考试，用于市场

---

[1] Thomas Paine，*Rights of Man*（New York，E.P.Dutton，1915），pp.252—253.

[2] Adam Smith，*Wealth of Nations*（Chicago，Great Books Edition，Encyclopedia Britannica，1952），p.340.

所激励的方面。斯密提出，为家庭提供学校教育津贴将激发教育市场的繁荣，使有效教学得到相应的回报。不过，斯密并没有阐述任何具体的方案可以使好的教学得到家庭的回报；他只是指出，如果想要施行让家长选择学校这一理念，政府就应该向学校提供补贴。阐述具体方案的任务留给了潘恩。潘恩提议，应该为处于较低社会阶层的家庭提供接受学校教育的机会，方式就是今天所谓的负所得税①，同时要求家长承担为子女购买充足的教育的责任。

数代人之后，潘恩的提议重新出现在了约翰·斯图尔特·密尔（J.S. Mill）的著作中。1859年，密尔在他的名著《论自由》②中丰富了个人主义的内涵。相对来说，潘恩所强调的是家庭，而密尔所强调的则是孩子；但他们的方案是相似的。密尔认为，通过提供津贴保障家长的教育权，保障家长的教育权不受限制，这种促进家庭自由的做法只会增进而不是危害孩子的自由。如果我们最关心的是个人，那么当然应该追求孩子个人的自由和福祉。但这并不意味着为了孩子的自由应该把他们聚集到政府组建的机构中去。在密尔看来，为了享有自由，观念和行为的多样性是不可或缺的。因此，应该要求家长保证孩子接受充足的教育；而且，当家庭无力承担自己选择的学校的全部学费时，政府就应当弥补这种差异。在过去10年的争论中，密尔方案涉及的许多问题曾反复出现。

在美国，从1875年开始，强制性的公立教育风靡一时，无论是潘恩对家长权利的关注还是密尔对儿童权利的强调都湮没在了这股浪潮之中。到了20世纪，本土主义的发展甚至导致富人的自主权也受到了损害；直到1925年，随着最高法院对"皮尔斯诉姐妹会案"（Pierce v. Society of Sisters）③作出判决，政府的这种危害才从法律上得以解除。在该案中，俄勒冈州准备施行一项法律，要求所有的孩子必须到公立学校就读；但最高法院判决认为，宪法第十四修正案相关条款保护私立教育，并赋予家庭以选择私立教育的权利，只要它达到州规定的合理的质量标准即可。

① "负所得税"（negative income tax）是政府对于低收入者，按照其实际收入与维持一定社会生活水平需要的差额，运用税收形式，依率计算给予低收入者补助的一种方法。根据这种方法，贫困家庭将得到一份收入补助，而随着他们收入的增加，得到的补助会相应地减少。——译者注

② John Stuart Mill, *On Liberty* (Chicago, Great Books Edition, Encyclopedia Britannica, 1952), CH.V.

③ 268 U.S. 510 (1925).

二、最近的复兴

主张家庭应该在正规教育中扮演实质性角色的理念非常顽固。在被"皮尔斯案"解救出来30年后，这种理念重新焕发了生机，其推动者是与教会相关的利益团体以及稍后的南方分离主义者。在20世纪60年代初，经济学家米尔顿·弗里德曼在他简要阐述自己教育政策主张的《资本主义与自由》①一书中赋予这种理念相当高的地位。弗里德曼为密尔的分析披上了现代经济学的外衣。像古典主义前辈一样，他反对政府通过公立学校提供教育。他设计的方案甚至比密尔和潘恩的方案更直接。无论孩子的家庭背景如何，他们都将以教育券的形式得到同样的津贴，并可用于政府认可的所有学校。这笔津贴相当于把全部的教育经费平均分配给本州的所有学生。虽然设计方案较为简单，但从某种意义上讲，这一方案似乎比之前的方案更加雄心勃勃；它要求拿出更多的津贴来为所有人提供教育券，而不只是那些有需要的人。但是，从纯经济效益的角度上看，弗里德曼的方案能够在多大程度上区别于潘恩和密尔的方案则在很大程度上取决于多少税收会用来支持这一适用于所有人的教育券计划。

在弗里德曼这部影响力颇大的著作发表后10年，有三个群体以不同的方式推进了家庭选择的理念。支持弗里德曼的经济学家和热衷于家长权利的人发现自己和一帮像约翰·霍尔特（John Holt）这样激进的教育哲学家们处在同一条战壕里。这些教育哲学家们把选择看作是效率低下的公立学校垄断体制的终结者和推进"解放"学校运动的经济基础之一。这三个群体公开发表的论点显得非常抽象。没有任何一个群体拿出了一份详尽的立法方案或是深入分析了家长、儿童与政府三者之间应当建立何种新型关系。几乎没有人论述在这种新型的选择体制下儿童尤其是贫困儿童的命运将会如何。这并不是因为他们不关心儿童或是穷人，而是因为他们强烈的思想信念往往会遮蔽理论和实践中最为核心的问题。对于这些并没有结成紧密联盟的选择的支持者们来说，这是件非常令人讨厌的事情，因为这三个群体之间明显的分歧使反对者们有了充足的理由来驳斥这一理念，指责它不过是一个过激且带有宗教

---

① Milton Friedman, *Capitalism and Freedom*（Chicago，University of Chicago Press，1962）. See chap.6, p.85.

倾向的思想设计而已。① 事实上，虽然这些支持者们提出的许多观点是分散的，因而需要进一步凝练和澄清，但这些观点却非常有价值；他们独特的理念立场可以被看作是出于自身利益的考虑，而且正如他们在 70 年代所实现的转变那样，这些观点对于推动这些问题得到澄清具有重要意义。

（一）经济学家

弗里德曼和他的同伴们是从自由放任主义经济学的视角来看教育的。他们热切希望建立一个教育市场：在这个市场上，消费者的品位决定着商品的生产。他们认为，今天的家长无力改变孩子们的处境，除非举家搬迁或者努力成为学校的政治家；这种做法不仅效率低下，而且剥夺了消费者的选择权。在他们看来，市场是分配资源的最佳机制；消费者的自主权是检验这种机制是否建立的最终标准。为了解释这个道理，弗里德曼经常拿商品种类丰富的现代化超市与邮局这样服务种类单一的公立机构相比。

但是，这种论述消费者自主权与官僚机构行为的标准理论其实并未触及问题的核心，那就是家庭选择是否对孩子有利。弗里德曼的关注对象并不是孩子，而是家庭；他并没有把家庭看作是一个存在着潜在利益冲突的个体的集合，而是一个不可分割的经济实体。这种观点并不奇怪；大多数经济学家都是这样做的。我们很难以实证的方法观察财富在家庭内的转移情况，而且大多数经济指标均把家庭看作是一个单位。相关的分析和政策文本很少超越

---

① See, for example, "Teachers Told to Wage War on Voucher System," *The Oregonian*, June 30, 1973, p.21. 这份材料转述了纽约市的教师工会领导人 Albert Shanker 的发言。Shanker 指出，家庭选择计划的诉求是"美国各派力量一个新的联盟"：教会学校的利益相关者视其为新的经费来源渠道；政治上的保守派认为应当在所有可能的地方实现私有化；南方的白人希望借此避开废除种族隔离制度的影响；企业家尝试开拓这个新兴教育市场中的商机；中产阶级的家长们想要得到资助以便更好地到郊区的私立学校就读；此外，还有"持无政府主义思想的自由主义新左翼"等。但是，"这个联盟的反对者却寥寥无几，主要是教师和一些家长组织"。See also Shanker, "Parental Choice of School? Some Words of Caution," New York, *Times*, July 21, 1974. For other criticisms, see Eli Ginzberg, "The Economics of the Voucher System," 72 *Teachers College Record* 373（1971）；Maurice Berube, "The Trouble with Vouchers," 3 *Community* 1（Nov.1970）；and see generally, Henry Levin, "Educational Vouchers and Educational Equality," Occasional Paper 72—74, School of Education（Palo Alto, Stanford University, Aug.1974）.

这些实证数据。

　　在很多情况下，以家庭为单位进行经济分析是合适的。例如，在分析对食物和住房的消费时，家庭完全可以被看作是一个整体，其中家长承担着购买者的角色。但无论这种以家庭为单位的分析模式普遍适用于多少种情况，当把它应用于教育时就很容易产生误导。原因在于，与身体的养育相比，心灵的养育是一件更具有个体性的事情；如果这一观点成立的话，那么更合适的分析单位应当是家庭中的个人利益。每个人心灵的需要与他所在的整个家庭的需要以及家庭中其他成员的需要都是不同的，因而儿童个体应被视为主要的、独立的消费者。说句老生常谈的话，在提供相同学习内容的情况下，一个孩子可能会非常满意，另一个孩子则会感到没有满足需要。

　　如果教育的目的是为了孩子的最大利益，而不是作为整体的家庭的最大利益，那么这里的问题就很清楚了。如果想要证明提供家庭选择的合理性，就必须证明家庭足以成为孩子的代理人。于是，在呼吁消费者自主权的同时，就必须涉及另一个重要问题，那就是儿童个人的福祉在家庭组织中是否能够实现；而只提消费者自主权并不能解决这个问题。所以我们需要扭转弗里德曼把家庭看作一个整体的经济学；这样做显得有点讽刺，但却是合理的。在第四章中我们将详细阐述一个论点，那就是家庭其实完全可以扮演好孩子代理人的角色。

　　经济学家对家庭单位的强调可能造成误导还有另外一个原因。教育的目的可能远比孩子的利益更大，它可能包括许多社会目标、许多由政治上的多数人确定的目标。这些经济学家们似乎还有一个假设，那就是通过让家庭选择教育，这些社会目标也将得以追求和实现。坦白地说，这种假设是错误的，因为无论何时，总是有为数众多的家庭反对多数人的目标。例如，假设有项法律规定，学校应当培养军国主义精神以增强国家的军事力量，但40%的家庭希望培养孩子形成和平主义信念。在这种情况下，赋予家庭以选择的权利将会阻碍而不是促进公共目标的实现。因此，除非家庭选择的支持者们能够找到合理的理由，证明它能够在某种意义上超越多数人的目标，否则他们就必须明确阐述而不是简单假设家庭选择将有助于实现这些目标。在第六章和第七章，我们将谈到公民和谐和种族融合等目标。

（二）家长权利的倡导者

　　自从美国最高法院作出"皮尔斯诉姐妹会案"的判决之后，家长享有教育选择权的理念得到了迅速发展。① 自从该案 1925 年宣判以来，家长选择私立学校的权利得到了联邦的保护，同时许多私立学校的相关利益团体呼吁应当用税收经费支持家长行使这种权利。皮尔斯案成为了家长拥有子女教育权的标志性的政治事件。

在合理的范围内，当然应该维护家长的教育权，因为我们所处的是一个开放的社会。但是，家长并不是子女的主人，每代人的利益并非总是一致。因此，家长团体对成人权利的强调有时似乎显得有点过分。家长是子女教育的利益相关者，这一点已经得到了包括法律在内的各个地方的普遍承认；但是，如果孩子的教育只与家长的利益有关，那么我们就无法证明向无子女者征收教育税的合理性。当我们考虑家长、孩子和政府这三个利益相关方时，家长并不是排在第一位，而很有可能是排在第三位。很有可能，对于大多数美国人来说，孩子个人的利益才是判断是否应该用公共经费支持教育的关键因素。这当然也是我们的立场。因此，我们认为，应该把家长看作是实现儿童福祉的主要工具；最关键的问题在于家庭选择是否对孩子有利，而不在于它是否属于家长的一项权利。

其实，"皮尔斯诉姐妹会案"判决的最终依据也许正是家长的选择是否与孩子的利益相一致；如果事实证明，家长的选择对孩子有害，那么皮尔斯案将得不到支持。包括家庭和睦、家长宗教倾向等其他考虑因素可能会强化皮尔斯案对家长权利的强调，但这些只是在有利于实现子女福祉的情况下才成立的。一旦对子女的利益构成危害，我们对这项权利本身的信念也将遭到腐蚀。这也恰恰解释了我们的观点；否则，如果有家长根据皮尔斯案所赋予的权利要把自己 17 岁的孩子送到军事学校，我们就会处于很尴尬的境地，而且几乎无权进行干预。我们期待着第一起针对类似情况的诉讼案，在该案中，这个孩子宣称他有权利违背家长的意愿，不是去军事学校而是到当地一所公立中学就读。

（三）激进主义与个人主义的混合体

在 20 世纪 50 年代和 60 年代，人们开始重新关注密尔强调儿童个人自由的思想。保罗·古德曼（Paul Goodman）、约翰·霍尔特以及一些激进的批判

---

① See, for example, Virgil Blum, *Freedom of Choice in Education* (New York, Macmillan, 1958).

者开始把学校描绘成监狱；① 埃弗里特·赖默（Everett Reimer）、伊万·伊里奇（Ivan Illich）等人则补充说，学校是由技术专家统治的消费社会的镇痛剂，因而应当被废除。② 这些批评者均认为，学校其实没有任何作用，公共学习资源应当扩大而不是限制人的选择机会。他们主张通过采用新的学习方式实现人的自主。具有讽刺意味的是，也许除了古德曼以外，这些持有"幼稚的解放思想"（kid-lib）的哲学家们在无意中使社会更加无视儿童的个人利益。

　　问题就在于，这些批判者们把本身就未必合理的未成年人的自主标准用到了年龄更小的孩子们身上。这些批判者鼓动早熟的孩子们从学校中解放出来以满足他们对自由的需求，而根本不考虑他们的年龄差异。我们可以想象，某些非学校化的做法可能是必要的；但对于年龄很小的孩子们而言，很难说离开学校就意味着教育的解放。在任何一个教育体制中，无论是传统的或是激进的，无论是学校化的还是非学校化的，一个 6 岁的孩子都无法管控他的学习。他这种能力的缺乏并不是一个残酷社会的政治或文化的产物。其原因在于孩子自身力量和经验的不足。让小孩子实现解放的思想纯粹是无稽之谈。有人可能会提到斯巴达的教育，认为应当让斯巴达的孩子通过接触到多种不同的体制而实现解放。但是，把孩子从一个统治者手中解放出来只会让他们服从于另一个统治者。小孩子们没有得到自由，他们仍将被统治。唯一的区别在于被谁统治以及为何被统治。

　　在教育中施行"放任"的政策并不能改变压制未成年人的铁律。我们也许可以让孩子接触到多种不同的经验并为他们提供丰富的选项。但在所有的情况中，被"放任"的都只是家长或学校而不是孩子。孩子所在的体制是否"开放"也许会对他将来是否能够真正地实现自由产生深刻的影响，但这一事实也只是强化了上述论点而不是相反。为孩子提供选择不过是家长干预的另一种形式而已；它也只是经由家长之手对孩子最终实现自主的可能性产生

---

① See generally, Ronald and Beatrice Gross, *Radical School Reform* (New York, Simon and Schuster, 1971); Pual Goodman, *Growing Up Absurd* (New York, Random House, 1956) and *Compulsory Miseducation* (New York, Horizon Press, 1964); Edgar Friedenberg, *The Vanishing Adolescent* (New York, Dell, 1959). See also John Holt, *The Underachieving School* (New York, Dell Delta, 1969); Jonathan Kozol, *Free Schools* (Boston, Houghton Mifflin, 1972).

② Everett Reimer, *An Essay on Alternatives in Education* (Cuernavaca, CIDOC, 1970); Ivan Illich, *Deschooling Society* (New York, Harper and Row, 1971).

影响。

　　我们并不是说，孩子无法对他们自己的生活产生影响或者不需要他们为自己确定方向。恰恰相反，即便是非常年幼的孩子也应当拥有发表自己看法并受到重视的权利；他们应当有权在相当大的范围内为自己确定方向，而且这一范围应该不断扩大。这一范围应该尽可能地大，其原因就在于孩子也是完全意义上的人，他们像我们其他人一样面对道德选择，需要有犯错的空间。但是，孩子的自由只有在一个受保护的范围内才能实现，它就像一个防护网，能够在必要的时候保护孩子健康成长并不断增强他最终实现自由的能力。

　　随着孩子年龄的增长，"解放"这一主题的分量也不断增加；我们对此坚信不疑。对于青少年和成人，这种模式具有相当大的可行性；[1] 但直到孩子完全褪去他的自然从属性，才应当由他自己作出重要判断和决定。那么，当孩子仍具有从属性时，他应当在多大程度上被强制性地引领？这种引领应采取何种方式？应持续多长时间？应由谁引领？引领的最终目标是哪里？究竟应当由政府做出所有重要决定，还是由政府与家长、孩子分享这一权力？这一权力应该在多大程度上、以何种形式被授权？如何保障孩子获得最低限度的满足感和生活品质？家庭是否有权做出选择？是否有权做出有条件的选择？在"自由"这一词汇的光辉背后，这些实践问题都被遮掩了。

（四）理论的整合

　　20 世纪 60 年代末，在经济学家、家长权利的倡导者以及激进的教育学者所提出的相关理论的基础上，新的教育选择理念的倡导者出现了，使这场争论出现了新的维度。[2] 首先，他们提议，任何一种方案都应采取保障措施以避免教育选择试验严重危害孩子的利益。这些倡导者认为，不受限制的家长权力不足以保护孩子的利益，而且他们拟定的首个实施方案中就包含了保护孩子免受家长或教育者忽视或虐待的制度规范。

　　这些倡导者们还尝试采取措施规范学校的行为，方式就是推出一些必要

---

[1]　John Coons, "Law and the Sovereigns of Childhood," 58 *Kappan* 19（1976）.

[2]　James Coleman, "Toward Open Schools," 9 *Public Interest* 20（fall 1967）；Christopher Jencks, "Is the Public School Obsolete？" 2 *Public Interest* 18（winter 1966）；Henry Levin, "The Failure of the Public Schools and the Free Market Remedy," 2 *The Urban Review* 32（June 1968）.

的社会政策。例如，他们谴责某些教育选择方式可能会加剧种族隔离或排斥穷人；有些倡导者提到了争论多年的合宪性问题，因为它涉及是否要为教会学校提供资助。随着教育选择变成一个改革者们可以接受的政治目标，宪法改革和政策改革的力量开始合流。稍后我们将开始分析这些旨在同时实现这些目标的政策规定。

三、贫穷与选择：哪些人没有选择权

最近兴起的一股倡导家庭选择、呼吁应尝试由公共经费资助家庭选择的浪潮主要源于过去 10 年的扶贫项目。[①] 人们希望穷人能够掌控他们生活的方方面面，教育只是其中的一个方面。约翰逊政府和尼克松政府均提出了一系列旨在为低收入家庭提供更大的经济选择权的方案。即便是许多保守派人士也乐意看到为成人提供某种形式的年收入最低保障措施，同时专门为这些家庭的孩子们提供补贴。自然，这种对穷人经济上的扶持应当延伸到教育领域。联邦经济机会办公室（Office of Economic Opportunity）沿用弗里德曼的说法，把这一方案称为"教育券"计划；稍后我们还将专门讨论经济机会办公室的一项教育券试验。

但是，在当前的学校架构中，缺少选择机会的家庭并不只是"穷人"，虽然政策制定者经常使用这一概念。现实的情况是，虽然有选择权的都是富人，但是把这一权利延伸至其他社会群体不但会对穷人产生影响，而且必然会对许多中产阶级产生影响。

根据传统的概念，穷人就是那些收入低于"贫困线"的人们；在 1977 年，对于一个四口之家而言就是大约 5600 美元。这些家庭之所以在教育领域缺少选择权，是因为他们缺少必要的资源以购买私立学校的教育，而且我们没有看到政府在提供教育选择权方面有什么作为。但是，假如一个家庭的收入超过了官方所规定的贫困线，并且有余力支付孩子在私立学校就读的学费（比如，每名小学生每年 1000 美元），那么，这是否就意味着这个家庭拥有选择权了呢？答案绝非如此。假如贫困线被提高到一个更具有现实意义的层面（比如 9000 美元），假如该家庭被退还了为公立教育支付的部分或全部税款，答案就更非如此了。对于一个中产阶级家庭而言，除非它的收入极为丰裕，

---

① Dennis Doyle，"The Politics of Choice: A View from the Bridge," in *Parents, Teachers and Children*（San Francisco，Institute for Contemporary Studies，1977），p.227.

否则很难选择私立学校，这主要源于现实中的两个因素：一是有一所指定的公立学校不需要直接支付学费；二是孩子到私立学校就读通常都要占用家长的一小部分工作时间，而且在短短的数年间家长必须支付全部学费，因为没有一种教育贷款既能够非常充裕，足以支付在私立学校就读的费用，同时又可以在未来更长的时间里慢慢偿还。这两个因素导致大多数收入远高于全国平均水平的家庭不敢认真地考虑让孩子到私立学校就读，因为他们必须为此支付全部学费。因此，这里所考虑的计划涉及远超过半数以上的美国家庭。

虽然这些为数庞大且不足够富裕的美国家庭缺少选择权，但对于"穷人"的官方界定也有一个重要的价值，那就是可以用来评判受伤害的程度。因缺少教育选择权而可能导致的受伤害程度与家庭的贫困程度相关。这主要是基于三个原因：家庭越贫困，它弥补教育问题的能力就越差；家庭越贫困，它通过搬家而离开经费不足或管理不善的公立学校或学区的能力就越差；家庭越贫困，它推动公立学校体系提供它想要的替代性的课堂或项目的能力就越差。

有一种理论值得我们认真思考，那就是特别贫困的群体中盛行着一种亚文化，其中的多数成员拒斥有规划和有节奏的生活，因为在这种生活中，人们需要经过长期的投入之后才能获得满足，教育便是其中的一种投入。[①] 根据这种理论，从传统学业的角度上看，教育的许多特点与这些家庭是无关的；穷人判断学校价值的依据仅仅是它在当前所具有的让孩子感到快乐或者受到监护的功能。穷人们的这种观念与他们的学业表现密切相关。但是，同样也有多种与该理论相悖的理论，其中一种理论便认为，如果能够在关涉穷人前途命运的重要事情上为他们提供选择的机会，没有人会知道他们会作出怎样的反应；教育便是其中之一。即便是具有保守倾向的社会学家也指出，许多贫困家庭的现状与那种讥讽穷人的理论所描述的情况并不一致，他们迫切希望改变自己的生存状态。他们或他们的子女成功改变自己命运的案例也层出不穷。毫无疑问，这些家庭苦于生活在一个没有选择的环境中；但他们至少会珍惜并利用这些为他们的子女提供的新的选项。

如果说哪个阶层最受伤害的问题仍然处于争议之中的话，那么，我们已经非常明确的情况是，家长应该代表孩子、为孩子说话这一社会普遍认同的

---

① See, for example, Edward Banfield, *The Unheavenly City* (Boston, Little, Brown, 1970) and *The Unheavenly City Revisited* (Boston, Little, Brown, 1974).

假设在涉及教育问题时却被简单地抛弃了。强制入学、公立学校管理结构和税收机构三者的结合体取代了家长选择的标准，那种只有富人家长才是孩子教育利益的最佳评判者的观点也被抛弃了。当涉及食物、衣服、居住等问题时，所有的家庭都有选择的权利；但当涉及首要的忠诚、智识以及重要价值观这些人性的东西时，政府就必须掌控孩子每天最好的几个小时。现在，根本的问题就在于这种区分经济阶层的做法是不是好的公共政策。

四、其他著名的改革

为了进一步明确我们探讨的主题并确定其边界，下面我们将把家庭选择与公立教育中其他流行的概念做一简要区分。这些改革概念包括"问责"、课程改革、社区控制、学校预算以及废除学校等。废除学校的倡导者（如伊里奇）与教育选择的倡导者之间的区分非常简单：后者不想废除任何东西，他们的目的不是减少教育的选项而是增加教育的选项；他们认为，即便是最传统的学校，只要有人想要，就应该存在。

要区分问责就比较复杂了。这种理念较为宽泛，有多种形式，但它们共通的地方就在于可观测性。[①] 问责的各种版本均是以公诉人的方式来推动改革；其目的在于通过引入某些公共程序威慑和惩罚教育中的错误行径。它的假设是，社会可以通过政府规定并强制执行一些行为规范，就像刑法一样；教育同样如此，公立学校体制的运营者们，特别是教师应该遵守这些规范。这些规范的形式可以是客观的，比如标准化的考试；也可以是主观的，比如由某些人对教学作出评判；还可以是两者的结合。

问责的整体理念及其多种可能的程序反映了其他社会领域处理异常行为的公共程序。一旦某种行为被指认为违反了教学规范（例如，"教学能力不足"或学生"失败"），那么即便是轻微的违规也需要接受审查并被督促整改。严重的违规者或再犯将被投入学业监狱，也就是被开除出学校这个"社会"。无论是个人还是机构，违规者甚至还会受到与罚款相当的专业惩罚，即没收从事该行业不可或缺的执照或许可证。有些狂热的支持者们还要求违规的个人及其机构向那些因其不当行为而受到伤害的人们做出经济赔偿。问责规范

---

① Lesley Browder，*Who's Afraid of Educational Accountability*?（Denver，Cooperative Accountability Project，1975）；Phyllis Hawthorne，*Legislation by the States: Accountability and Assessment in Education*（Denver，Cooperative Accountability Project，1974）.

和程序的管理者们包括督学、同行、家长、学生、特许机构及其混合体等。有时法官可能也会参与其中，例如，可能会有学生要求他曾经的老师就他未能在就读期间达到最低阅读标准而做出赔偿。①

　　家庭选择与问责也有相似的一面。两者都尝试探寻一种责任标准及其执行程序。但是，问责的标准体现在法律规范和公共程序之中，它们都源于政治；而家庭选择则更倾向于根据个人偏好而非政治来实现对行为的控制。根据家庭选择的理念，判断教育优劣的标准应由每个家庭来决定；该标准不是经由复杂的公共程序最终落实，而是通过家庭的选择来实现的，即家长不让孩子接受标准化的学校教育，并选择其他的教育提供者。家庭选择的程序相对低调，不需要公开，也不需要指责和控诉。它的"问责"方式就是减少那些违规者的顾客数量。当然，这种做法也有局限性；它不可能适用于教育的各个方面。事实上，许多家庭选择的倡导者承认应当就教师的行为设置一些最低限度的公共标准并公开执行。例如，有观点认为，在保护孩子们免受学校体罚、避免镇静剂滥用等方面不能完全依赖家庭。

　　课程改革者们采取的是另外一种完全不同于家庭选择的方式。他们认为，教育的问题主要是教育内容的问题。学校教给孩子们的是错误的东西而不是正确的东西，学校教育缺乏"基础知识""事业教育"或"情感性学习"。他们希望政府能够在各个层面按照他们的想法采取措施，改变教育内容。相比之下，家庭选择的支持者们对具体的教育内容不感兴趣。退一步说，当然要承认教育体验的重要性，也应该公开执行和保障最低限度的教育内容；但是在这条底线之上，学校和教师可以提供任何教育内容以满足家庭的需要。

　　家庭选择与社区控制运动之间的关系更加微妙，值得我们深入了解。20世纪 60 年代兴起的社群主义既是一个社会现象也是一个教育现象。② 整体而言，它是少数种族群体，特别是城市黑人为了获取对他们临近学校的政治控

① Peter W. Doe v. San Francisco Unified School District，Ca.Ct. of Appeals，Sup. Ct.No.653312，Aug.6，1976. See generally，Stephen Sugarman，"Accountability through the Courts，" 82 *School Review* 233（1974）．

② See Generally，Martin Mayer，*The Teachers' Strike*：*New York 1968*（New York，Haper and Row，1969）；Rhoady McCoy，*American School Administration*，*Public and Catholic*（New York，McGraw Hill，1961）；Henry Levin（ed.），*Community Control of Schools*（Washington，D.C.，Brookings Institution，1970）．

制权而做出的努力。许多城市的社区希望在不脱离更大的学区（它们的主要财政经费来源）的前提下拥有更大的管理学校的自主权；而且有些社区也确实做到了。这项运动要求由社区选举产生社区学校董事会，并由社区学校董事会选拔当地的教育行政官员进而对教育政策产生影响。作为既定的"地方控制"政策的合理拓展，该理念具有相当程度的可行性。通过创建规模更小的教育社区，它也被看作是推动公立教育系统更加人性化的一种方式。有人还希望，通过把学校与孩子生活的家庭和文化背景相联系，学生的学业表现也将得到改善。在现实中，上述的有些目的确实是达到了，尽管没有证据表明学生的学业成绩得到了提高。

　　这场运动与家庭选择相比有许多差异，但两者差异的核心在于对"社区"这一概念的理解。那些想要微型社区的人认为，理想的社区就是某一特定空间范围内的群体；这一概念首先是一个地理概念。某一群体由于政治机制的作用而成为一个社区；它选举出多数人的代表，然后授权他们来决定如何最有利于该群体的整体利益。这样就必然会产生胜利者和失败者。由于学校教育体制仍然是强制性的，因而失败者就必须到胜利者想要的学校就读。

　　根据家庭选择的模式，社区并不是一个地理政治概念。它是一个分享教育利益的群体，可能成为"失败者"的人可以选择与其他人一起到那些符合他们口味和期望的学校就读。当学校可以自由选择时，就会有许多来自不同社区的家庭聚到一起。因此，如果说社区就意味着社会和种族融合的话，那么与社区控制运动相比，学校选择导致的融合程度更为适中。当然，这种描述有一些理想化的成分；现实情况如何还需要具体讨论，我们将在第七章和第八章详细阐述。

　　最后，我们还会区分家庭选择与当前迅速发展的"学校预算"运动。[1] 如果化繁就简的话，可以说，这场运动的实质就是财政预算的去中心化，即每所学校按照就读学生的数量从学区拿到相应的办学经费，并在财政开支方面拥有最大限度的自主权。这种模式经常会把使用者的影响因素整合进来，包括让家长和学生理事会拥有不同程度的权力。因此，虽然强制入学的政策没有发生变化，同样会产生胜利者和失败者，但是家长有了更多的机会发挥影响。当然，与"政治地理"模式一样，有时少数种族群体可能无法得到他们

---

[1]　See generally, Walter Garms, James Guthrie, and Lawrence Pierce, *School Finance: The Economics and Politics of Public Schools* (Englewood Cliffs, N.J., Prentice-Hall, 1977).

想要的教育，除非搬迁到其他地方。只有家庭选择模式才能满足社群的利益需求。这并不是说学校预算模式不能被修正，从而向家庭选择的方向发展；恰恰相反，这是有可能做到的，例如，让所有的家庭在某个地区范围内选择学校。

需要注意的是，与上述其他改革相比，家庭选择的特点在于它尤其关注一个因素，那就是学生必须到一所指定的学校就读。家庭选择想要达成的效果就是改变两者之间的联系方式，并把这种联系从一个纯粹的政治过程转变为一个政治与家庭权威相结合的过程；在此过程中，政治活动的主要任务就是为家庭的判断起到支持、提醒、监督和促进的作用。

五、区分选择体系

特别提醒：有必要对选择计划进行区分。例如，对学校资格的限定非常重要。马里奥·凡蒂尼希望把家庭选择仅限于公立学校[1]；斯蒂芬·阿伦斯（Stephen Aarons）认为，除了公立学校，还应把那些由非营利性组织运营的学校纳入进来[2]；米尔顿·弗里德曼则设想让营利性学校也参与进来[3]。从另一个维度上看，克里斯托弗·詹克斯（Christopher Jencks）想要为穷人提供面额更大的教育券[4]；西奥多·赛泽（Theodore Sizer）和菲利普·惠滕（Phillip Whitten）希望只为穷人提供资助[5]；我们也曾提出过一个根据家庭的富裕程度及其意愿来分配教育资助的方案[6]。

家庭选择涉及许多法律问题、经济问题和公平问题，可以从不同的维度对它们进行解读：朱迪思·阿伦（Judith Areen）担心教会学校的参与是否合

---

[1] Fantini, *Public Schools of Choice.*

[2] Stephen Arons, "Equity, Option, and Vouchers," 72 *Teacher's College Record* 337（1971）.

[3] Milton Friedman, "The Voucher Idea," *New York Times Magazine*, Sept.23, 1973, p.21.

[4] Center for the Study of Public Policy, *Education Vouchers, A Report on Financing Elementary Education by Grants to Parents*（Cambridge, Mass., CSPP, 1970）; Judith Areen and Christopher Jencks, "Education Vouchers: A Proposal for Diversity and Choice," 72 *Teachers College Record* 327（1971）.

[5] Theodore Sizer and Phillip Whitten, "A Proposal for a Poor Children's Bill of Rights," 5 *Psychology Today* 58（1968）.

[6] John Coons and Stephen Sugarman, *Family Choice in Education: A Model State System for Vouchers*（Berkeley, Institute of Governmental Studies, 1971）.

宪①；戴维·索南费尔（David Sonnenfeld）的关注点是当家长和学生选择学校之后，在学校的运营过程中，他们哪些方面的话语权应得到保障②；休·卡尔金斯（Hugh Calkins）和杰弗里·戈登（Jeffrey Gordon）曾考虑仅为那些有少数种族学生就读的私立学校提供公共经费资助③；史蒂夫·克里斯（Steven Klees）研究了教育选择计划的相关信息如何传播的问题④；公共政策研究中心（Center for the Study of Public Policy）曾努力探寻家庭选择的公共管理问题⑤。任何一位想尝试家庭选择改革试验的政策制定者都需要解决上述这些问题，就像我们在稍早出版的一本关注技术问题的书中所做的那样。⑥在第四部分，我们将以一种非正式的方式讨论这些重要问题。

现在，看起来更可取的做法是避开这些技术问题，主要关注家庭选择与教育目的之间的基本联系。为了做到这一点，在涉及机构和管理问题时，我们将对假设作出限定。稍后，根据论述的需要，我们将放宽这些假设并做一些修正。因此，在第二部分和第三部分，为了便于深入分析，我们请读者们假定下述事实：每年，改革地区将为每位学龄儿童提供奖学金，使他们能够到自己家庭选择的公立或私立学校就读；随着孩子成熟度的增加，他们将被赋予越来越大的选择的权力；家庭需要承担的学校教育成本（如额外的学费）不会大幅超出奖学金的面额；参与的学校必须得到政府的许可，但得到许可的标准应主要限于安全、诚实以及最低的教育投入等方面的考虑；必须提供有效的信息和咨询服务以帮助家庭做出明智的选择；在就学距离许可的前提

---

① Judith Areen，"Public Aid to Nonpublic Schools: A Breach in the Sacred Wall?" 22 *Case Western Reserve Law Review* 230（1971）. See also, Walter McCann and Judith Areen, "Vouchers and the Citizen—Some Legal Questions," 72 *Teacher's College Record* 389（1971）.

② David Sonnenfeld，*Family Choice in Schooling*: *A Case Study*，Working Paper 3（Eugene, University of Oregon, 1972）.

③ Hugh Calkins and Jeffrey Gordon，"The Right to Choose an Integrated Education: Voluntary Regional Integrated Schools—A Partial Remedy for De Facto Segregation," 9 *Harvard Civil Rights Civil Liberties Law Review* 171（1974）.

④ Stephen Klees，"The Role of Information in the Market for Education Services," Occasional Papers in the Economics and Politics of Education（Palo Alto, Stanford University，1974）.

⑤ *Education Vouchers.*

⑥ Coons and Sugarman，*Family Choice in Education.*

下，允许学生自由选择学校，一旦申请入学者过多，超出了学校的接纳能力，应由政府组织抽签决定；应免费提供便利的交通；在改革过渡期，应根据当前的教师规模保障教师的工作。如果有读者想要马上了解其他方面的管理问题，请直接从本书第四部分开始阅读。

家庭能够真正拥有多大程度的自由？这主要取决于会对家庭选择产生影响的教育体制以外的因素。从许多方面看，这种影响似乎是合适的；由于教育经历会对政治参与的有效性产生影响，所以家庭在选择时考虑这些因素似乎也合情合理。但从另一个方面看，有些压力似乎是不必要的，这要取决于一个人的价值观和信念。例如，许多人可能会觉得根据雇主或标准化大学入学考试的要求对申请者频繁进行筛选不是一件好事情；但迫于现实压力，家庭可能会被迫为孩子选择一些较为传统的教育项目，虽然他们认为这种教育未必最有利于孩子的成长。这个例子说明，引入家庭选择需要我们对学校外部的世界是否变化保持足够的敏感；我们将在第十章谈到该问题。但是，我们现在必须清楚的是，我们不同意那种除非外部社会发生根本性的变革，否则学校改革就毫无意义的看法。① 其实，我们与许多持此类观点的人持针锋相对的观点，因为按照他们的观点，我们根本就不知道改革应该从哪里下手。

---

① Martin Carnoy and Henry Levin（eds.），*The Limits of Educational Reform*（New York，D.McKay，1976）；Samuel Bowles and Herbert Gintis，*Schooling in Capitalist America：Educational Reform and the Contradictions of Economic Life*（New York，Basic Books，1976）.

第二部分　儿童的最大利益

臣民的善是君主的意图。

——丹尼尔·笛福,《土生英国人》

第三章　难以捉摸的"儿童的利益"

海象说：
"你想想看，她们能不能把沙子扫光？"
"我怀疑。"木匠回答说，
一滴热泪流出他的眼眶。

——列维斯·卡罗，《海象与木匠》

假如我们的社会在教育方面的唯一目的就是儿童个人的最大利益，相应地，在任何情况下政府都不能有意利用儿童，把他看作是社会政策的工具而不顾及他的利益。虽然这有点不现实，但这种限定性的假设能够帮助我们在接下来的三章中思考一个审慎的家庭选择体制可能会对儿童的福祉产生哪些影响。"儿童的最大利益"这种说法是举国上下在讨论教育时的一个基本主题。多数美国人相信，如果学校能够以某种特定的方式得以组织的话，它将对儿童"有利"；虽然在制定教育政策时，儿童往往被排除在外，但是他们的福祉却是评判政策优劣的普遍标准。包括我们在内的许多人都认为，儿童的最大利益是强制实施学校教育的唯一可以被接受的理由。如果家庭选择与儿童的教育福祉不一致，那么，我们就根本没有必要开展这样的试验。

如果我们的社会想要实现每个儿童的最大利益，那么，我们应当采用何种教育体制呢？根据第二章的分析，我们不能让孩子自己来作出决定，除非等孩子年龄稍大一点才行。在现实中，社会所采取的是一种特定的家长制。因而，现在的问题是，当前的家长制是不是最佳选择？换言之，是否还有其他更为可取的方式？

为了回答这一问题，我们首先将分析人们的观念，即教育应该为孩子们做些什么，教育能够为孩子们做些什么。这也许能够帮助我们了解其他某些体制。在分析之初，我们就发现了这样一个普遍现象：虽然有许多人宣称自己是儿童的代言人，但是他们对教育目的和手段的理解存在着根本性的冲突。

在这个社会，虽然人们普遍认同儿童需要掌握一些基本技能，但是指引这些技能培训的价值观却存在着许多分歧。我们可以把有些分歧描述为人们相互之间观点的强烈冲突；有些则完全陷入了困境，譬如人们无法就某些特定的价值观问题达成任何共识，如宗教教育。而且，即便对目的形成了共识，如"培养学生的阅读、写作和算术能力（Reading，Writing and Arithmetic，简称'3R'）"，但对使用何种方法仍然存在分歧。此外，关于采用何种方法，我们通常不知道当前已经达成了哪些共识，因为我们没有实证基础；也就是说，鉴于我们对教育领域的因果关系知之甚少，我们在说 x 加 y 等于 z 时经常缺乏依据。现在，让我们细致分析这一现象。

一、冲突与困惑：证据

许多人声称自己了解儿童在教育方面的利益。通常，一流的学者会对它的实质进行描述，有些胆大者还会告诉我们如何才能实现这些利益。自苏格拉底以来，似乎每一位博学之士都使我们大开眼界，相关论述简直是汗牛充栋。每当财政困难时，学校督学和教师工会的发言人都会尽其所能地对儿童的利益作出细致的描绘（尽管这些描述有时会相互矛盾）。儿童心理学家们也会出言献策描述这种美好生活。虽然我们并未尽览这些相关论述，也没有聆听过所有专家的言论，但我们的所见所闻却令我们倍感疑惑。我们所看到的，除了一些"教育对儿童有益"之类的粗略概括之外，更多的是浩如烟海的思想和专业流派的相互冲突，就像一座真实而有趣的巴别塔。

诚然，在讨论教育政策时，总会涉及许多反复出现的主题。第一个主题是对消费和投资的区分。人们普遍承认，在经济学的意义上，教育同时代表着两者。从消费的角度上看，儿童在学校生活的过程中体验着当下的快乐；从投资的角度上看，教育通过培养儿童，使他们将来能够找到一份好工作，能够有效地参与政治活动，并过上富足的生活。第二个主题是每个儿童都有不同的学习潜能，而正规的教育能够影响这些潜能实现的程度和方式。第三个主题是没有人能够在一生中学会一切，更不要说到 18 岁的时候了。因此，在涉及应该关注教育的哪些具体方面时，包括身体协调性、信息保持力、人际交往技能、思维过程、阅读技能等，我们必须作出选择。

但是，在这三个主题上达成共识并不能告诉我们如何实现消费与投资之间的平衡；也不能告诉我们某个儿童比另外一个儿童更享受某种生活体验；更不能告诉我们什么才是一份好工作，什么是有效地参与政治活动，什么是富足的生活。这些主题并不能帮助我们辨别某个儿童的潜能是什么，或是为了发展这些潜能应该如何组织教学。这些主题也不能指导我们在这个被称为教育的大范围内选择某个儿童或所有儿童必须掌握的技能和内容。而且，即便我们能够就几乎所有儿童应该达到的基本学习目标达成共识，如 3R，也能够就实现这些目标的方式达成共识，仍然会有许多困惑和冲突存在。

通过对专家们的提议进行分析，我们发现，其中有些提议会教孩子们去工作，而另外一些则会教他们去偷懒。许多人倡导教育就是为了"生活"，而另一些人则倡导教育是为了将来的生活；有人倡导责任或自我控制，而另一些人则倡导快乐；有人希望连学校一起废除，而另一些人则希望仅废除私立学校或仅废除公立学校；有人希望为孩子松绑，而另一些人则希望对他们严加管教；有人倡导终身教育，还有人则倡导经典教育。如果有人想找到"答案"，那么现实场景就更令人沮丧了。难怪许多社会科学家和教育领导者真正陷入了迷茫。

这并不是因为我们根本无法理解儿童。可以肯定的是，身体虐待不符合儿童的利益，而且我们也可以找到一些符合儿童正面需要的东西。没有人怀疑具备起码的身体协调性、掌握基本的学业技能、了解有关社会的基本信息、掌握与人相处的基本行为规范是有益的。在掌握这些目标方面，我们能够达成有效的共识。问题在于我们在如何实现这些目标方面没有达成共识；即便在这方面达成了共识，由于社会科学未能揭示实现这些基本教育目标的构成要素，这些共识的价值也变得令人怀疑。①

但这还只是开始。除了这些围绕个人发展的最低标准所展开的争论之外，还存在着许多价值观和方法的分歧。在这片充满未知的领域，即便教育科学发现了儿童的最大利益所在，这一信息也仅仅是某个与他人势不两立的精英阶层拥有的很少为人所知的财产——它究竟是谁呢？

不过这也只是专家的设想而已。转到现实之中，如果对教育的结构本身进行分析，我们就会发现一个不同的现象；不难想象，从我们的公立教育机构中或许可以发现关于什么是最有利于儿童的基本一致的理念。但即便如此，一旦我们的分析超出了这一基本框架，就没有参考依据了。而且，自上而下的管理和支持体系中也存在着许多价值冲突和不确定性。

---

① Frederick Mosteller and Daniel Moynihan（eds.），*On Equality of Educational Opportunity*（New York，Random House，1972）.

国家政府在表明自己为儿童所设置的明确的教育目标方面非常迟疑，这也可以理解；这种限制与我们的联邦结构和传统密切相关。虽然国会专门为那些在某些方面被政府忽视的儿童提供财政支持，但国家的政策通常不过是寻求更大的平等权而已，其目的是使儿童有机会追求州政府为他们设定的教育目标。[1] 但是在大多数州，由于实行的是分权制的决策程序，所以未能提出一个最优化的政策。各州的学区为自己的独立性而自鸣得意，他们想要使自己与其他学区完全不同。但是，即便特纳弗莱地区的白人学校与附近纽瓦克地区的黑人学校追求同样的教育目标，我们也很难说哪所学校是成功的。同样是在公立学校就读，一个学生在圣克利门蒂或格罗斯波因特的体验与在贫民区或农村地区、甚至以蓝领居民为主的郊区的体验是完全不同的。

学校教育风格和目的的差异并不完全取决于学生社会阶层的差异；为家庭背景类似的学生提供服务的学区也会存在课程或项目的差异，这些都可能是有意为之。欧洲人经常会讨论这种现象，因为这些学区之间的显著差异与法国、奥地利等国标准化的学校特征差异甚大。

为公立教育提供支持的财政结构似乎印证了我们的社会并未就儿童的教育需要达成共识。[2] 几乎所有的州都强制规定了最低的课程和环境标准，设定了学区开支的底线，并由州政府来保障。但是，地方学区可以用税收收入增加对教育的投入，而且大多数地方的学区都是这样做的，至于增加多少则取决于当地的政策倾向和财政状况。

于是，各个学区的经费状况相差非常大，具体要看各地在州政府的最低标准上增加了多少投入。这种财政政策被美国最高法院大法官波特·斯图尔特（Potter Stewart）称为"混乱的和不公平的"[3]；它反映出，除了这最低的财政投入和强制性的课程标准以外，美国人并没有就如何才能实现儿童的最大利益达成具有实质性的共识。他们甘愿让最低标准以上的一切取决于学区财政状况和地方选民的喜好这些偶然因素，无论当地是一个小村庄还是一座超

---

[1] See generally, Garms, Guthrie, and Pierce, *School Finance: The Economics and Politics of Public Schools.*

[2] Coons, Clune, and Sugarman, *Private Wealth and Public Education*; Charles Benson, *The Economics of Public Education* (Boston, Houghton Mifflin, 1968).

[3] San Antonio Independent School District v. Rodriguez, 411 U.S. 1, 59 (1973) (Concurring opinion).

过一百万人口的城市，无论当地居民收入均衡还是贫富差距极大。

与这种财政结构和管理体制相对应的是，各地教育的实质内容存在着巨大差异。在过去的 10 年，教育法学和教育政治学的学者们不止一次地分析了政府对教育风格和内容的法律管控和监管过程。① 相关的材料非常多，简单地对其进行归纳和概括可能会存在风险，但是有一条关于政府行为动机的结论却是合理的：每次中央政府对学校教育的内容或方法强加限制时，其原因通常并不是为了儿童的利益。

立法过程毫无例外地显现出了这种观念问题。立法机构经常讨论的价值观问题，包括爱国主义教育、善待动物、"道德原则"、进化论等，从本质上来说政治危险性较小，只是让活跃的政治团体满意，并得罪很小的一部分人而已，而且对教师行为几乎不产生影响。② 对我们来说，最重要的是，这些立法原则与学生可能得到的利益之间只有非常微弱的联系。

在政府监管非常严格的方面，比如对教师资格证书的要求，支持严格监管的理由往往是为了儿童的利益，但其真正目的往往是为了保障教师的工作以及那些控制着新教师培训和教师进入工作市场的通道的当权者的利益。一个最明显的例子就是广为流行的班级规模控制。在许多州，每个班级不能超过 30 人。但有证据表明，在较大的范围内，班级规模对学生的学业成就几乎没有影响；而且，坚持这样的班级规模要承受大量的费用，并会影响教育实验的开展和课程调整。③ 削减班级规模的倡导者们对儿童并无恶意；但是这并不表明他们曾认真地考虑过如何实施这项原则才能最有利于儿童，甚至连这种做法对儿童的好处究竟是什么他们可能都没有认真地考虑过。

最后，在涉及学校的种族融合和社会整合问题时，公众的行为也反映出关于儿童利益的价值冲突。我们姑且不谈政府发表的各类声明，仅政府在各个层面的行为表现就足以表明这个社会因人们在种族融合方面存在的观念

① Armin Rosencranz, "The Politics of Choosing Textbooks" (Berkeley, Childhood and Government Project, Working Paper#1, 1976); Dinah Shelton, "The Role of the State in Moral Education: The Experience of California's Moral Guidelines" (paper delivered at Northridge Conference on Moral Education, Oct. 1974).

② Dinah Shelton, "Legislative Control over Public School Curriculum" (Berkeley, Childhood and Government Project, Working Paper #2, 1976).

③ W.F.Murphy, *Class Size and Teacher Load* (Newton, Mass., New England School Development Council, 1975).

差异而被撕裂了。有些学区成功实现了种族融合；有些做出了尝试但失败了；还有些则退缩不前。由于人们的居住方式和学区划界等因素，大多数白人学生仍然在少数种族比例不到 10% 的学校就读；许多学校根本没有招收少数种族学生。① 虽然我们国家的法律禁止种族隔离，有时还公开反对种族隔离，但这种对种族融合的公开支持似乎并不会很快成为宪法常规或社会惯例。

即便在明确追求种族融合的社会中，这种做法的出现也很少是因为人们已经就儿童的利益或如何实现儿童的利益达成了共识。自由主义的社会科学家们力图证明种族融合有助于提高学生的学业能力，但相关证据仍然处于争议之中，而且所有证据都不够有力。② 最多可以说种族融合改进了某些学生的学业能力，但具体是哪些学生仍不明确。有人甚至指出，非自愿性的种族融合甚至会伤害某些学生的学业表现和自尊心。③ 至于家庭的主要目的是不是孩子的福祉，这一点也存在着分歧。在有些地区，家庭会逃离种族融合的学校，并作出经济和社会牺牲从而在其他地方为孩子创建成长的环境。即便所有这些相互冲突的群体或个人行为是以儿童的利益之名做出的，也只是再次表明在该问题上社会产生了分歧。不同经济阶层间的融合似乎同样如此。在有些地区，各类家庭到同样的学校就读。但在其他地区，人们居住方式的差异、与邻近学校的距离导致出现了经济阶层以及种族隔离的情况。

我们再看一下大多数州对私立教育进行控制的方式。1925 年的"皮尔斯诉姐妹会案"（Pierce v. Society of Sisters）明确认可了政府为了儿童和社会的利益对私立学校进行监管的权力。但是在现实中，政府的监管通常非常少，产生的教育影响微不足道。④ 例如，在加利福尼亚州，基本法对私立学校教师

① See, for example, *The Fleischman Report on the Quality, Cost, and Financing of Elementary and Secondary Education in New York State* (New York, Viking Press, 1973), vol.1 chap.4.

② Nancy Sr John, *School Desegregation: Outcomes for Children* (New York, John Wiley, 1975), and Derrick Bell, "Waiting on the Promise of Brown," 39 *Law and Contemporary Problems* 341 (1975).

③ Derrick Bell, "Serving Two Masters: Integration Ideals and Client Interests in School Desegregation Litigation," 85 *Yale Law Journal* 470 (1976).

④ John Elson, "State Regulation of Non-Public Schools: The Legal Framework," in Donald Erickson (ed.), *Public Controls for Non-Public Schools* (Chicago, University of Chicago Press, 1969), pp.103—134.

设置的最低标准仅仅是他们要"有能力进行教学"。① 事实上，即使是这样的最低标准也很少得到执行。即便当"自由学校"（free school）② 大量涌现，并对传统的观念构成挑战时，情况依旧如此。简言之，政府明显是既不了解也不关心天主教、潘瑟（Panther）教派、基督复临安息日会（Seventh-Day Adventist）、自由学校以及其他私立学校对 40 万名加利福尼亚学生的教育；加利福尼亚州甘愿让每个家庭来判断当前的这些私立教育是否最有利于儿童。

在这种官方行为和个人行为均令人眼花缭乱的背景下，除了达成一些基本的共识以外，我们很难看出任何就儿童的利益而达成的社会共识。而且，即便我们仅关心这些基本共识，似乎不可避免地会得出类似的结论：即便社会就哪些东西对儿童有利达成了共识，也无法就实现这些目标的方式达成共识。每一代美国专家都会生产大量的灵丹妙药以改进基本技能和社会行为的教学。③ 但其中多数已经迅速湮没在邪恶的时代了，甚至在教育者内部也没有形成一个真正的共识。

美国公立学校中英语非母语的孩子们所面临的教育问题较好地诠释了有关这种问题解决方式的争议。让这些孩子们掌握本国语言是得到所有人支持的目标 ④，但是很少有人能够在实现这一目标的方式上达成共识。当前使用的一种较为普遍的解决办法是每天在常规的学校教育之外专门提供英语作为第二语言的课程作为补充。但是，有人认为，合适的解决办法应该是为学龄前儿童或新移民建立专门的语言学习中心。有人声称，应该使用这些孩子的母语教授"学科知识"，直到他们随着与其他讲英语的人的接触学会说英语为止。有人主张，只要让这些孩子到以英语为主的学校就读，他们就会以非正式的方式从同学那里学会英语。最后，还有人认为，主要精力应用于教这些孩子的家长们学习英语。许多研究过这些选项的人承认，他们没有办法证明

---

① California Education Code 48222（1977）.

② Jeanne Chall, *Learning to Read*: *The Great Debate*（New York, McGraw-Hill, 1967）.

③ Lau v. Nichols, 414 U.S. 563（1974）; Hannah Geffert, Robert Harper. Salvador Sarmiento, and Daniel Schember, "The Current Status of U.S. Bilingual Education Legislation," *Papers in Applied Linguistics*（Arlington, Va., Center for Applied Linguistics, May 1975）; Richard Hiller and Herbert Teitelbaum, "Bilingual Education: The Legal Mandate," 47 *Harvard Educational Review* 138（1977）.

④ Urie Bronfenbrenner, *The Two Worlds of Childhood*: *USA and USSR*（New York, Russell Sage Foundation, 1970）.

某种方式是最佳选择。在影响人们对该问题的解决办法作出选择的因素中，"儿童的利益"所占的分量并不大。另外，为英语非母语的孩子们所提供的双语项目通常会关注到特定语言群体的文化，比如华裔群体。有人认为这些项目是有益的，因为他们珍视种族差异；但也有人认为，这些项目强化了不必要的种族隔离；还有人根本无法选择自己的立场。此外，无论是在少数种族群体内部还是外部，都存在着这场关于同化问题的争议。

二、共同的特征

所有这些是否展现了在涉及儿童的利益时、在达到了教育底线之后的社会混乱状态呢？毫无疑问，这只是冰山一角，现实中还有数倍于此的相关案例。不过这些困惑也许都只是表象而已；教育现实可能比我们所展现的内容具有更大的一致性。可能实践中粗略的一致性会使政府的干预在很大程度上变得不必要，因为教育体制能够实现自我规约。我们所提到的政府最大限度地容忍多样性的例子也许只是个案。也许政府完全可以容忍这些情况，因为它相信大部分教育体系能够在一部不成文的法律约束下保持和谐和一致性。

许多论据可以支撑这个观点。在大多数学区，有许多重要的相似之处。事实上，这些教育风格或课程的相似之处更为常见；人们常说，学校之间太相似了，它们努力生产同样的产品。尽管我们说了这么多社会在"儿童的利益"方面的困惑，但现实的情况是，公立学校体制在运行的过程中形成了某些共同的特征，这些共同的特征远远超过了它必须提供的基本技能。

简言之，我们可以把这些看作是一致性。从表面上看，学校强调技术、非冲突性的信息、技能以及被官方认定为"中性"的技能；学校想要传递的信息似乎没有哲学内涵，并大体避开了有争议的道德或政治议题。但对其内在进行分析就会发现，他们支持的是多数人的社会和政治规范。无论在历史上还是在当前，通过把孩子们放到某种可接受的社会背景之中或者至少是小范围的社会背景之中，学校力图培养出"真正的美国人"。这种"隐性课程"的形成主要依靠教师所营造的社会环境，而他们通常属于中产阶级并在相同的机构中接受教育。

学校所传达的信息具有共通性，与之相应的是学校环境的标准化特征。其实，最明显的一致性就是 24 名学生按照顺序在同一栋建筑内的同一间教室从 9 月到次年 5 月每天待 5 个小时。我们专门介绍学校的共同特征并不是为了让读者相信这一点，而是要指出这种共同特征的真实情况是什么。如果这些共同特征确实存在的话，那么我们想说的问题是，这种人们共同努力实现的共同特征是不是为了促进儿童的个人利益？或者是否能够以其他方式进行解释？也许学校的这些做法是为了孩子的利益而有意为之。也许一些影响力较大的教育者结成了不易察觉的联盟，形成了关于儿童利益的一致的理论并暗中说服社会推行这种教育。

但经验告诉我们，事实并非如此。就像我们所看到的那样，公立教育这些共同特征出现的主要原因并不是儿童的教育利益，而是其他因素，尤其是与多数者的社会和政治标准的和谐一致。这样做的核心目的是防止学校这艘船出现任何政治晃动；学校努力实现顺利航行不是为了儿童的利益，而是为了教育体制的利益和该体制的掌控者的利益。这并不是说专业工作者们是为了恶意伤害孩子而想出了许多做法并在公立学校推行，而仅仅是因为这些做法可以为社会所接受。幸运的是，能够为大多数成人所接受的教育内容和方式很少会对孩子构成明显的伤害，而且能够在不导致专业困境的同时迎合政治家或教育者的需要。

因此，这些共同的特征主要是为了垄断管理的便捷而不是解救儿童。它们本质上是通过为儿童提供一种安全的政治社会教育以维护学校的稳定，进而实现社会的稳定。这些政策是精心设计出来的，它们貌似合理，而且在任何情况下都被看作是值得期许的。但是它们并不是为了儿童而设计的。因此，在本章开头我们提出的假设太天真了；把儿童当作工具的现象普遍存在。虽然公立学校追求的目标通常会与儿童的福祉相一致，但它同样习惯于追求一些与儿童的福祉迥然不同的目标。在苏联发射了第一颗人造卫星之后，学校特别重视数学和科学。虽然这种课程重心的变化可能并未对大多数孩子造成伤害，而且肯定会对许多孩子有益，但这项政策的实施显然是为了其他目的。

也许我们可以对美国教育的共同特征进行合理化的解读，把它看作是符合儿童中心论教育思想的做法：为了做到这一点，我们只需承认，让儿童接受一定程度的教育，使他们与其掌权的长辈们保持一致对他们是有益的。但是，如果可以这样表述的话，那么任何有助于使儿童扮演特定角色并得到社会回报的经历都可以看作是最有利于儿童的，无论这个角色是士兵、生产者还是告密者。我们想到了布朗芬布伦纳（Bronfenbrenner）关于苏联学校的一本书中提到的内容：一所小学的海报把一个思想叛逆、违抗父母的孩子奉为英雄。毫无疑问，这种行为在某些方面是有利于儿童的。但是，如果说社会为了让孩子"适应"而做的所有事情都是为了孩子的利益，那么我们对这一概念的理解就会变得糊涂，而以儿童的利益之名制定的政策要么是愚蠢的，要么是虚伪的，要么是兼而有之。

最后，也许最重要的是，运用学校的共同特征来证明其为儿童的利益着想是件非常奇怪的事情。也许有人会从前面描述的州和联邦经费与管理政策中得出这样似是而非的结论。但不幸的是，前面提到的多样化根本不是为了儿童个人的利益。仅仅对教育政治的只言片语进行分析，认为它们充分考虑到了儿童的利益是非常轻率的做法。

第四章 面对复杂性：谁来抉择

当全能的神拒绝我们时，
我们便被赋予了更大的能量。

——乔治·桑塔亚纳，《美感》

一、真正的问题：谁来抉择

我们看到，社会在价值和方法层面存在着冲突和困惑；而儿童本身也有着不同的需要。我们只能无奈地得出结论：从整体上看，社会通常无法把握儿童的最大利益。那么，政府应该做什么呢？当我们无法就儿童的最大利益达成共识时，社会应该如何追求儿童的最大利益呢？

此时，明智的做法就是使问题简单化。我们认为，摆在政府面前的问题就是应该由谁来对儿童的最大利益作出判断。仁爱的社会应当把这一权力从政府手中转移到最有利于服务儿童福祉的群体手中。政府所需要的就是了解应当如何授权，从而最有利于儿童的利益。它需要找到一种特定的标准，进而判断哪些单位或群体能够最有效地履行权威，在社会不能有效地辨识儿童的利益的时候为儿童个体做出判断。下面我们将提出一个特定的标准，采用分权的方式来解决该问题。

但是首先需要认识到，我们并不认为必须采用强制的方式才能要求社会接受一个分权的体制。例如，许多关心儿童的群体，虽然他们坚信某种教育理念，但可能会为了让法律得以通过、拿到多数选票而与其他群体进行交易，如农民、工会、女性主义者等；也可能会有两个或多个教育项目的支持者们为了达到同样的效果而相互让步。但在这些案例中，如果仅看结果，我们很难判断社会是否无视了儿童的利益或者就该问题产生了冲突。如果我们承认每个儿童都有各自的利益需求，那么问题就更复杂了。如果我们的目标是有利于每个儿童最大利益的实现，那么我们经过斗争、互相投赞成票、妥协而建立的针对所有人的法律及其执行过程就显得明显不合适了。这种解决问题的方式不可避免地会伤害到大多数儿童。事实上，任何一种解决问题的方式都不可避免地会伤害到一些儿童。如果我们想象不到可以替代的办法，也许我们就只能容忍。但是，如果社会可以分权的话，我们就可以在不同程度上追求每个个体的利益。其实，这个国家已经存在着这样一个"去中心化"的教育体制了。重点在于，这种体制是否可以用来服务于每个儿童的福祉。

我们并不认为政府能够为所有儿童找到一个最佳决策者和群体。但是我们会提出一个理论框架基础：政府可以根据这个理论框架基础找到一个最有利于服务大多数儿童的体制；根据这个理论框架基础，政府应当明确哪些人或机构有权对儿童的教育作出判断，至少提出假设或作出初步判断。事实上，承担这一角色有许多似是而非的候选人：一位家长、两位家长、家庭、教育法官、市政委员会、学校董事会、教师、专业教育工作者团体、教育行政部门、联邦法院等。

如果问题是最有利于成人个体的，那么就容易多了，几乎不需要考虑分配权威的标准。即便社会在很多方面就成人的最大利益这一问题形成了共识，只要它致力于实现个人自由，它的这种"错误"便能得到宽容；在没有形成社会共识的地方，强者的意志便会成为社会共识。人们普遍假设，成人知道他们自己的利益是什么，因此这也适用于他们的教育选择。我们无法想象，社会对一个 18 岁的成人说，你必须到哪里接受中学后教育——通过行政命令对学生进行区分，强迫他们到大学或职业学校就读。诚然，社会可能会发挥影响和作用，但最终的选择权仍然在个人手里。

虽然社会把 18 岁的成人指派到某所中学就读的做法是对个人自由的极端漠视，但这个例子提醒我们，孩子的年龄越小，他们行使教育选择权的能力就越差，为他们设计如何分配教育权的难度就越大。换言之，问题并不在于 6 岁的孩子是否能够像成人一样独立。这是自然所决定的。社会所面对的情况，就是家长制的设计模式最有可能促进儿童个体利益的实现。

从决策权分配体系的角度上看，当前教育结构的情况是，权力已经被赋予给地方政府工作人员和通过选举产生的行政官员，他们有权决定哪种形式的教育最有利于实现当地儿童的最大利益。学校董事会成员、管理人员、教师等群体作为代表，在某种程度上受到更高一级政府官员、当地居民的制约，使教育实践被控制在某种可容忍的范围内。在入学问题上，儿童自己几乎没有发言权，他们只能受自己所在居住地的影响。一旦决定了居住地，公立学校的家庭在子女受教育问题上就丧失了发言权，尽管有些较为活跃的家长能够花时间采用骚扰、说服等手段使孩子进入自己想要的学校。

如果有人认为现有的"分权"体制是合理的，它最关心的就是儿童的最大利益，那么他必须证明，地方政府相关机构能够更好地把这些无力负担私立学校学费且没有钱搬家的儿童分配到不同的学校，尽管与家庭相比，这些机构的工作人员从来没有见过这些儿童，更不会像家庭那样可以得到专业咨询和支持。这背后隐含的假设就是，强制让儿童接受由专业工作者和通过选举产生的行政官员所作出的决定，这样的社会公共体制比其他体制能够让儿童得到更大的好处。他能够从这种教育经历中受益，同时避免受到他的家庭成员等业余人员因失误、冷落和剥削而带来的危害。根据这种观点，权力应当掌握在中立的长者和专家手中，他们不是家庭成员，他们考虑问题的主要出发点是公共安全。

但是，在以儿童利益为目标的前提下，应当依据什么标准来让渡给学生指派学校的权力呢？例如，为什么我们要支持现行的分权体制而不是赋予某位教师更大的权力呢？从性质上讲，遵从公立学校的权威是毫无道理的，因为多数人的原则可能并不适用于某个儿童。为了解决该问题，必须首先找到一个标准，并据此分配权力。下面我们将提出我们所认为合适的标准并进行辩护，然后根据这一标准得出分配权力的最优方案。

二、关于分配决策权的思考

对于所有家长主义的支持者们而言，判断应该由谁来为儿童作出决定是件难以抉择的事情。合理的原则是，尽管最终的决定会与某些利益相关方存在冲突，但是该过程始终应当由了解儿童、关心儿童的群体作出，同时整合儿童自己的声音。尽管该原则本质上是一个整体性的理念，但我们可以把它分为三个重要部分：声音、知识和关怀。

儿童本身对他的教育缺乏控制能力，但这并不意味着无须考虑他的意愿和想法。恰恰相反，应当重视他对各类事情的看法，尽管他的看法不应是决定性的。用"声音"这个词只是为了表示儿童代表自己所说的话应当被听到。无论决定是针对谁作出的、为了谁作出的，共同行动者都应当了解当事人的态度，这已是一个常识；教会、工会、其他私有或公共事业提供的例子不胜枚举。除非个体完全为群体所替代，否则声音就是一个重要因素。诚然，根据具体情况的不同，声音的重要性也存在着差异。例如，医院应当毫不犹豫地治疗一个意识昏迷因而不能发出声音的病人。但是，通常情况下，当事人的声音都应当被听到，无论他是一个号啕大哭的婴儿，一个持不同政见的团体成员，还是一个年迈的老者。

如果儿童自己的想法是最要紧的，那么他就可以为他自己作出决定；但由于儿童不够成熟，这就使他不能为自己作出可靠的决定。因而，除了儿童自己的声音之外，我们还应当有所考虑。无论哪个个人还是群体，要想拥有为儿童作出决定的权力，除了愿意倾听儿童的声音之外，还应当满足其他标准。这另外两个要考虑的重要因素就是对儿童的了解程度和对儿童利益的关心程度。当我们拒绝儿童自己的偏好时，决策者的这两个品质将确保最终的决定是基于孩子的最大利益而作出的。

成人所掌握的有关儿童的知识可以分为两类：一类是有关某个特定儿童的直接知识，它源于个人的观察和互动。通过亲密接触、持续交流，成人在某种程度上分享儿童的现实世界，体验到儿童的所思所想。与之相反的另一种知识则源于成人的经历、学习和专业实践。这两类知识我们可以分别称为个人知识和专业知识，它们在决策过程中均发挥着重要作用。

关怀指的是决策者在行使权力的过程中对儿童利益的关心。这种关怀可能是源于个人情感，也可能是源于个人利益的需要。通常，两者的结合才是最理想的。

三、权力下放原则：对"小单位"的假设

根据这三个原则来分配权威并不会自动选出合适的决策者。但是把声音、知识、关怀这三者放在一起却为我们指明了一条明确的、能够得到认可的解决问题的路径：这就是为欧洲的政治哲学家们所熟悉的权力下放原则。[1] 该原则在美国的政治中并不常见，但是讨论一些使人格价值观最大化的政治秩序时常会涉及。该原则认为，对每个个体承担责任的主体应当是小的、与个人关系密切的单位，而不是个体所在的较大的、连名字都叫不出来的大单位。当然，在具体的情形中应当由哪个单位成为责任主体会受到很多因素的影响。

---

[1] See generally, Johannes Messner, *Social Ethics*: *Natural Law in the Western World* (St. Louis, B. Herder, 1965); E.F. Schumacher, *Small is Beautiful*: *Economics as if People Mattered* (New York, Harper and Row, 1973); Coons, Clune, and Sugarman, *Private Wealth and Public Education*.

而且，根据群体的构成不同，确定原则也应当具有灵活性。它可以采用政治俱乐部等纯粹私人的、自愿的形式，也可以采用自治政府等公共的、非自愿的形式，还可以采用介于工会和家庭之间的某种形式。

虽然权力下放原则值得我们进行深入的、全面的理论分析，但这里我们只能先把它假设为一个常识、传统和经验的集合。它的基本含义就是，在实际运行的过程中，小单位更愿意倾听和尊重其成员的声音，了解成员的利益需求，而且有动力为他们提供服务，当针对成员所作出的决策可能对所有成员都会产生影响时尤其如此。权力下放原则所体现的是在群体背景下维护个人主义价值观的努力。

当然，对小群体和个人的偏好仅仅是一种假设；当我们需要运用更大的群体资源时，它就必须作出让步。单个劳工无法有效地与大企业家的经济权力相抗衡；因此，法律必须鼓励他以个人自由的名义共同进行讨价还价。在许多情况下，我们完全有可能把权力置于个体与作为一个整体的社会之间的某个单位之手。虽然这些社会团体从绝对概念上看规模很大，但是同样可以被称为分权化的。许多这样的共同体，如酒吧协会、工会、俱乐部、教会、学区、红十字会等都是权力下放原则的体现，至少与中央政府相比是这样的。这些单位是妥协的结果；我们希望，在每一个具体的案例中，最终的结果都是既能够实现群体共同发挥作用的效果，同时又不会过多地消除声音、知识与关怀。

但是这种局面最终是否实现了最优效果是一个未有定论的问题；上面我们提到的这些团体所作出的共同决定，经常不是过多，就是过少。即便许多大规模的企事业单位中常见的计算机分配方式也未必奏效，有时，中立的和匿名的决定可能才是最好的。在日常生活中，常见的情况是依靠天然的血缘关系或自愿形成的亲密关系来作出决定，不过这种做法有时也不可行。因而，问题的关键在于，该问题不应当仅仅通过采取假设的方式来解决。于是，就可能出现一些共同体，例如由专业行政机构控制的学区，在平衡了各方的力量和弱点之后，成为了看似比更小的单位更为合适的选择未成年儿童教育经历的主体。但是，这样一种决定只能在经历一个非常复杂的干预过程之后才能作出。

在探讨儿童的教育问题时，首先应坚持的基本假设是，让较小的单位拥有决策权。当然，那些支持由较大规模的群体拥有决策权的人一定会对此提出质疑。因而，政策制定者们必须进行评估，以了解哪些单位具备声音、知识和关怀等品质以及哪些单位最愿意为儿童的利益着想。

四、家庭与专业人员统辖范围之争

我们认为，在特定的限度和条件下，把儿童的教育责任转交给家庭来承担是可取的。但是在解释这一观点之前，我们必须明确，究竟是哪些单位在与家庭争夺决策权。现存的教育体制及其专业捍卫者是与家庭争夺儿童教育权的首要对手，而且似乎将来仍会如此。因此，我们首先比较一下让家庭拥有教育权可能出现的情况与今天的教育现状之间的差别。但是，我们同样看到，除了家庭以外，可能会有其他小单位拥有决策权，并替代当前的权力结构。例如，可能会有人想象，一名学生和一名教师可以组成一个非常小的单位，共同来决定应该让孩子接受怎样的教育。本章稍后将对这种可能的做法进行讨论。

在比较家庭与当前的学校团体时，我们需要从一开始就避免陷入"是与非"的谬误，因为在讨论教育选择权时，这种观念经常会带来极大的危害。问题并不在于孤立的、得不到帮助的家庭是否优于学校或学区的专业工作者，而在于当关于某个儿童的所有的相关知识，包括个人知识与专业知识被搜集到一起时，社会应当让谁来作出最后的选择。

即便让家庭掌握了这一权力，专业工作者的角色仍然不可或缺。首先，最终向儿童提供的教育经验以及法律所要求的最低限度的教育在很大程度上受到那些以教育为职业的人们的影响。事实上，假如剥除了现在限制他们的条条框框，教师和教师团体的影响力还会实现净增长。当前，一名教师的权力仅仅是掌控几个家庭的子女的教育，但假如让家庭拥有决策权，教师将换来更多的机会，他们可以单独或共同设计新的学校和教学体系。如果能够从这样一个对创新回报极少的体制中解放出来，教师的个人权力将实现增长。

专业工作者们的新影响将不再局限于学校结构和体系之中。他们与学生之间的关系不但不会被侵蚀，而且还会得到增强；孩子将受益于家庭的独特洞见和他自己的看法。拥有教育选择权的家庭不需要像今天私立学校通常的情况那样，在得不到专业咨询的情况下作出决定。专业工作者们的帮助将成为家庭选择计划中的重要组成部分，而且人们将乐见其成。其实，假如我们把专业咨询看作是整个计划中必不可少的一部分的话，它完全可以成为儿童转学、改变教育经历的前提和必要条件。

在这种合作的背景下，拥有选择权的家庭可以保护孩子免受两方面的危害: 一是分配失误——家庭有权在必要的时候否决专家的倾向和偏好; 二是制度疏漏——家庭可以作为一个保险机制避免官僚体制因疏忽而招致的危险, 不是决定错误, 而是没有决定。这并不是说孩子会面临没有被分配的危险; 居住区制度的一个重要功用就是该问题能够被一个聪明的 10 岁小孩轻易化解, 通常的做法是用计算机来解决。但是, 专业控制的合理性并不在于它勾勒宏伟蓝图的技能, 而在于它在解决每个具体儿童的问题方面的能力。因此, 要想评价当前的教育决策权分配体制是否合理, 一个必要的假设就是这些专家们在事实上有没有努力分析哪种教育经历最有利于某个特定的儿童, 然后想方设法为他们提供这些教育经历。但是, 仍然有一个问题困扰着我们, 那就是由于当前的学校规模非常大, 而且在分配时是匿名的, 所以没有专业工作者为众多的儿童个体讲话, 甚至他们根本做不到这一点。

五、家庭作为教育决策者的情况

下面我们开始讨论家庭作为教育决策者的情况。我们认为, 在达到了社会所认可的最低限度的基础之上, 只要家庭准备好了去获取信息和专业指导, 家庭就具备了独特的竞争力; 鉴于家庭拥有独特的倾听、了解、关心儿童的机会, 家庭最有可能成为儿童利益的最佳保护者和教育决策团队的资深成员。对于家庭而言, 声音、知识和关怀这三者是密不可分的; 事实上, 此时要把这三者区分开来需要进行大量深入的分析。每一个要素都是相辅相成的, 有助于形成亲密的、持续的内部环境; 每一个要素都是家庭成员相互之间、特别是与年幼的儿童之间关系的一个方面。即便是家庭成员相互间并不喜欢, 这种关系仍然会存在, 因为无论喜欢与否, 他们都要承担相应的责任。需要明确的一点是, 这里提到的家庭, 指的是由一名儿童与一位或多位成年人通过密切的情感纽带或血缘关系组成的团体, 而且该团体会在儿童整个童年都存在并发挥影响。很明显, 这种界定方式远远超出了法律所界定的核心家庭的范畴。我们关心这种关系的亲密性与持续性。在确定和支持这种关系时, 法律责任通常很有用, 但是在大多数情况下并不是不可或缺的。

在一开始我们就承认, 学校的专业工作者比家庭更了解哪类教育适合哪些类型或哪些群体的儿童。这类知识可以用于许多目的; 但是, 这类知识并不能够直接转化为对某个特定儿童的了解, 他们更大地受到家庭亲密关系的影响。这并不是说家庭知识是个人直接知识的唯一形态。与有些心理学家相比, 一些家庭的相关知识会显得非常贫乏; 至少在心理学家有充分的机会长期研究某个儿童的情况下是如此。但是，与家庭相比较的合适的对象并不是能够花大量时间接触少量儿童的心理学家，而是能够对许多儿童产生影响的教育专业工作群体。

那么，学校专业工作者们对某个特定的儿童能够了解多少呢？教育者主要是与一群儿童进行接触。当前把儿童分配到学校入学的机制，即要求儿童就近入学是一个非常抽象的概念；政府为儿童选择学校的过程完全无视了儿童的个人意愿或特定品质（除非他因为能力不足而被排斥到正规学校教育体制之外）。从学校的层面来看，学生和教师通常是通过一种没有人情味的方式被分到一起的。教师和学生自由组合的情况非常罕见，只有在偶尔出现过多的三年级学生或过多的几何老师的时候才会有；而且，在中学以下阶段，分配过程很少考虑学生的声音。聪明的教育者懂得如何让 25 个聚到一起的孩子建立一定的感情，凝聚成一个团体并共同完成指定的课程。但是这些学生相互之间的能力相差很大，而且各自有着不同的需求。该体制事实上没有也不可能要求教师深入了解每一个学生。因为这项任务需要与学生建立起亲密的、持续的关系，它涉及生活体验、学业等各个方面。

即便有充裕的时间，教师也没有接受过相关的训练以诊断孩子的问题。更何况，对于某个教师而言，他只有到 9 月开学的时候才会见到学生，过了 6 月放假后就几乎不再见学生了。即便在学年期间，学校所掌控的也仅仅是学生的一小部分时间。更何况学校里有这么多孩子。教师可能会特别关注那些学习进度较慢或者学习有障碍的学生，因而对他们了解更多，但这就意味着教师对学习好的学生的了解可能仅限于他们的学习技能。有些孩子可能会得到受过专业训练的咨询师更多的关注，但是通过咨询过程得到的见解很有可能也是片面的。而且，并不是所有的教师或咨询师都非常敏锐且经验丰富，他们甚至也难免存在偏见。①

与此同时，孩子的家庭同样没有受过专业训练，常常也没有教师聪明，而且带有一定的偏见，但却掌控着孩子大部分的时间。在孩子生命的前 5 年，绝大部分时间都属于家庭。它了解孩子的环境，分享孩子的环境。它不仅了解孩子最初成长经历的点点滴滴，而且能够深入了解孩子的内心深处，这都是学校的专业工作者们所无法比拟的。家庭对个人的了解简直无法用言语形

---

① Aaron Cicourel and John Kitsuse, *The Educational Decisionmakers*（Indianapolis, Bobbs-Merrill, 1963）.

容，这都源于家庭成员间所具有的无条件的亲密关系，这是一个众所周知的事实。

通常，家庭所具有的优势还在于它是儿童最信任的对象，是他在包括学校在内的现实世界中所经历的希望、恐惧、沮丧的避风港。这是因为，儿童愿意与家庭分享自己的经历。但有时，这些信息可能经常是暗含的、无意的；即便幼儿选择在所有人面前隐藏自己的情感，家庭成员也常常能感觉到。抛开这些不谈，仅仅比较家庭与教室，我们就会发现，家庭中的儿童远少于教室中的儿童，而家庭中的成年人数量通常是教室中的两倍。因此，当儿童遇到学习障碍时，如果他能够意识到这个障碍的存在，他首先就会与家庭沟通；当问题的根源就在于某些人际关系时尤其如此。

如果赋予家庭以选择权，它作为儿童信任对象的角色将得到强化。从学校传来的讯息以及父母的言谈会让他迅速意识到，现在是父母影响着自己的教育，因而自己也拥有了相应的权力。这将鼓励他在家庭内部进行交流，进而形成家庭决策，从而也有助于提升儿童的交流能力。在我们的文化背景下，无论家庭可能遇到怎样的困难，它都会充分地倾听儿童的声音，理解儿童的需要；事实上，这也是父母无法逃脱的命运。而这正是专业工作者们所欠缺的品质。

假如家庭比其他单位或个人更了解儿童的话，那么，家庭对儿童究竟关心多少呢？我们过多地强调家庭，这会不会导致漠视甚至敌视我们所要真正关心的东西呢？显然，家庭中的成人可能会在涉及儿童的问题时表现得很自私；他们的教育选择，就像其他陌生人一样，可能并非出于对儿童的关爱，或者仅仅是为了父母的方便。

父母和子女的关系现在已经不是一种双向的经济互惠的关系了。工业革命改变了农业经济时代父母养育子女的经济动机，并在家庭内部埋下了冲突的种子。今天，从经济上看，养育子女是不划算的；同时，它还经常面临污名，有时还要受到性政治（Sexual Politics）① 和人口控制等因素的影响。这些经济活动和社会冲突使养育子女似乎成为了一种不正常的社会行为。有人认为，避孕革命使父母虐待儿童有了新的原料。在他们看来，由于生育活动是能够进行计划和控制的，人们会觉得孩子仅仅是父母的延续，因此可以把孩

———————————

① 性政治指的是在两性关系中，男性用以维护父权制、支配女性的策略。具体可见凯特·米利特（Kate Millett）1970 年在哥伦比亚大学完成的博士论文《性政治》。

子看作是和其他财产一样能够剥削和利用的东西。

也许的确如此。但是从这些证据中我们也可以得出完全不同的结论。如果养育子女是一种自愿行为，是一个纯粹的经济负担，那么儿童事实上可以受到很好的对待。在上述背景下，选择做家长的成人可能会减少，但是那些作出了选择的人就会接受这一角色，他们会充分地认识到，从经济上讲，这就意味着更多的付出而不是回报。他们养育子女的动机就是别的东西，也许是追求不朽的信念，也许是某种微妙的生理驱动，也许是为了分享和延续他们生命中经历的美好。①

无论出于何种原因，现代社会的父母们一定会找到充分地关注子女的理由；他们愿意为了这些理由而做出牺牲。这些理由发挥了与财产类似的功能，虽然它们可能会受到挑剔的批评者们的攻击，但是它们也在无意间成为了这些父母们的宝贵品质。从特征上看，财产能够得到其所有者个人的关注；而像儿童这样奢侈的东西一定不会被放在一边等着被涂蜡抛光，尤其是当他们被看作是父母的延续的话。毫无疑问，父母对子女的感情更主要的是养育之情而不只是维护自己的财产；但是这种财产所有权的感觉是值得尊重的，蔑视这种感觉将会使儿童和社会陷入危险之中，除非某种纯粹的利他主义能够代替它发挥同样的功能。与此同时，对于家长而言，无论是从法律还是其他的角度看，一旦他们失去了影响子女的能力，他们可能就失去了对子女的兴趣。

关于家长责任心形成的根源，另外一个被普遍接受的观念就是，在家长们的心目中，儿童品格的形成是一个具有深远意义的政治行动。通用磨坊（General Mills）②等大企业的总裁们和美国总统经常提醒他们，孩子就是"我们全部的未来"。家长不可能意识不到他对未来所应承担的一部分责任。对于许多家长而言，他们除了对子女拥有权威以外，在其他方面并不当权，因而这种政治使命感可能会更强。其中最典型的就是传统的家庭主妇和工作在流水线上的普通劳工。对于大多数人而言，塑造一个理想的人是一件非常值得追求的事业，因为他们很少有机会承担比这更重要的事情了。尽管显得非常荒唐，但是这种信念使家长们下定决心，要把塑造孩子看作是自己对未来社

---

① Mary Jo Bane，*Here to Stay*：*American Families in the Twentieth Century*（New York，Basic Books，1976）.

② Bertrand Russel，*Education and the Good Life*（New York，Boni and Liveright，1926），p.9.

会的贡献。

　　但是对孩子的关爱绝不是冷冰冰的政治事务或财产事务。它是无数次人与人互动的结果，正是这些直率或微妙的互动构成了家庭环境的内容。我们没有理由把人的这种感觉简单地看作是情感，进而认为整体而言，父母对孩子的爱要多于路上的警察、童子军队长、福利工作者和教师对孩子的爱。从历史上看，父母的爱就是利他主义的根源，它赢得这样的声誉是实至名归。如果我们都相信关爱对于是否能够作出合适的决定至关重要的话，那么现在的问题就不再是父母是否关爱孩子了，而是其他人是否关爱孩子。正如伯特兰·罗素（Bertrand Russell）所言："提到家长，我们便会想到他们对后代福祉的真诚期望；仅此一点，加上现代社会的知识，便足以解决非常多的教育问题。"①

　　利他主义并不是学校体制最典型的特征。专业人员个人可能会有怜爱之心，甚至具有无私的品格，但是他所服务的对象却是一个受制度约束的体制，通常很难对孩子作出公正的评判。而且，他是否关爱某个孩子甚至无关紧要。我们很难忘记第一章中所提到的安·奥尔洛夫的例子，她所在的学区把她安排到了一所学校，但这所学校既不是她自己选择的，也不是她父母选择的，更不是专家选择的。当她提出转学请求时，关心她福祉的人对此是否表示认可并不起什么作用。他们找不到有效的办法帮助安和她的父母实现自己的夙愿。他们所有的良好愿望并不能改变现状，因为既有的体制并没有设计成用来满足这些个人诉求。

　　而且，经验表明，即便该体制提供了多样化的服务，把学生分配到这些其他选项的决策过程可能也未必是出于孩子最大利益的考虑。例如，利用这些其他选项往往并不方便；或者更糟糕的是，容易给这些孩子贴上"特殊儿童"的标签，因而让他们进入专为智力发育迟缓的儿童甚至残障儿童开设的项目。这种贴标签的决定受到时间、金钱、个人态度等多种因素的影响。教师可能会给一个学习困难的孩子贴上标签，因为他不想让这名学生给自己添麻烦；学校管理者可能会审批通过，因为他不想让狂躁的教师给自己添麻烦。在加利福尼亚，最近的司法诉讼表明，许多有语言障碍的墨西哥裔美国孩子被错误地归为智障儿童。② 在某种程度上，这种做法就是为了图省事。对学校

---

① Diana v. State Board of Education，Consent Decree No. C-70—37，June 18，1973（U.S. Dist.，Ct. N. D. Cal.）.

② Hobson v. Hansen，327 F. Supp.844（D.D.C. 1971）.

而言，有一个智障孩子就意味着能够从学区得到一份补贴，而且主要的问题也被解决了。毫无疑问，当地的学校体制会认为这是在特殊情形下的一种权宜之计，但这种想法本身就是一个问题。

有人也许会假设教师是一个纯粹的利他主义者并关爱班上的每一名学生，但问题仍然存在。从性质上看，这种关爱必须保持相对的冷静和抽象。如果教师与学生关系很亲密，哪怕只是和某一名学生关系亲密，也会被合理地怀疑成是神经病而不是专业人员。显然，这种情况通常只有在他替代了家长的角色时才会发生。根据我们的评判标准，这不是一位教师应当承担的角色。

"谁真正关爱儿童？"这个问题还可以换另外一种表述方式，那就是：如果在判断儿童利益的过程中出现了错误，谁能够承担相应的责任？当人们因决策错误而需要承担责任时，他们很有可能会意识到，只有为了自身利益而作出的决策才是最佳的决策，任何外在的其他目的都做不到这一点。这种想法与那种把孩子看作是财产的观点非常类似。明智的政策应当尽可能把决策权与个人所要承担的责任后果联系起来。在涉及儿童的决策上，大多数专业决策者无须承担因决策错误而造成的社会后果；但是家庭却通常要承担这种后果，因为他们与孩子存在永远的血缘联系。当涉及儿童的教育时，不让家庭拥有权利，却让其承担相应的责任，这不仅会让家庭感到不公平，而且会让他们产生失去了孩子的感觉。

我们总结一下。今天，一旦孩子的教育出了问题，受伤的会是谁？借用现在常用的术语，谁应当被问责？是专业人员吗？无疑，教师、校董会成员或者教育局长会在某种程度上承担相应的责任。如果与其他学区相比，有太多的学生不能达到某项标准，教育者们就应当为自己的专业水平感到羞愧。但是，他们无须记住这些受害学生的姓名和面孔。这些学生在他的课堂上待了1000个小时，然后幸运地从他的专业生活和个人意识中消失，没人会强迫教师必须与这些失败的学生朝夕相处。这种问责仅仅针对家庭而存在。

无论结果如何，家庭总要和这些既找不到工作同时又迷失了自己的"学校的校友们"亲密相处。家庭要用一生的时间来为子女的失败辩解，向亲戚朋友们解释。更可气的是，社会和学校专业人员还会指责家庭生产了劣质的教育产品；鉴于贫困家庭在学校教育过程中所处的劣势，这种指责毫无道理可言。这是一种过于严苛的问责。而家庭选择的一个重要价值就在于它通过把责任与权利相结合避免了这种荒谬的现象出现。

当然，有人可能会反对这种观点；在他们看来，由于家庭所承担的责任和对孩子的特殊感情，也许只会增加家长们的焦虑，最终影响他们的判断，形成错误决策。这种为现状开脱的辩解并不成立；它让家庭承担儿童失败的污名，却让专业人员维护自己客观性的声誉。在我们看来，这种观点完全是一种谬论。毫无疑问，责任的增加可能会干扰某些家庭的判断；家长可能会因为太过关爱孩子而无法保持理性。但是没有任何证据表明，家庭在为孩子选择医生或私立学校时会普遍存在这种情况。我们也难以想象，在选择学校时贫困家庭会特别容易患上这种神经官能症。

而且，赋予家庭以退学和转学的权力也许将成为治疗学校体制弊病的良方。专业人员的角色将不再是强制施行而仅仅是说服。他的角色是向家长和孩子们解释为什么遵从他的建议最有利于实现孩子的最大利益。两者之间的关系将更像是医生和病人或者律师与顾客。虽然对于有些人来说，开始会有点令人讨厌，但是长期来看，将最终选择权分配给家长将改善教育专业工作者的表现、士气和状态。即便专家形成观点的基础是家庭并不了解的技术信息，但是没有理由认为家庭会完全无视这些建议或盲目接受它们。最有可能出现的情况是，家庭会根据它们对专业人员的整体信任程度作出判断。

一些教育机构和能力强的教育者坚持传统的专业主义范式还有另一个原因。对于医生或律师而言，客户满意度的记录对于其掌控专业实践、维护专业标准具有非常大的影响。在家庭选择的背景下，教育机构和教育者会感受到同样的专业责任的压力；他们的表现会影响其未来的专业生涯。

简言之，为家庭提供教育选择的机会有助于增强学校和家庭之间的协调合作，而在历史上它们是相互竞争的关系。当然，我们并不认为这种变革方向会让所有的学校专业人员感到满意。一旦让家庭拥有了选择权，对于一些有着强烈的宗教教育倾向或政治信仰的家庭而言，它们不赞同当前公立学校的做法，无论专业人员给予多少关注，它们仍然会让孩子离开公立学校。在这种情况下，一些专业工作岗位必然会从公立部门转到私立部门，公立教育的工作人员也会随之调动。眼看着既有顾客的流失，这种伤痛也许什么也无法抚慰；有人可能还与公立机构签有永久受雇协定。私立学校的专业工作者可能对此觉得无所谓。但是无论在何种情况下，为了儿童的利益，成人所蒙受的这些伤痛看起来是值得的。

最后，之所以说赋予家庭以教育选择权最有利于儿童，还因为这最有利于保持家庭的连续性。所有尚未实现完全自主的孩子，只要不是政府的受监护人，都生活在家庭中，这种情况至少要持续到儿童期结束。矛盾的是，这种长期关系的一个主要价值就是家庭有能力改变孩子的思想观念。正是由于其长期性，家庭最能够看到教育决策的结果，学习其中的经验，并尝试新的解决办法。

相较而言，教师或咨询师与学生的相处时间较短，因而会一成不变地对待孩子。经过对一代人的研究，学校观察人士发现，专业决策一般很少被推翻，无论其是否正确，无论决策过程是否随意。哥伦比亚学区旷日持久的司法诉讼所揭示出来的学校按能力分组的模式便是这种危险的典型代表。在该学区，学生根据粗糙的考试工具所测出来的结果被分组；尽管最初的评价工具并不科学，但是被分到低水平组的学生却很少有上升的可能或改变分组状况的可能。① 研究表明，这种现象绝非个案。② 而且，随机分组或按居住地分组并不能保证学生接触到合适的学校或教师。

要想避免这种错误分配的情况经久延续，最好的办法就是把重新考虑的权力赋予那些必须在相当长的时期内承担这种错误后果的人。家庭不大可能无视其子女长期的抱怨；他们必然会努力与孩子和咨询师一道去了解问题所在，并采取行动去纠正问题。家庭不大会长期容忍把孩子分配到一个仅带来挫败和污名而没有任何实质性成效的项目中。家庭的干预可能偶尔还会让问题变得更糟，但至少这种干预能够促使他们努力寻找新的解决办法。当教师和咨询师将注意力转到新的孩子、新的问题、新的学校许久之后，家庭仍然会四处奔波为孩子找到解决问题的办法。

六、其他可供考虑的小的决策单位

当然，不能认为解决家庭与公立学校官僚体制之间争端的唯一办法就是把最终决策权赋予当事的某一方。一种替代方案就是让某个中立的第三方为某个孩子作出决策。这并不是指某类教育法庭或巡视专员。当涉及儿童的教育时，许多决策并不适合由这类机构来作出。有关儿童学习体验的决策，需

---

① David Kirp, "Schools as Sorters: The Constitutional and Policy Implications of Student Classification," 121 *University of Pennsylvania Law Review* 705（1973）.

② Robert Mnookin, "Child Custody Adjudication: Judicial Functions in the Face of Indeterminacy," 39 *Law and Contemporary Problems* 226（1975）；Michael S. Wald, "State Intervention on Behalf of 'Neglected' Children: Standards for Removal of Children from Their Homes, Monitoring the Status of Children in Foster Care, and Termination of Parental Rights," 28 *Stanford Law Review* 625（1976）.

要经年累月地不断探索，需要长期的监控，而与法庭或巡视专员典型的一次性的判决方式差异较大。孩子是否应当根据医生的建议接受紧急医疗救治而不顾家长的反对，这种情况明显不同于对教育过程的持续监管。离婚夫妇就儿童监护权的争议同样如此。即便最终的离婚判决和儿童监护权的判决可以重新审理，并在这种意义上保持其延续性，但有力的法律推定既要支持最初的判决结果，同时也要支持拥有监护权的夫妇所作的决定。毫无疑问，有些非常奇怪的儿童养育决定会对孩子构成伤害，这种情况完全可以被提起诉讼；但我们很难相信，判决过大量此类案件的法庭或巡视专员能够为某个具体的孩子找到最合适的教育方案。

一个更有前景的方案是为每个孩子指定一个对他的教育感兴趣的人作为教育监护人。该监护人可能是某个受过专业教师培训的人。不过，如果某个监护人能够像通常的父母一样与孩子亲密相处的话，那么呼吁设立这个监护人其实就是呼吁家长变得更好。而且，既然我们没有大笔的钱用来聘用众多受过专业训练的监护人，让他们每人仅负责为数不多的几个孩子，那为什么我们不能期望让每个既有的监护人在服务孩子教育目的方面变得更好呢？事实上，如果不让家长承担监护人角色的话，我们怎样才能确保其具备关爱这项重要品质呢？最后，家长们提供的关爱和责任是免费的；因而，我们完全可以质疑这种方案，因为更有效的解决办法应当是利用各种可能的经费来帮助家长变得更有效。

有人也许会说，孩子在公立学校的教师应当被看作是孩子的教育监护人，这种亲密关系将使他们在为孩子选择教育经历时作出最佳判断。但是，通常情况下，教师为其受监护人唯一能够作出的选择是他所承担的课程方面的责任；而在其他方面，他很难为孩子作出最佳选择。教师一般很难选择让哪个孩子成为他的受监护人；如果有哪件事情教师可以坦然承认的话，那就是，他们做的事情对许多学生并不是最有利的。诚然，教师经常会让那些不适合他们教学方法的学生转走。但在这种情况下，教师的中立性尤其是一个问题。有多少教师愿意把他们班上好学、可爱、聪明、讨人喜欢的学生转走呢？最后，在当前的体制下，教师个人并不适合为孩子指定并实施在他看来最有利于实现孩子最大利益的项目，无论课堂内外均是如此。要想让教师成为孩子的教育监护人，似乎就必须要求承担监护人责任的教师与社会公共结构相分离，并赋予他权威和选项。但这又使我们陷入了前面所提到的独立教育监护人模式的困境。事实上，由于无法提供大量的经费，我们必须把最终的决定权赋予家庭或者公立学校的官僚机构，至少许多重要的教育决定都是如此。

支持家庭拥有决定权并非毫无风险。每个决定都将成为家庭对儿童利益的主观计算与专业人员对儿童利益相对客观计算的混合产物。家长都是有血有肉的人，他们完全可能会犯错。有些孩子会受到伤害。但是，既然找不到任何能够承诺在事实上不造成伤害的体制，我们就应当勇于尝试以改变当前明显将导致诸多错误的体制。家庭是一个天然的警报系统，当出现明显的错误时，它会发出警报信号。我们觉得，只要能够避免陌生人所导致的系统的、甚至经常是永久性的错误，冒一点风险、让朋友们犯一点可以弥补的错误是明智的。

七、儿童的选择

我们曾提到过，在决策过程中，儿童自己的角色主要体现在他在家庭内的发言权。我们的假设是，如果在家庭内部产生了分歧，那么最终的选择应由家长决定。我们更愿意使用家庭选择而非家长选择这个概念，就是因为我们相信，在大多数家庭，儿童在选择过程中所扮演的角色非常重要。几乎没有家长会在选择的过程中完全无视儿童的意愿或明显的需要。这种选择模式对于年幼的儿童同样适用。

但是，在儿童成熟的过程中，他们的能力和独立选择的需要在不断增强。社会普遍认为，18 岁是一个人能否判断自身利益的标准，但这种判断能力并不是一夜之间形成的。因而，游戏规则的设立似乎应当符合儿童洞察力的不断增长。何种规则最有利于保障这种个人选择能力的转变？这是一个非常困难的管理问题；也许可以在某个选择方案中尝试多种技术手段以逐步扩大儿童的权利。一种手段是分阶段重新分配法律权利，使权利与普通儿童的发展模式相一致。例如，12 岁的儿童可以在家庭选择的过程中拥有否决权；14 岁时他开始拥有选择权，因而可以提案，但父母拥有否决权；15 或 16 岁时他可以自主地选择各种社会认可的选项以满足他的基本需要。

这种分阶段的选择方案将产生两层结构影响：第一，它将使家庭的影响延续至整个小学阶段，而当前的情况是，随着正规教育的开始，家庭的影响开始减弱；第二，它将使儿童在更小的年龄能够开始决定自身的教育经历。换言之，家长当前对儿童学前阶段的影响将会延续，而儿童现在直到大学才拥有的权利将提前得到。在上述两种情况下，政府角色中的主观性和强制性都将减弱，而对个人自由的支持力度则会增强。

　　当然，法律对儿童权利的这种认可能够在多大程度上真正增加其影响力，这是不确定的；至少从儿童作为家庭成员这种关系具有延续性的角度上看是如此。固执的家长仍然会用他们能够掌控的其他方面的好处来讨价还价，像自行车、汽车、钱、时间等。大多数孩子在作出选择时仍然会受到家长、专业人员以及其他成人的影响；事实上，这种方案仍然可以被贴上"家庭选择"的标签。但是无论在现实中受到何种限制，法律对儿童权利的认可将在一定程度上促使家长们从孩子小学开始就努力将决策过程变成一个共同的活动，进而使这种代际之间的权利分享成为一生的习惯。

八、把教育看作是养育儿童的一部分

　　在正规教育的范围之外，社会非常坚定地把家庭看作是代表儿童作出决定的最合适的单位。经历过一个世纪有关"儿童福祉"的立法之后，这种坚定的信念仍然在延续。今天，在法律的许可下，家庭可以允许或要求孩子在家从事劳动、参加激进的组织、阅读《圣经》、参加少年棒球联盟的竞赛、思考、做4个小时的家庭作业、爬危险的高山，或者什么也不做。至于这些体验究竟是好是坏则需要对每个情况进行精心的算计，鉴于其复杂性，也许谁也不知道答案。因此，社会很少对父母教养的具体方式进行限制。除了几项基本原则以外，几乎没人知道从哪里开始施加限制，于是就没有限制了。

　　这种对家庭选择政策的支持并不意味着放弃了政府的责任，而是要求采用辅助性的原则。由于社会没有达成共识，因而在涉及儿童的休息、营养、休闲以及其他重要的决定时，社会认可家庭决定的优先性。不过，倾听、了解、关心儿童的合适的小团体仍然有权根据每个儿童的具体情况采取行动。

　　而且，社会并未完全屈从于家庭。家长仍要对儿童承担特定的法律责任。如果出现严重的疏失或虐待现象，家长将会受到惩罚，政府可能接管家长的权利；儿童有这样的权利。如果出现儿童挨打、做苦工、挨饿等情况，他们显然会要求启动政府的最低保障机制。此时，支持家长的假设便让位于儿童个体的明确需要了。

　　通过在教育领域实施家庭选择，我们使其与社会对待养育儿童的普遍做法保持了一致。家庭的权利并不会因此而不受约束，但公立学校中每天监管儿童的公共权威却将被另外一种更有助于保护儿童的法律机制所替代。从某种意义上看，这种做法类似于当前除教育以外的其他领域的情况，即如何保护儿童免受家长渎职行为的危害。因此，下面我们简要谈一下社会对家庭养育儿童的监控机制。

除了学校教育以外，家庭在儿童生活的大多数领域都承担着积极的责任，家庭必须照顾儿童的衣食住行，包括医疗保障，这些责任均有最低限度的要求。而且，家庭主要通过私有市场履行这些责任。即便是极个别强制性的法律要求，例如接种天花疫苗，也通常可以找私人医生来完成。此外，正如我们在第一章中所提到的那样，如果政府认为家庭太过贫困，无法靠自己的力量履行责任，它通常会采取财政补贴的方式，例如社会救助、食品券、医疗补助等，而不会直接提供住房、现成的食品和医生。也就是说，家庭得到了选择的机会，他们可以自己选择商品、服务及其提供者。

法律禁止这种消极监管的方式同样对家庭的角色产生了影响。有些法律的表述非常笼统，例如禁止虐待儿童。当然也有些表述非常具体，例如对就业年龄、宵禁时间、喝酒的限制等；但有时，如果家长同意或共同参与，这些限制则并不适用。

除了遵守这些积极和消极的规定以外，为了保持作为法律监护人的身份，家长们还要达到一些最低标准。在一些极端情况下，如果家长完全没有能力或不愿保护孩子，法律有权剥夺他们的监护权。除了违反法律的特定情况以外，如果家长因为生病等原因无力养育孩子，无论他们对孩子怀有多么良好的意愿，都将失去监护权。① 相较于儿童在学校或其他政府和私有项目中所遇到的危险以及受到的非正式的（有时是正式的）庇护，这些有关家庭的规定的一个明显特征就是相关法律体系中只有极少数的违规者。毫无疑问，个别潜在的违规者是慑于法律的制裁而不敢违规；同样也存在一些违规情况未被报道。但相关案例少的最主要原因在于这种法律规范是社会普遍认同的内容，大多数家庭会主动遵守。

对违规家长实施的法律制裁相互间差别很大，具体要考虑多种因素，包括违规的情况、再犯的可能性、儿童个人的需要、更换家庭的可能性等。对家长的罚款或监禁虽然理论上完全适用，但在现实中却并不能给孩子带来益处，因而通常会尽量避免执行。更多的情况是，政府向家庭提供社会服务以解决短期的问题，或是向那些无意犯错的家长教授一些基本技能，或是采取其他某种无须将父母与孩子分离就能纠正错误的办法。

---

① Robert Mnookin, "Foster Care: In Whose Best Interest?" 48 *Harvard Educational Review* 599（1973）.

在更为极端的情况下，政府可能会让孩子换一个家庭生活，比如让某个机构或寄养所养育孩子，或是结束家长的监护权并让其他人领养孩子。这种情况的实施，有时是得到了家长的许可，有时则是强制执行。但无论是否为强制执行，在这类极端情况下，政府要极力保护孩子，政府必须有充分的证据表明，通常对家庭养育子女能力的假设在这里是不适用的。有时，面对这种严峻的形势，对家长的法律制裁会与寄养儿童同时进行，但政府努力的主要方向还是想方设法创造条件，恢复家庭主导的正常情况。

很难找到一种与当前政府对待穷人教育的做法相类似的情况。慈善医院、公租房、分发日用品，这些与教育非常相似，因为它们的目的都是为了帮助家庭履行其对子女的法律义务。但事实上，这些项目与政府在教育领域采取的政策存在本质上的差异。与公立学校提供的服务对象相比，这些适用于慈善医院、商品、公租房的家庭数量实在是微不足道。也许最重要的是，这些领域对个人选择的干预程度完全不同于学生到公立学校就读的规定那么细致；没有规定会强制要求孩子找医生就诊的日期或频度；政府虽然提供食品，但绝不会规定家庭应当如何做饭。最后，即便存在与教育类似的做法，也往往被认为是失败的；这些做法正在逐步取消，取而代之的则是食品券、医疗补助等强调选择的项目。

如果教育也采取这种普遍做法的话，是否就意味着政府要从教育领域退出呢？当然不是。可以预见，家庭选择的相关规定会要求政府在掌握充分证据的情况下进行干预。因此，正如第一章所强调的那样，首先，政府会继续提供财政支持，因为贫困家庭的经济能力有限；但是应当由家庭来选择教育，就像家庭拿到食品券之后自己决定要吃什么一样。其次，政府要执行社会所认同的教育最低标准，并保证其得以实现。例如，政府可以要求，儿童必须到某个达到了最低要求的项目中就读，就像现在适用于私立学校的相关规定一样。这是最合适的做法；在第十章中我们还会继续就此进行讨论。

另外一种做法（也许是一种补充做法），就是政府可以采取家庭法院系统对待"疏于照管儿童"（child neglect）的做法，即参照个别儿童的教育严重疏于照管的情况。但是，启动该机制的不应该是法院；更好的做法可能是任命一名行政巡视员来查问教育情况。巡视员的权力可以是灵活的，就像家庭法院一样。一旦发现家庭未能履行职责，巡视员有权要求咨询家庭的教育情况。在某些情况下，他甚至有权代替家庭选择儿童的教育；在必要的情况下，甚至可以授权寄养家庭的父母来作出选择。当然，巡视员的干预应当在掌握充分的证据之后进行，要么是孩子的学业成就确实没有达到最低限度的要求，要么是家庭的选择明显不符合孩子的需要，或者两者同时出现。

在设计这种判定某些家庭失败的机制时，必然会遇到行政、法律、政策等多方面的问题。当前，向那些被认为是疏于监管和受虐待的儿童提供的关怀体制之所以受到攻击，就是因为社会工作者和法官长期以来没有办法界定儿童的"最大利益"。这种标准的模糊导致了大量富有主观性和自相矛盾的判断。此外，当前体制中的社会工作者和法官主要来自中产阶级，他们必须转变自己的价值观以适应这些来自贫困家庭的孩子。这样一个体制在对教育进行监管时会发现自己同样很难制定标准。但尽管如此，如果把这种目标的模糊性看作是为现状辩护的理由，是一件非常荒谬的事情。在涉及儿童福祉的各个标准中，没有任何一种标准比我们用于为当前的教育体制辩护的标准更模糊的了。如果在提到儿童的利益时，标准的模糊性是无法避免的话，基于上述我们提到的各种理由，应当将第一选择权赋予家庭，并把证明教育失败的责任交由政府来承担。

九、家庭与最低限度的要求

由于社会对儿童利益的认识不够明确，我们便能够提出分权的理念，把更大的权力让渡给家庭。不过我们也承认，社会已经就教育必要的"最低限度"达成了共识，包括在语言、数学、身体协调能力、社会传统等方面的基本技能以及对一些社会基本信息的掌握。因此，即便家庭选择能够在整体上服务于儿童的最大利益，我们也必须提出一个问题，即家庭选择是否能够满足最低限度的要求。社会是否应当垄断教育，直至儿童掌握了基本技能，然后才开始实施家庭选择？表面看来，这种想法没有任何依据；社会并没有就达到最低限度的要求形成共识；已有的共识仅仅是，有些孩子"失败了"。只要当前这种避免失败的技术仍然存在问题，我们便可以认为，施以必要约束的家庭选择体制比当前的体制更有助于帮助孩子达到最低限度的要求。在家庭选择的体制下，儿童更有可能达到最低要求并避免失败，从数量上看便是如此。

有一个故事，非常令人难过，但却真实地阐释了为什么这种情况可能会出现。在 1973 年，有一个名叫彼得·多伊（Peter Doe）的 18 岁男孩，他智力水平中等，是旧金山一所公立高中的毕业生。他的特殊之处在于他不具备阅读能力；比如，他在理解工作申请表方面存在着明显的困难。他的母亲聘请了一位贫困的律师代表彼得状告学校系统。这位母亲对学校教育彼得的失败非常生气，更令她恼怒的是，在彼得在校就读的过程中，学校系统把她推开了。年复一年，学校寄出的家庭报告卡均显示，彼得取得了正常的进步，并以一种抚慰的方式否定了她的疑虑和质疑。在别无选择的情况下，她一直希望学校在做正确的事情。

彼得没有达到最低限度的要求（他的法律诉讼也没有取得任何进展）。[①]如果其他学校选择的机会都向这个家庭敞开，他会表现得更好吗？我们没有办法得到一个确定的答案；如果没有一个系统自愿做出合理的尝试，也许永远都没有办法得到答案。这是一个孤立的案件吗？全国公众对这起案件的高度关注表明并非如此。学生达不到最低限度的发生概率非常高；确实，有些是辍学或逃学的学生，但我们普遍认同的一个事实是，许多坚持每天到校上课的学生同样出现了这种情况。社会科学研究和我们的经验证实了这种担心：大量像彼得·多伊一样没有掌握最低限度技能的孩子在学校系统中游荡，而家庭并不知道孩子们没有达到要求。即便这种学业失败的情况仅涉及很小一部分学生，每年其数量也有成千上万之多。

假如让这些面临学业失败的学生和他们的家庭拥有选择学校的自由，会对他们产生怎样的影响呢？我们认为，假如他们没有被现在的学校分配制度强制赶到他们厌恶的学校就读的话，今天，大量辍学者和逃学者都将会努力追求达到最低限度的要求。如果他们能够对自己的教育经历作出选择，也许他们就不会放弃学校了。当然，即便在学校选择的体系中，有些学生也可能会得出结论，认为他们厌恶的对象就是正规教育；对于有些辍学者而言，即便有意愿想达到最低限度的要求，最终也被证明只是徒劳。但是，对于这些看起来不可避免的"失败"的情况，同样值得我们一试。因为这种尝试是没有风险的；学校选择只会让这些年轻人离达到最低限度的要求更近而不是更远。

对于那些仍然到指定的学校就读的学生来说，当然包括所有的孩子们，家庭选择学校的能力可能同样会被证明有助于减少学业失败的概率。彼得·多伊就是一个例子；他始终遵守游戏规则，但最终却失败了。很难想象，假如拥有选择权的话，彼得·多伊和他的母亲是否还会年复一年地期待学校的怜悯，而学校却丝毫不关注他的情况。当儿童的问题源于他对某个学校的

---

① Peter Doe v. San Francisco School District.

拒斥感时，家庭权威就显得尤其重要了。对于校长或教育局长而言，开启变革是件困难的事情，这一点完全可以理解；他们很难承认自己的学校完全不适合于一个行为举止良好的正常儿童。但家庭却不会受到这种限制。

社会可以向家庭提供一些渠道，帮助他们购买有关儿童进步的定期的、独立的评价服务，增强家庭发现和纠正此类错误的能力。例如，可以通过发放可兑换"券"的方式向得到认可的专业评价服务提供资助。家庭的洞察力加上没有偏见的专家能够改进当前学业失败儿童的表现吗？我们不知道，但我们认为完全值得一试。家庭选择的风险在于，有些现在学业成功的儿童可能会因为他们及其家长作出了有害的选择而面临失败。但这种推断没有任何依据。没人会认为现在选择私立学校的家庭备受困扰。

有人会说，由于某些心理原因，尝试教育选择是危险的；因为家长不能再把失败归咎于体制了，他们只能责备自己。更糟糕的是，社会可能据此认为，家庭应当为学业失败负责，因而不需要采取任何弥补措施了。我们认为，这种论断同样是站不住脚的。按照这种逻辑，大多数帮助个人和家庭的努力都会被排除，我们只能支持政府继续保持最糟糕的做法。这种策略就像是要一直容忍不公平，直到攒足力量、毕其功于一役彻底改变现状。我们没有这么悲观，也没有这么富有革命精神，我们不想牺牲当前的几代人而一直等待革命的到来。而且，我们相信，如果在实施家庭选择之后，仍然有这么高失败的比例的话，现实将会逼迫我们重新评估一个公正的社会在向全体公民提供最低限度的教育方面的责任。也许，到那时，就应当尝试完全相反的方案了，或许共同养育儿童会成为法律规范。但是，在尝试这种志愿替代体制之前，不应先考虑这种专制式的解决方案。

第五章　自主作为目的：一种个人观点

世界上到处都是邪恶和痛苦，
恰恰是因为它建立在自由之上——
不过这种自由所构建的，
还有人的尊严和他的整个世界。

——尼古拉·别尔嘉耶夫，《历史的意义》

在第三章，我们得出的结论是，社会仅就最低限度的目标达成了共识，而并未就儿童的教育利益及其实现的最佳方式达成共识。然后在第四章中，我们推出了这种假设对政府的政策启示。但是，我们不是政府，政府层面的不确定性并不会妨碍我们对儿童的利益坚持自己的看法。本章所提出的是我们的个人观点。在这里，我们将探讨家庭选择究竟会促进还是阻碍我们想让儿童达到的一个主要目标，这就是实现自主。

在本章的开头部分，我们将对"自主"这一概念以及哪些因素可能会促进自主进行分析。然后，我们将探寻何种权威结构最有利于儿童接受这种教育。我们分析了公共垄断是否有助于儿童自主的发展并得出结论：即便自主是公共的目标，它不能也不会促进儿童的自主。然后，我们分析了扩大家庭和学生的选择权是否会促进儿童的自主。

一、剖析自主

受过良好教育的人通常包括两种类型，他们会被誉为"自制的人"（conditioned man）和"自主的人"。前者喻指个体具备特定的知识，致力于某些特定的价值观并坚持某种行为模式。这类人的典型是那些坚持特定的宗教或世俗信仰的成人。相较而言，"自主的人"在理智和道德上表现出了独特性。对特定价值观和行为的忠诚符合自主的要求，但这种忠诚必须是经过多次检验后认同的结果。

值得注意的是，这些模式指的都是我们期望实现的"结果"，而不是实现的方式。我们很自然地会假定，每个模式都有某种最有利于其实现的方式，但这可能会造成误导。有自制能力的人可能未必是强制规训的结果；反之，让孩子自娱自乐未必能够保证自主能力的实现。当涉及人的问题时，寻找有效的路径往往是件困难的事情。在本章中，我们将试着探索最有利于实现自主的路径。不过，我们首先要对这两种类型进行更明确的比较。在现实中，这两种类型有相当程度的重叠，很难简单地作出界定。

（一）自主的人

对我们而言，"自主"指的是儿童独立反思的潜能和辨别个人道德和社会公正等方面问题的潜能得到充分的发展；它是智识和负责任的行为的结合体。人与世间万物的主要区别就在于人可能具备道德观念。

在我们看来，自主并不意味着儿童能够对国民生产总值（GNP）作出最大限度的贡献；事实上，它甚至有可能不利于这个目的。它可能并不会让儿童变得更快乐或者增强他们实现快乐的能力。自主所做的，仅仅是促使儿童个人探索自己、探索世界以及他对世界的责任，而这种探索很有可能是痛苦的。当然，完全独立的思想可能并不存在；而且，无论多么有效的教育，都无法使个体摆脱他的基因和外界环境对他的限制。尽管如此，自主的概念是一种不可或缺的智识和道德理想，即在环境许可的前提下最大限度地实现思想和道德自主。

我们无法一次性地对自主作出全面的定义。随着分析的深入，我们会逐步累积有价值的观点，不过最终它仍然是一个抽象的概念。但是，我们可以消除三种可能的误解。第一，自主并不意味着对各类观点均持反对态度（如果可能的话），它指的仅仅是接纳观点的方式。自制和自主的思想会坚定地支持某些观点，而且经常是同样的观点。自主的特点在于，自主的人有意愿并且有能力寻找相关信息并对其进行分析评价，进而修正或者放弃已经接纳的观点。在这里，自主的独特性就在于它强调对信息的了解；而具有自制能力的人无疑在这方面存在程度上的差异。也许最佳的方式是把它看作是程序上的差别；自主的心会自动把观点放到理智的程序上进行分析，即便是其思想上的敌人。这仅仅是一种种族优越感吗？在某种程度上，自主的人所持的怀疑态度就像是一名优秀的法律学生在有意识地学习一样。但是自主并不排斥对各项能力的关心，包括享受、生产，甚至爱等。自主与这些品质完全是一致的，甚至是不可或缺的。

其实，第二种对自主的误解就是把它看作是一种与集体价值观、人际支持、慈善相分离的个人特有的品质。当然，自主可能代表着反叛，其对象包括家庭教养方式、种族、儿童宗教信仰，甚至包括成人生活方式，特别是婚姻、子女等；但自主未必就等于反叛。当然，有些成人由于与父辈家族保持着密切的联系，因而出现了问题；但同样会有些成人因为这种基于家族纽带的合作而强化并丰富了个人的生活。自主并不是要摆脱父母。事实上，保持个人早期的关系和经历的完整性，并将其与成人生活相整合，也经常是自主的一部分，尽管并非总是如此。没有对部族文化作出丝毫记载的东正教犹太人可能比一位居住在洞穴之中或城市公寓的厌世的隐士具有更强的自主性；其问题的关键并不在于他的生活符号是否得到了传播和交流，而是他们是否能够得到社会的支持。隐士的习惯可能成为一种强制性的繁文缛节；而信奉宗教的犹太人共同遵守的规则则可能成为自由的美。

第三种对自主的误解就是把它看作是对个人权力的制约。这种个人权力指的是个人通过有效利用自己的大脑、肌肉或金钱进而获取、学习、掌握以及创造的能力。在我们看来，自主并不是一种潜在的或现实的活动集合体。它是人的一种状态，这种状态即便是最悲惨、最依赖于他人的人也能够达到；而富裕的、受人羡慕的人却常常无法达到。经济独立和政治权力既能够消除实现自主的许多障碍，同时却也增加了许多障碍。为了进一步明确我们所谓的"自主的人"，可以把他与其对立面相比较，即教育者所构设的目标。

（二）自制的人

旨在培养有自制能力的人的教育传统有几种主要类型。它们的共同之处在于，它们的现实目标是以潜移默化的方式教育儿童接纳教师对善的理解并付诸实践，但这几种类型的相似之处也仅此而已。有自制能力的人在事实和真理的具体内容方面产生了分歧。一所穆斯林学校和一所倡导马克思主义的学校传授的内容会截然不同。但是，它们根本的差异在于它们对现实和对人类自由持有不同的看法。不过奇怪的是，为了培养出有自制能力的人，让他们具备特定的信念并表现出某些行为，人们往往会从自由意志和人类责任等极端的立场上着手。

此类学校在办学过程中大多秉持一种假设，即人类拥有相当程度的自由意志。的确，大多数教会学校均表现出了这种鲜明的特征；许多世俗学校也

或多或少地表现出了这样一些特征。这种假设（我们对此表示认同）与培养
有自制能力的人的目标（我们对此并不认同）是一致的。的确，在这些学校，
这种极端自由被看作是一种难以约束的和危险的事情；它是教育的问题所在。
根据宗教上的原罪观或者相应的世俗理念，自由通常被看作是一种易被腐化
和脆弱的东西；人是非常容易被腐化的，很难实现自我控制。根据这种观点，
教育的任务就是灌输明确的道德传统，在人的脆弱的能力周围构筑起坚实的
堡垒以抵御诱惑。与努力追求使人向善相比，学校更重要的任务应当是强调
对人施加约束。

在培养有自制能力的人方面，另一种传统显然更符合决定论[①]的思想。它
很少关注人的意志，因为它认为，环境决定人的态度和行为，至少对于普通
人来说是如此。不过，这也给我们创造环境或者条件提供了希望。如果能够
对环境进行有效控制的话，就可以转变人的信念和行为，我们的社会也就得
到了改进。所以，学校应当采用特定的刺激物重组美国人受伤的心灵。通过
教育，儿童可以学会分享文明环境的前景，只要他们能够达成共识即可。而
且，人们无须考虑达成这种目标必须经历的痛苦（"令人厌恶的刺激"）；恰恰
相反，这种行为的实现主要靠友好的说服。

不过随着这种观点走向彻底的决定论，它也遇到了决定论所面临的经典
难题，即如何解释环境本身的自由？如何判断何种环境是健康的、何种政策
是有益的？他是不是一个超越于环境影响的精英？如果让他自己作出决定的
话，他的能力从何而来？在帮助儿童实现自己的最终信念方面，我们并未达
成一致。当此类学校达成自己的目标时，自主注定将成为失败者。

当然，我们理想的自主的人本身就可以被看作是一个有自制能力的人。
他"具有自制能力"去收集和评价相互矛盾的证据，在此基础上作出判断并
根据自己的判断去行动。他是那些被称为"程序上有自制能力的人"的代表。
当然，这种结果的形成过程似乎也符合决定论的观念——学生在经过"编程"
过程之后学会了为自己考虑问题；不过，任何结果似乎都可以被这样认为。
我们认为，自主的人和有自制能力的人确实代表着两种不同的理念；只要我

---

① 决定论（Determinism），又称拉普拉斯信条，这种观点认为自然界和人类世界普遍存
在一种客观规律和因果关系，一切结果都是由先前的某种原因导致的，或者是可以根
据前提条件来预测未来可能出现的结果，"有其因必有其果"，而自由意志则是不可能
的。——译者注

们达成了共识，认为上面谈到的自主的品质是值得追求的，我们就可以继续深入讨论了。

二、以培养自主为目标的教育

有些著名的教育家不仅把自主看作是目的，同时也把它看作是一种工具。他们认为，要想让儿童得到适当的发展，首先要让他们从成人的压制中解放出来。正如 19 世纪一位激进的教育家赫伯特·斯宾塞（Herbert Spencer）所说："各种形式的压制，无论是以教育或是其他的形式出现，本质上都是恶的。"在他所构想的时代，"年轻人……会自然地展开，成为理想的人，他内在的冲动与自然法则正好吻合"①。这种观点体现了自卢梭至伊里奇的思想传统：儿童从上帝的荣光下走来；它保护儿童免受成人的腐蚀。只要进入生活，他自然会学习并选择善。

对此我们并不赞同。某个 8 岁的儿童，假如完全从各种束缚中"解放"出来，如果有运气的帮助，也许确实能够成为一个自主的成人，或许不靠运气他也能够成为一个自主的人。但没有任何证据表明这种实现自主的策略能够推而广之。我们确信，对于大多数儿童来说，实现自主并不在于消除所有约束，这最多不过是一种浪漫主义的情感而已；要想最终实现自主，社会必须提供某些临时性的、逐步减少的约束。迪特里希·潘霍华（Dietrich Bonhoeffer）说得更为直接："教是为了不教，这就是教学的实质。"②

简言之，教育必须是一种控制，尽管它是一种过渡性的控制，它的合理性在于自由人在完全实现自由前所处的状态。显然，我们无法描述一种最有助于达成这种目的的理想的体制。这种由成人控制的教育必然要根据每个儿童情况的不同而在形式、长度、内容上有所差异。而且，我们无法为我们想要倡导的教育提供任何坚实的证据。不过，我们仍然会深入挖掘，希望能够找到正规教育中的某些有助于实现自主的共同因素。

从好的方面讲，这些共同因素是明显的，而且是传统的。每个儿童都应当掌握充足的语言和数学知识。他们还需要了解一些有关历史、哲学、文化和科学方面的知识。这些因素与第四章中所提到的形成最低限度的社会共识

---

① B.F. Skinner, *Beyond Freedom and Dignity*（New York，Knopf，1971）.

② Herbert Spencer, *Social Statics*：*The Conditions Essential to Human Happiness*（London，John Chapman，1851），p.188.

所必需的知识并没有明显的不同，它们也没打算与其不同。但是，自主对最低限度的要求则更高；我们认为，它需要让孩子接触到更多的公平和个人品德问题并就此展开对话。孩子们的教育应当让他们更多地围绕好生活的性质进行探讨，这也是长期以来围绕有关民主的人而进行争论的一个核心议题。我们将这种经验称为"参与"。

至于"参与"应当从哪个年龄开始，我们并不清楚。谁也不确定儿童早期阶段的"参与"应当多么明确，谁也不知道儿童第一次正式参加道德学习时究竟是应当接触一些一致的价值观还是一些相互冲突的观点。① 对于年幼的儿童而言，将伦理问题进行结构化的分析可能毫无意义；不过，做一些准备工作，将直接经验组织起来，并在其中涉及对他人福祉的责任可能是一种对促进对话富有成效的做法。

在所谓的"自由"学校中，经常能够看到鼓励儿童"参与"的做法。不过，虽然这些学校打着"自由"的标签，它们的做法却通常与赫伯特·斯宾塞所倡导的自由放任主义并不一致。也许它们在言辞上会这么说，但在实践中，它们很少会像任由鲜花自己盛开那样放任儿童发展。它们不会允许儿童根据自己的意愿来施加惩罚；它们的教师也不会干等着，期待儿童产生无法抑制的学习几何的冲动。这些学校仍然会积极主动地作为，尽管它们会采取柔性的方式。例如，赫伯特·科尔（Herbert Kohl）便把这种教育看作是有意识的革命工具。② 也许，这种做法是实现自主的一种方式，虽然迄今为止没有证据表明这种成人与孩子的互动方式能够比其他方式更有效地促进自主的实现。

我们的意思并不是说，要想实现起码的自主，就必须通过正式参与的方式承担社会责任并掌握为了形成最低限度的社会共识所必需的知识。正如教育同样会失败一样，未受外界影响的天性或是非正式的途径似乎也能够取得成功，从而促进人的自主的实现。一个从来没有走出过自己所在的州的人或者只是高中毕业的人也许同样能够严肃地看待伦理问题，并与那些通过正规教育形成自主能力的人一样具有同理心。但是，教育在培养人的智识方面的

---

① Dietrich Bonhoeffer, *The Cost of Discipleship* (New York, Macmillan, 1963), p.278.

② Lawrence Kohlberg, "Moral Development and Identification," *Child Psychology* (Chicago, University of Chicago Press, 1963), and "Stage and Sequence: The Cognitive-Developmental Approach to Socialization," in *Handbook of Socialization Theory and Research* (Chicago, Rand McNally, 1969).

价值仍然是值得追求的，因为无知会限制人全面地看待道德问题的能力。事实上，如果拥有充分的智识，无知的人将会使一些分配正义问题不再局限于那些非常看重这些问题的当事人，并最终促进问题的解决。

那些自主能力的倡导者们应当努力安排一种场景，让儿童接触到善和恶，让他自己追求一种公正的秩序。这种安排或许是家庭的选择，或许是改革后的公立教育系统，或许仅仅是现状。本章下面的部分就将讨论如何解决该问题。

三、通过公立垄断机构追求自主

也许既有的体制适合于儿童在实现自主方面的利益。该论点的依据在于教学活动中立性的概念。有人认为，教育的价值中立性使其成为了让孩子参与正义问题最理想的环境，而且实施义务教育的公立学校是其最佳代表。我们将对价值中立性的两个概念进行探讨，据称，它们均有助于促进道德冲突。

（一）机构中立性的观点

中立性通常被认为是学校机构、课程和教师孜孜以求的目标，它们要尽力给予各类观点以同样的尊重，避免儿童受到某种成人权威、专业工作者或家长的观念的灌输。教师要对各种观点表示宽容，并就人们关心的各类问题进行开放式的交流，这种教师形象是传统观念的一种理想，这就是所谓的"马克·霍普金斯（Mark Hopkins）在小屋的一边，学生在小屋的另一边"①。在这个国家，中立性的外衣已经成为了教师的工作服。

我们暂且承认真正的价值中立有助于促进儿童自主能力的养成，而仅对公立学校是否能够真正保持价值中立提出质疑。尽管在宽容的时代和地方，我们的公立学校或许能够在某种程度上实现兼容并蓄，但保持价值中立并不是公立学校的显著特点。与之相反，即便公立学校的目标模糊不清，经常充满矛盾，而且还会随着时间和地点的变化而发生改变，但教育史的研究发现，公立学校始终在朝着某些方向努力。

---

① 马克·霍普金斯是美国著名的教育家，曾于 1836—1872 年间担任威廉姆斯学院的院长。在 1871 年威廉姆斯学院的校友会上，后来曾担任美国总统的詹姆斯·加菲尔德（James Garfield）对霍普金斯的贡献极为赞赏，认为一所理想的大学就应当像一间小屋：在这个小屋中，马克·霍普金斯在小屋的一边，学生在小屋的另一边。后来，这一表述广为流传，被誉为美国高等教育的办学典范。——译者注

　　整体而言，美国大多数公立学校的一个基本目标就是创造出具有某种自制能力的人。正如俄勒冈州政府在"皮尔斯诉姐妹会案"中所陈述的那样，公立学校系统要培养所谓的"真正的美国人"。我们很难描述这一虚幻的形象，因为他的性质或许就是避免与其他人或者形象有所不同。

　　　　把外国出生的孩子与本国出生的孩子混在一起，把富人的孩子和穷人的孩子混在一起。趁他们的观念还没有完全成型，把这些带着各种偏见的孩子们放到公立学校的熔炉之中，让他们待上几年，最终出来的成品就是真正的美国人。

　　　　这个国家的长治久安要靠他们的年轻人在公立学校所受的教育。在公立学校，他们将受到正确的教育，包括我国的历史和我国政府的目标、自由与民主的基本原则、尊敬与正义。他们对所有这些知识的掌握都要达到同样的水平。①

　　这是1925年流行的行话；今天，没有哪位教育者还会再用这些废话。但是，教育的实质并没有改变，在很大程度上仍然是国家主义的倡导者们、政府、既有的社会和经济体制努力的目标。这种培养"真正的美国人"的努力从反对普鲁士精神、反对天主教一直延续到我们今天的各种恐惧。当孩子们进入公立学校时，他们各自有着不同的意识形态背景；但此后，这些人的多样性并没有被看作是相互学习和发展的机会，反而成为了问题所在。公立学校也许会容忍这些个人偏好，但绝对不会鼓励和促进它们发展。孩子们入学初的这些差异是需要被磨平的棱角，而绝非需要珍视的东西。

　　公立学校最理想的产品就是信奉正统基督教的正直的人，并表现出一些美国哥特式的人格特质：勤勉、强硬、智慧、狭隘等。② 这种人可能是"独立的"，事实上，这个词本身就是美国的传统；但它在很大程度上也可以从经济和技术的角度而非从个人自主的角度来理解。表面上，公立学校鼓励各种理念进行竞争；但精英统治的结果却使得道德异端毫无生存空间。在市场或

① 　Herbert Kohl, *The Open Classroom*（New York，Random House Vintage，1970）.

② 　美国哥特式（American Gothic）是格兰特·伍德（Grant Wood）于1930年创作的一幅油画，画上是一个农夫和他的女儿站在房子前面。后来这幅画与《自由女神像》《芭比娃娃》《野牛镍币》和《山姆大叔》成为了美国文化的五大象征。——译者注

实验室，坚定的个人主义和多样性或许会被珍视，但在其他领域，包括宗教、政治、生活方式、社会行为等，类似的创造性却得不到珍视。问问阿米什人就知道了。①

这种理念在公立学校大行其道，它并没有太多地受到宪法第一修正案的约束。宪法所约束的仅仅是那些形式简单的宗教教育，聪明的传道者们采取了更为柔性的方式开展宗教教育，他们填补了宪法规定之外的大量空间。在教科书、图片、教师、宁静的氛围以及公立学校的环境等许多方面，我们都可以看到传道者们的工作。这些以世俗形式出现的宗教思想体现在许多方面，包括努力工作的道德品质、积累财富（在环保理念提出之前是高消费）、结婚、小型家庭（今天的状况）、身材苗条的女孩、富有攻击性的男孩、崇尚应用科学、根据专业医学保持健康、拒绝死亡以及（最重要的是）"归属感"；当然，上述内容会根据时间和地点的不同而发生变化。② 有些州以立法的形式明确要求教授特定的价值观，其中包括对工业和劳动力的社会贡献、善待动物等。加利福尼亚州最近采用了官方的"道德指南"供学生在课堂上使用。③为了应对"水门事件"，全国教育协会（National Education Association）的一个做法就是建立一个教授道德的新项目。该协会的主任认为，这项课程提案"表明整个教育系统是好的，但是其中有些人导致了非常严重的问题"④。迄今为止，有关公立学校是中立性的观点完全是建立在经验层面的，它是错误的。

政府致力于培养真正的美国人的做法与我们在第三章得出的结论是一致的，即社会没有就儿童的最大利益达成共识。上述提到的项目主要是为了更大范围的社会的利益，而不是儿童的利益。要想得出与之相反的结论，就必须像我们前面所提到的那样，承认社会对孩子所做的让他们"适应"社会的做法事实上是符合儿童的最大利益的。

（二）通过反对者实现中立性的观点

有观点认为，由于公立学校的教师持有不同的价值观，所以公立学校可

---

① Reprinted in appellee's brief, appendix B. *Oregon School Cases*: *Complete Record* (Baltimore, Belvedere Press, 1925), p.368.

② Albert Keim (ed.), *Compulsory Education and the Amish* (Boston, Beacon Press, 1975).

③ California Education Code § 13556.5 (1977).

④ *International Herald Tribune*, interview, July 14, 1974.

以以这种方式实现中立性：儿童在某一年或某个小时内接收教师们传递的一类信息，而在下一年或下一个小时内接收另一类信息。于是，即便系统地实现整个机构的中立性是遥不可及的幻想，但很有可能，通过持有不同观点的教师的相互抵充，一种未经计划但却在事实上发挥影响的中立性便实现了。这种把各类不同的观点汇聚到一起的做法也许正体现了自主所必需的具有中立性和有益的道德对话。

不过，我们认为，儿童接触到广泛的教师的观点并不能够证明各类影响实现了平衡。通常，教师在社会阶层和观点上的分歧非常小，来自同一个地区的教师尤其如此。而且，他们相互间的差异一般不会是重要的价值取向之间的差异。这一点也不奇怪。教师属于公职人员，他们必须具备一定的资质，必须接受过特定的教育以便被筛选成为得到了认证的公职人员。官僚体制和工会的压力会强化他们的同质性。他们要频繁地接受校长的聘用，而校长则通常出自教师队伍。也许最后的指望是让教师队伍容纳更多来自不同肤色的群体。我们得出的结论是，要想证明既有的公立教育模式能够促进个人自主能力的养成，就必须找到它身上一些除中立性以外的其他特点。

当然，在培养"真正的美国人"方面，公立学校并非总是取得了成功。不仅它采用的方法经常失败，而且事实上，许多公立学校确实在不声不响地支持学生以各类形式参与公平、道德等问题。其中最为明显的就是虽然不断受到削弱但仍然在顽强地延续的传统：博雅教育。在这种传统仍然延续的地方，它发挥着非常大的影响力。博雅教育传统迫使它的当事人以一种神圣的方式来正视作为一个人的神秘之处。它的主要培养目标仍然是让接受过教育的成人能够为自己做出负责任的决定，能够根据他对真、善、美的信念而行动。这些人可以被认为是自主的人，而且他们仍然在我们身边存在。此外，许多教师个人在观念和生活方式上具有相当的独立性，他们能够为儿童个体提供选择的机会。事实上，鉴于美国的公立学校必须承担作为一个政治机构必须承担的责任，我们完全可以给它在培养人的自主能力方面的表现打相当高的分数。但尽管如此，如果社会希望把孩子培养成为独立的道德个体，几乎可以肯定地说，它需要采用其他的策略。

（三）一个新的公共策略？

尽管今天的公立学校并没有保持"中立"，但或许它们自身能够进行改革或者在外在力量的推动下实现改革。也许人们能够对这个公立垄断机构进行重新设计并达成共识，使其在理念上保持中立性并致力于促进人的自主能力的实现。不过我们发现，这种改革的前景并不乐观。

问题并不在于这个机构具有政治性，也不在于它的公共性，甚至也不在于它的垄断地位。问题在于它是教育机构，而让教育保持中立性几乎完全是幻想。即便在致力于实现中立性教学的私立学校，中立性最积极的倡导者也必须作出一些基本的价值选择。他们必须选择书本，选择分配时间，选择某些特定的学科和观点。就像收音机的频率一样，并不是每个频率都能被接收；听收音机的人的时间和注意力是有限的。吉尔伯特·基思·切斯特顿（G. K. Chesterton）略显夸张地说："人们经常会说要把偏见从教育中区分出来，这是件非常奇怪的事情。事实上，唯一不能从教育中区分出来的东西就是偏见。这是教育。一个没有偏见的教师根本就不会教学。"[1]

价值观的教授过程通常并不是有意识地完成的。它既包括教师强调的东西，同时也包括教师排斥的东西，两者同样重要。它体现在服饰、举止、语气等各个方面。诺曼·威廉斯（Norman Williams）直接说："无论我们是否喜欢，我们都是道德教育者。"[2] 总的来说，事实的确如此。在人的外形下，马克·霍普金斯（Mark Hopkins）的理想是很难实现的。

而且，追求中立性本身也可能成为其失败的根源，因为我们怀疑，对学生而言，教师对于各类观点不持任何偏见可能会表现为一种冷漠。在实践中，教师所传递的主要价值观可能不包括任何价值观。在这个虚无的道德环境中，学生们将被鼓励采取一种降低风险的不参与的态度。也许普通教师可以通过接受培训以便在各类相互冲突的价值观之间保持平衡，但我们自己的经验表明，除非我们的对象是精于世故的人（通常是成人），否则中立性经常会因其与某种伦理思想的联系而陷入合法性危机。

我们很难设想既有的官僚体制能够保持中立。即便我们的社会作出决定让政府办的学校通过保持中立性以促进自主的实现，学校也很难忠实地执行该政策。改革所需要的绝不仅仅是改变过去的习惯以及大部分教师中产阶级的背景，它很有可能还需要废除教师认证制度，甚至把许多教师赶走（这是

---

① G.K. Chesterton, *What's Wrong with the World*（New York，Sheed and Ward，1956），p.149.

② Norman Williams，"What the Psychologist Has to Say," in John Wilson，Norman Williams, and Barry Sugarman, *Introduction to Moral Education*（Baltimore，Penguin Books，1967），p.307.

一项更为艰巨的任务）。组织自身需要优先考虑的问题容易给改革带来许多障碍。官僚机构有自己的议程。简言之，要想迫使一个运行中的垄断机构转而帮助它所掌控的听众实现自主，其困难程度不言而喻。

也许除了中立性以外，政府能够找到其他更可靠的技术促进儿童自主性的实现；我们欢迎任何合理的尝试，不过迄今为止，我们并不确定怎样才能够做出这些尝试。由此我们得出的结论是，无论其理论诉求是什么，通过中立性来实现自主是一个不切实际的目标；因此，以中立性为基础来证明公立学校的合理性，无论是既有的公立学校还是改革后的公立学校，都是无法令人信服的。

四、家庭选择体制下的自主

对选择体制在促进人实现自主的价值方面持乐观态度的人秉持一种假设，即由家庭选择的符合某种价值观的课程和环境或许有助于自主的实现。该假设不但否定了中立性在实践中的可能性，而且对既有体制提出了根本性的挑战。它否定了中立性的价值。

现代心理学普遍认为，随着儿童与外部世界交往范围的扩大，他们需要树立起自己稳定、自尊的态度。这就表明，为了促进儿童安全感的实现，让他们感受到个人的价值，应当把儿童在家庭中习得的价值观与其在正规教育中接受的价值观有效地绑在一起。简言之，把部族的生活方式与培养独立的道德判断的方式联结在一起是有益的。科尔伯格（Kohlberg）指出，家庭文化也许代表着实现充分的道德自主性的一个必经的发展阶段。对许多孩子来说，当他们到了法定的入学年龄之后，这种需要或许仍然存在。因此，"践行这些孩子们已有的社会和道德价值观"[1] 便似乎是一件合理的事情了。当然，人们不一定要完全赞同阿米什人的法则，设想父母帮助儿童作出道德判断的能力将会通过阿米什人的学校而得以强化；事实上，任何流派的教育都可能会因此而得到强化，无论它们是宗教派别抑或世俗派别。

在学校选择体制下，儿童最重要的体验也许就是看到自己信任的某个成人与自己的家庭成员一样受到某个道德问题的困扰。相较于该问题在学校机

---

[1]　Lawrence Kohlberg，"Stages of Moral Development as a Basis for Moral Education，"in C.M.Beck，B.S.Crittenden，and E.V.Sullivan，*Moral Education*：*Interdisciplinary Approaches* （Toronto，University of Toronto Press，1971），p.83.

构中的重要程度，它的具体内容可能并没有那么重要。即便某些特定的价值
观显得非常狭隘和片面，但儿童在发展的关键阶段能够与这种价值观打交道
或许也能够使他认同人类相互影响的理想，这对于自主是必不可少的。学
校传递的一些非常简单的信息可能会激起某个学生或某个年龄段学生的兴
趣，使他们感到有必要深入探究，这种效果是采用中立的方法所无法达到的。
这种狭隘的风格或许能够非常有效地激发儿童"认同"他人的能力。罗伯
特·海尔布鲁诺（Robert Heilbroner）把这种特征描述为"各种道德理念可能
生长的土壤"①。根据现代心理学研究（科尔伯格等人的研究成果），这种假设
似乎与传统观念都是似是而非的；根据传统的观念，采用强制性的方式在儿
童早期将他们与自己家庭的文化进行切割是一种有益的解放行动。

　　通过家庭选择机制，各类家庭能够在事实上被各类学校所代表；这就使
儿童特有的家庭经历与他就读的学校的风格建立了明确的联系。由于这种社
会和心理联系的存在，儿童在学校里便有了"在家"的感觉，并能够更好地
接收学校传递的信息。当一个在黑人穆斯林学校就读的孩子了解到一位黑人
英雄遭受了某种不公时，他很容易对这位英雄形成认同感和同情心；道德参
与过程便由此开始了。当这些孩子们听说黑人种族成为了不公正的牺牲者时，
他们便会把对这位英雄形成的认同感和同情心抽象化，运用到那些他们从来
没有听过的人身上。有些孩子的理解将会非常到位；他们能够在别人的帮助
下或者自己感受到这件事隐含的意义，即不公正不仅是黑人面临的问题，同
样也是整个人类面临的问题。道德最重要的倾向说到底就是普适性；其实，
普适性最简单而常用的体现就是对少数种族和群体的看法。在阅读《以利亚
说》（*Elijah Speaks*）时，孩子们就会感觉到传统美德和道德金箴像是自己创造
的一样。

　　家庭选择体制倾向于把观点一致的孩子们聚到一起，从而极大地促进同
情心的养成和道德参与。学校教育经历培养儿童参与伦理问题的一个重要方
式就是让他们的观点与同伴的进行摩擦和碰撞。若他们具有相同的信仰或者
社会观点并不会给我们造成困扰。事实上，这将有利于我们目标的实现。尽
管在有些情况下，冲突有助于促进成长，但道德对话的质量在相当程度上取
决于儿童相互间观点的相对一致，这对于年幼的儿童尤其如此。对于年幼的

---

①　Robert Heilbroner, *An Inquiry into the Human Prospect*（New York, W.W.Norton, 1974），
　　p.111.

儿童来说，相同或者相似的价值观之间的交流可能是他们能够接受的最为复杂的道德参与过程了。由于家庭选择使家庭与学校之间形成了更为密切的联系，它保证了学生相互间最低限度的共性，从而使他们很容易参与到这种对话之中。这并不是说按照家庭收入将学生分割开来是合理的。教会学校以及其他私立学校的经验表明，家庭价值观的划分标准往往能让不同家庭收入的学生聚到一起。① 悲观地担心阶层和收入在学校选择体制中可能发挥的作用是草率的，至少对于一个能够确保真正的平等机会的体制并不适用。

受过良好教育的精英们很容易接受这样的观念，即应该保护儿童免受他们父母不当价值观的侵害；不过对有些孩子来说，较早地切断他们与家庭的联系或许并不是一个好办法。有些课程和设计，对于心智成熟的成人非常适用，但对于还没有形成稳定的自我形象的年幼儿童来说却可能显得过于复杂，并会让他们感到畏惧；一些来自少数种族家庭的儿童尤其如此。支持地方社区对学校进行控制的观点普遍会强调这种风险，尽管其中许多只是空洞的说辞。支持地方控制学校的表述背后有一种假设，即与家庭更密切的联系有助于促进儿童的自主。这种观点主张让当地的成人行使管理学校的权力，从而让孩子们在一个熟悉的、亲切的环境中成长。

不幸的是，在这种背景下，这种观点是一种非常大的误导。社区控制传统的一个重大弱点在于，虽然它强调与家庭的联系，但许多家庭无法发挥自己的影响。由于社区的伦理标准由多数主义政治决定，所以它无法体现那些不赞同该标准的家庭的理念。一所位于内城的由社区控制的学校或是一所纳瓦霍（Navaho）学校② 之所以仍然具有吸引力，仅仅是因为它的顾客与其情感上的联系，这种家庭与学校之间的联系仅仅在于这些家庭希望孩子们到那里就读。假如有 30% 的纳瓦霍家庭被学校惹怒了，要求学校为他们的孩子们安排六种不同风格的世俗和宗教教育，那么解决方案将是他们的"社区"无视他们的差异，压制他们这些当地的少数派。另一方面，要想在一个体制内识别当地所有的少数派也是一件非常烦琐的事情。

---

① Andrew Greeley，William McCready，and Kathleen McCourt，*Catholic Schools in a Declining Church*（Kansas City，Sheed and Ward，1976）.

② 纳瓦霍人是美国印第安居民集团中人数最多的一支，20 世纪晚期约有 17 万人，散居于新墨西哥州西北部、亚利桑那州东北部以及犹他州东南部。——译者注

　　这是一个在通过政治途径解决每个个体不同需要时都会遇到的普遍问题。理论上，为了促进自主能力的养成，政府只需要求学校把每个孩子的家庭背景与学校环境联结起来即可，但在实践中，为了实现这一目标，任何可行的体制在管理操作时都要诉诸家庭选择。理论上，政府甚至可以要求所有的家庭在他们自己选择的学校中促进自主的实现；但很难想象还有比这更困难的事情了。如果这种联结可行的话，显然就不需要采取政治行动了。明智的做法就是让家庭与他们的教育咨询师共同判断哪个孩子在与家庭相似的环境中成长最为有利，哪个孩子在不同于家庭的环境中成长最为有利。许多家庭可能会得出明智的结论，即最有利于孩子成长的学校是那些办得像市场一样的学校，其中涵盖了各类理念、追求多种不同的价值观，有些甚至与家庭的价值观完全相悖。

　　最后，直接采取政治行动的解决办法通常要采取大量强制措施。在没有达成共识的前提下，我们没有理由强迫少数派，即便是对自主的选择。事实上，无论在何种情况下，对自主的选择和追求总是存在着一些明显的矛盾之处。

联结与正在成熟的儿童

　　虽然我们觉得年幼的学生通常太过脆弱，因而无法在意识理念的挑战中受益，但随着他们年龄的增长，这些挑战会变得可控，因而也将使他们得到丰硕的收获。当自我力量达到了一定程度之后，正在成熟的儿童在面对新的和相互冲突的理念时会觉得轻松自如；毕竟，是儿童而不是家长有了"回到家中"的感觉。对于年龄较大的儿童，让他们探索教师价值观的差异、道德准则的矛盾之处、新的同学以及他们自己的理念，这些都将有助于他们自主能力的发展。一般来说，12岁的孩子应当为应对意识理念和文化不和谐因素的增长做好了准备并能够从中受益。

　　这种对儿童需要和能力的看法与我们设想的家庭选择的架构是一致的。它支持我们早前的建议，即要把家长选择的权力限制在小学阶段。一旦进入初中，应当给学生越来越多的掌控自己教育的权力。合理设计学校选择体制，它将促进家长和学生共同对学校选择的范围进行分析。通过让儿童在家庭的合力支持下参与该过程，其自主能力将得到有效提高。有批评者担心，过多地延长学校与家庭之间的联系可能会对孩子构成危害，因为他们需要接触相互冲突的观点，而且这种做法表明学校在无意识中想要培养有自制能力的人；

赋予年龄较大的孩子更大的选择权也是对这种批评的一种回应。随着年龄的增长而赋予孩子更大的选择权将促使他接触到多种混杂的观点，当然，这种接触仅局限于学生相互之间。一旦冲突超越了这个边界，有意义的交流便开始减少，孩子便可以选择退出。这些青少年将始终处于这样一个特定价值观环境之中，他们有多年的时间能够在朋友的些许帮助下去分析、拒绝、修正或是接纳这些价值观。

在选择体制中，有一个关于自主的有趣的问题，那就是青少年同伴之间的相互影响。青少年经常被描述为最喜欢拉帮结派的人。于是有观点认为，家长和专业工作者等成人影响的减少将强化青少年的帮派倾向，从而给他们带来更多的约束而非自由。也许青少年最需要的是对课程和组织的多样性加以限制。另一方面，他们拉帮结派的天性，如果确实有的话，也许在某种程度上是现代社会的中学造成的；它所反映的，可能是被强迫灌输道德思想的听众在半昏迷状态下的反抗。一旦社会让年轻人承担更大的责任，让他们改变自己的教育状况，这种意气相投的感觉就会减弱了。此外，如果我们珍视儿童向他们的同伴学习的机会，就应当想方设法利用这种资源。

不过，有些人虽然同样认同我们的目标，但是却认为这种做法会导致相反的结果。在他们看来，儿童已经处于家庭价值观的掌控之下了，这种做法只会限制而不是促进儿童自主能力的发展。在小学阶段强化家长的观念只会让问题更加恶化；他们预言，由于12岁的孩子受家庭价值观影响过深，即便他们拥有选择学校的权力，他们仍然无法通过独立行动实现自主。这些批评者们宁可依赖既有的公立学校体制，即便在该体制中，人们几乎没有退出的可能。他们希望家庭价值观与公立学校价值观的冲突会构成一种良好的平衡状态，进而最大限度地促进儿童发展。即便学生在学校里没有在家的感觉，他们也不会受到什么伤害。其实，儿童这种与家庭的密切联系不利于他们融入公立学校所倡导的主流意识形态。此外，如果儿童的家庭背景所持的是非主流的价值观，想要靠家庭与学校之间的联系来帮助儿童实现自主是不现实的。他们会提醒我们，在任何情况下，电视都会挫败那些持有非主流价值观的家庭，它比任何公立学校都能够更有效地削弱他们的价值观。而对于已经属于主流社会的家庭来说，通过选择体制或是强制体制来强化他们的价值观并没有什么差别。

我们认为，这种观点同样具有一定的说服力；它和我们的观点一样，都

在很大程度上受到个人价值观的影响。我们只是更倾向于提供多一点选择的
机会以推动实质性的改变。在我们看来，对于大多数贫困家庭的孩子们而言，
采用学校选择体制并不会让他们承担些许风险，反而会大大增加他们实现自
主的可能。人类自主所面对的最大威胁，并不是单个家庭的异常选择，而是
人类整体有意识的政治努力方向。

第三部分　选择与美国的社会契约

第六章　理念多元化的问题

> 庆幸的是，
> 透过这道我们无法穿越的大门，
> 智者看到了其中的景象。
> 啊！让我们颂扬多元化吧，
> 因为世界就在其中。
>
> ——菲莉丝·麦金利，《颂扬多元化》

儿童的福祉并不是学校关心的唯一对象。教育政策的制定通常是为了让某个特定的组织团体或整个社会受益，而未必会与儿童个人的福祉相一致。教育中有两个共同的目标对于我们讨论的主题尤为重要：一是使人们形成共识，维护秩序和自由；二是实现种族融合。那么，家庭选择体制会对人们的共识和种族融合产生哪些影响呢？

有批评者认为，社会认同是秩序和自由的基础，而选择则是对社会认同的一种威胁。在他们看来，普通公众在选择学校时所作出的个人决定会损害社会的基本制度。他们警告说，由于人们兴趣各异，可能会出现具有分裂倾向的弗兰肯斯坦式的人物①，从而破坏我们所珍视的社会秩序。他们强调，美国人在文化和种族上具有多元化，通过强制实施公立学校教育，年轻人之间能够形成共同的纽带，进而促进文化的融合；通过让所有人讲英语并尊重某些特定的价值观，意识形态和种族的多元化会被压制，正确的社会态度将注入人们的心灵。在这些支持维护现状的人们看来，政府任何鼓励个人根据自己的价值喜好而聚到一起的做法都是错误的，具有趋向于文化多元化的危险

---

① 《弗兰肯斯坦》（*Frankenstein*）是英国诗人雪莱的妻子玛丽·雪莱1818年创作的小说，被认为是世界上第一部真正意义上的科幻小说。在故事中，年轻的科学家弗兰肯斯坦制造了一个怪物。这个怪物本来心地善良、乐于助人，最后却变成了一个社会秩序的破坏者。——译者注

倾向，会鼓励不宽容的行为并危害社会合作。

同理，在他们看来，家庭选择也会对美国促进种族融合的行动构成危害。自从 1954 年种族隔离政策被取消之后，美国政府始终在或多或少地打击种族隔离现象，学校也感受到了法律实施的压力。即便学校中的种族隔离现象得到了某些政府官员的支持，法院通常也会采取强制措施将其废除，如校车制等。有时，促进种族融合的政治压力会促成许多新的学生分配方案，而无须通过司法诉讼的途径。但这些促进种族融合的措施有一个共性的问题，那就是：学生是被政府指派到某个特定的学校的，而不是家庭选择的结果。这难道是因为种族融合与家庭选择之间有某些天然的不一致的地方吗？

本书的第三部分，包括本章和下面一章，将会分析家庭选择对社会认同和种族融合可能产生的影响。本章主要分析家庭选择与形成社会认同之间的关系，结论如下：

1. 社会认同的价值在于它能够维护政治秩序状态和个人自由。

2. 在促进社会认同的形成上，没有理由选择强制性的公共教育而非教育选择。

第七章将分析家庭选择对教育中的种族隔离现象的影响，我们得出的结论是：

1. 评价一个体制是否有助于促进种族融合应包括两个标准：一是它是否能够让白人和少数种族的孩子们在当下融合到一起；二是它是否能够将这种融合长期维持下去。

2. 如果学校系统包含了大量选择的因素，它将比单纯靠强制力量更有助于促进种族融合，无论在当下还是将来都是如此。

3. 无论是纯粹的强制性措施还是限制性的选择系统都无法消除完全由少数种族学生构成的学校；即便在完全自愿入学的情况下，我们也不应当抵制这类学校。

一、理念多元化与国家认同

教育选择的批评者们认为，强制要求贫困家庭的孩子们入学是促进社会形成共同价值观、抵制各类纷杂理念的必要手段。如果各类学校都能够得到教育拨款，各个群体就会只上他们自己的学校，从而在身体上和思想上与其他美国人相隔离；批评者们担心，这将削弱甚至阻碍他们所谓的国家事业。值得一提的是，这些批评者们的目的并不是将儿童归为一类群体并为他们的利益发声；他们所赞赏的学校是将贫困家庭的孩子们变成某种理念的被动听众的学校。只不过，他们把执行的权力留给了国家；他们认为，公共强制措施比个人选择更有助于促进社会认同的形成。但问题就在于事实是否如此。

为了深入探究该问题，我们需要分析哪些类型的学校是可供选择的，这是一个前提性的问题。但是，在没有做出尝试的情况下，我们很难预测在学校选择体系中哪些学校组织者会取得成功。也许，在多种理念中，只有很少的一些类型受人欢迎，也许新学校与旧学校相比并没有太大差异；也许在新的资助体系中，会促成许多独具特色的学校的发展，其中不仅会有教会、政治组织、商业机构创办的学校，还会有女性组织、老年人组织、法国人、冥思修行者以及其他各类机构创办的学校。在现代美国社会，有许多类型的自我认定的团体，有些是种族团体，有些是宗教团体，有些是社会团体，它们各自都有不同的理念诉求。其中大多数团体微不足道，但也有些团体极具影响力。如果潜在的客户能够承受得起，有些团体很有可能会创办学校。

种族文化本身就会促成一些新学校的创办；如果它与宗教力量结合起来，可能会建成许多新学校。种族的多元化最近似乎呈现出了些许复兴的趋势，许多作家和知识分子开始推崇一些全国性（宗教）组织过去一直以来受到压制的特征。[1] 阿米什人已经将自己的诉求写进了宪法之中，他们不再是唯一的英雄。[2] 我们发现，一些过去并没有受到过多关注的群体仍然生活在他们自己的社区之中，如波兰人、意大利人、希腊人、斯拉夫人等，他们生活方式的特殊性完好地传承了下来并受到了尊重，与今天的印度人、黑人、东正教徒、墨西哥人、波多黎各人、再洗礼派教徒、中国人一样，他们对传统文化的坚守并没有被看作是民主的失败，而更多地被看作是一种成就。

这些群体的坚守导致了许多问题，尤其是当它们被贫困所困扰时更是如此；许多种族群体经常会遇到麻烦。但是，如果我们能够确定这些群体是个

---

[1] Michael Novak，*The Rise of the Unmeltable Ethics*（Toronto，Macmillan，1971）.

[2] 这里指的是阿米什人通过威斯康星州诉约德案（Wisconsin v. Yoder，1972）使自己的宗教信仰自由权利得到保障的案例。阿米什人是一群有着特殊宗教信仰的群体，他们坚持传统文化而拒绝现代化的生活方式。在子女的教育方面，阿米什人要求孩子只要掌握了读、写、算等基本技能后，就应当尽快退学；此时许多孩子并没有完成规定的义务教育年限。关于阿米什人没有让孩子完成规定年限的义务教育是否违法，美国联邦最高法院的判决是，阿米什人的宗教信仰应当得到支持，他们的选择并不违法。——译者注

人自愿形成的，我们并不会觉得这些群体的存在让人感到遗憾，因为国家对社会平等机会的保障不应影响到个人对生活方式、信仰或种族的选择。教育中的选择不仅能够为社会平等提供支持，而且同时还能够保护文化的完整性；我们没有理由放弃这种强化群体身份认同的机会。在任何情况下，为了解决社会分裂的问题，我们都应当采用这种做法。

在这里，我们还要先讨论下宗教在争论中的地位。学校选择的批评者和支持者们经常会提到，与形成社会认同首要相关的问题就是宗教教育；要想解决该问题，就涉及宪法第一修正案中两条与宗教有关的条款。如果根据"政教分离"的原则，法律禁止将公共经费用于资助家庭选择教会学校就读，那么问题就变得简单了；而且，联邦最高法院的判决已经表明，这项原则似乎是合理的。关于这个错综复杂的合宪性问题，我们的看法可以归纳为如下内容：①一项综合性的奖学金计划，如果其目的是为了帮助家庭和个人，而不是为了满足某些特定组织或群体的利益需求，就不算是违反了宪法的规定，即便它允许家庭选择教会学校。如果它为现在的联邦最高法院所不容的话，那么，将来的联邦最高法院一定会允许它的存在。事实上，专门将教会学校排除在政府经费资助范围之外，显然有违宪法第一修正案有关"宗教信仰自由"的相关条款。

不过，无论这种观点有多么正确，把该问题限制在是否合宪的范围内会限制我们的思路。事实上，有太多的问题所涉及的是理念而非宗教；说得再具体一点，该问题涉及许多与宗教无关的理念问题，它们并不受宪法第一修正案的限制，因为从法律的角度看，它们并不属于宗教问题。在解决社会分裂的问题时，不仅要考虑到宗教问题，还要考虑到"好生活"的方方面面，包括和平主义者、长老会成员、享乐主义者、人文主义者、纽约人、比弗利山庄居民②等各类群体的看法；因此，即便在排除了教会学校的学校选择系

---

① John Coons, "To West, Mostly with Love," and Stephen Sugarman, "New Perspectives on 'Aid' to Private School Users," in E.G.West（ed.）, *Nonpublic School Aid*（Lexington, Mass., Lexington Books, 1976）. For a summary of the cases, see William Lockhart, Yale Kamisar, and Jesse Choper, *Constitutional Law-Cases, Comments and Questions* 1211（St. Paul, West, 1975）.

② 比弗利山庄（Beverly Hills）是洛杉矶市内最有名的一个城区，被誉为"全世界最尊贵的住宅区"，是好莱坞明星和洛杉矶富豪们居住的地方。在这里，"比弗利山庄居民"代表的是有权势的富豪群体。——译者注

统中，该问题的严重程度也只是缩小了范围而已，而不是根本性的。当然，在许多观察人士看来，教会学校的参与似乎激化了问题；因此，我们在接下来的讨论中仍将假定，没有教会学校的世俗教育是改革的唯一选项。

那么，在教育选择的反对者们心目中，究竟是什么危害了社会认同的形成呢？教育选择的批评者们很少明确提到这一问题，因此我们也不打算作出错误的澄清。但我们想要强调的是，合法性问题的唯一关注点应当是维护我们的政治体制所必需的社会认同，而不是为了实现人类社会的繁荣昌盛而要求的某种统一的理念。公民社会认同对于维护社会自由秩序是必需的，而问题就在于，教育选择可能会对公民社会认同产生怎样的影响，其中部分是显性的（从保障宪法的角度讲），部分是隐性的（从个体是否愿意保护他人权利的角度讲）。

虽然教育选择的批评者们所关心的只是这样一个基本性的主题，但该主题却涉及许多问题。他们认为，不应允许多元化的存在，因为这样会强化其对立面。在提供教育时我们必须宽容少数派的观点，但我们是否应当宽容到宪法第一修正案的程度呢？毕竟，该问题不仅涉及宗教信仰自由，还涉及了用公共经费支持其发展。改革者们应当承担提供证据的责任。当前并没有明确的证据能够表明教育选择产生了危害，但这不足以证明现状的合理性，因为有许多不明显的、不确定的危害。例如，一些蓝领家长们可能会选择伯奇主义学校①，这也许会导致法西斯主义的发展并对提供这种选择的自由环境构成危害。这是一种怀有特定诉求的传统观念。也许它在某种程度上有效，虽然我们对此表示怀疑。事实上，关于这种假设是否成立，根本没人清楚。在我们看来，更有可能发生的也许是相反的情况；家庭选择会削弱来自暴力和极权主义思想的威胁，它将会支持而非损害社会认同的形成。

如果教育选择的批评者们不像现在这样天天乱嚷嚷，能够站在较为客观的立场上，并能够更为针对性地讨论问题，也许他们会得到更多的同情。当然，我们并不是说这些威胁完全是教师工会的危言耸听，在更多的情况下，这些威胁确实是一些人发自内心的担忧，这也是美国长期以来推动少数种族和其他群体被主流社会同化所取得的成果。害怕社会分裂的人正是搅动这个社会"大熔炉"的人。一旦有任何政策鼓励孩子想象自己与其他美国人有何

---

① 伯奇主义是指第二次世界大战后在美国成立的一个反对共产主义的极右翼组织"约翰·伯奇协会"所倡导的思想。——译者注

不同，他们就会感到危险。

社会同化论者们的直觉显得冠冕堂皇，但它有一个天然的弱点：它的代表性人物经常会将必要的社会认同与他所在的社会主流阶层的观念相混淆。这就巧妙地转移了问题：原来的问题是牵涉到秩序和自由的社会基本认同是否受到了威胁；而现在的问题则变成了是否应当鼓励非主流的各类不同的理念。于是，少数种族文化的发展似乎变成了削弱社会核心价值的政治奢侈品；有机会创建穆斯林学校就变成了武装到牙齿的措施；容许自由学校的存在是一种丢脸的行为；教会学校的发展则会激发厄尔斯特观念 ① 的泛滥。让法律鼓励这些行为？社会同化论者高雅地表示拒绝。他得出的结论是，现行的学校分配方案并不完美；但这种做法是明智的，而且在不断完善；此外，更重要的是，这是他的理念。

社会同化论者所担心的也许不只是最终的结果；他们同样担心社会分裂的具体内容，而且这并不完全是空的。其中涉及三类课堂现象：非主流的思想理念、对少数种族文化的强调以及非主流的教学环境或教学风格。最后，这三类现象会汇聚到一起。这些非传统文化和教学风格的反对者们所真正关心的，并不是具体的方法，而是其最终结果。在他们看来，这些非主流的媒介在事实上传递了具有实质性内容的信息，有人妄想利用它们图谋不轨。现实的情况是，夏山学校或纳瓦霍人的学校 ② 所倡导的价值与全美国的中学并不一致。因此，教育选择的批评者们对非传统文化和教学风格的担心只不过是一个主题的变种而已，即教育中的理念多元化问题。

为了回应有关多元化的教育导致社会分裂的质疑，我们可以采用多种方式进行辩护。第一种方式，简单来说，就是教育选择对社会认同影响甚微；无论是好是坏，它的影响都非常小。换言之，我们可以说，即便教育选择可能会损害社会认同的形成，但这种损害程度是可以容忍的，因为它给孩子们带来的好处能够抵消这些负面影响，就像社会可以容忍一定程度的空气污染一样。但我们所采用的是另外一种更为积极的辩护方式。我们认为，文化和理念的多元化蕴藏着社会的潜能，政府没有必要因为鼓励其发展而表示歉意；我们预见到，这样一种政策有助于国家的健康发展。

---

① 厄尔斯特（Ulster）是英国北爱尔兰的一个地区，有时也被认为是北爱尔兰的代名词。——译者注

② 纳瓦霍人是美国最大的印第安人部落。——译者注

我们的主要论点有三个。一是如果少数派的观点能够在学校中得到表达
而非受到排斥，将更有助于社会认同的形成。该论点与我们熟悉的一种观点
类似，即如果政府将持有极端主义思想的政党划为非法之徒，强迫他们转为
地下活动，那么将滋生仇视情绪并增加社会秩序混乱的风险。我们认为，这
一点不仅适用于政治领域，同样适用于儿童和家庭。对家庭价值观的官方拒
斥会产生歧视；而教育自由则会强化不同群体之间的政治纽带。

二是为了使社会不仅保持和谐，而且充满生机和活力，我们非但不能打
压挑战社会主流价值观的非主流观念，反倒要鼓励这类非主流观念，这也是
我们保护自由言论的传统的核心；否则就会导致社会停滞不前，就像政府对
另类绘画的打压会导致艺术发展的停滞一样。

三是学校中的多元化富有美感，而且，它能够带来重要的社会影响。它
会激发个人和群体对公共生活中的美作出积极的回应。社会需要多元化的制
度，就像作曲家需要用多种音调来创作一样。下面我们将分别论述这三个
论点。

二、教育多元化促进社会认同的形成

有观点认为，家庭选择会危害社会的稳定。这种观点的出现是可以理解
的。它源于美国历史上的一种观念，即社会秩序是通过全面打压外来移民、
黑人、非主流的少数种族等群体的信念和传统而形成的。这些政策主要通过
公立学校等社会制度来实现，它们通常代表着社会在提升弱势群体地位方面
的作为。不过，良好的意图并不意味着采取强制措施以形成社会认同是合理
的。假如教育的历史并没有像事实发生过的那样，美国会变成什么样子？我
们不得而知。但是，假如少数种族的多元化得到了尊重，而没有经历贺拉
斯·曼所设想的那种改革，也许美国社会会得到更多的热情拥护。我们想知
道的是，评判社会实验成败的标准究竟是什么？

最终的评判权让我们交给历史吧。在这里，我们暂且假定，积极的同化
政策是美国一项明智的国内政策，强制性地让贫困儿童接受公立学校教育能
够增加少数种族对社会认同的忠诚度。那么，现在我们面临的至关重要的问
题是：这项政策仍然有效吗？如果说在历史上，施行义务教育的理由在于人
们相信，少数种族可以通过接受这种对"好生活"的理解而获得社会和经济
优势；那么现在，这种设想已经无法成立了。

今天，外来移民和被解放的奴隶形象已经不复存在了；作为为了维护社

会稳定而必须付出的代价，他们曾一度必须容忍自身的多元化被抹杀，这种现象已经无法继续维持了。即便的确有人对外来移民和被解放的奴隶持有偏见，也随着 20 世纪 60 年代而一去不复返了。迄今为止，社会评论家们还没有对少数种族的意愿和态度勾勒出一幅准确的画面。也许目前完成这项任务是不可能的，因为少数种族对待社会秩序的态度似乎完全处于停滞状态。在他们选择自己的态度之前，美国社会中犹豫不决、态度不断变化的大多数人需要先作出判断，即今后的社会公民应该是什么样子？怎样才算是"真正的美国人"？对这个问题的回答会直接影响到我们对少数种族的看法，即他们能够对形成社会认同产生多大贡献？对于一个如此尊重他们、用多数人的钱支持他们的非主流观念的社会，他们会如何回应呢？

　　这种做法不但不会对现存的社会秩序构成威胁，反而会促进主流文化的发展，最终强化社会纽带。理由很简单，在积极鼓励家庭表达文化和理念多元化的过程中，国家会采用相互尊重的模式而非精英模式作为形成社会认同的基础，这也是长期以来少数种族更容易接受的方式。赋予选择权意味着信任，信任可以带来信任，即便是那些持有强烈异议者也是如此。在遇到重要问题时，特别是对于个体和教育都有很大影响的问题时，这种效果还会得到强化。在正规的教育过程中，尊重贫困群体的价值观和喜好，这是一个重要信号，它将促进更为稳定的社会秩序的形成。

　　社会学中有关冲突的相关理论也证实了这种观点。社会分歧，只要不是以暴力形式表现出来，它所代表的就是一种社会力量而非社会秩序的瑕疵。[1]事实上，在进化理论中，多元化是物种得以生存的重要保障；对于那些保持基因多元化的物种，大自然会给它们以回馈。将这种理论简单应用于人类文化中可能会有风险，但我们回顾历史就可以发现，当一个社会追求一致性时，便会面临停滞不前的风险。

　　迄今为止，我们主要关注的是成人对教育选择的回应。但是，很显然，教育选择体系对儿童本身态度的影响同样非常重要。人们通常认为，即便当前的教育体系排斥一小部分持有异议的家长，但社会可以通过拉拢他们的子女来进行弥补。根据这种观点，尽管家长被排除在外，但社会仍然可以通过让孩子接受主流的、由公共机构主导的教育培养他们对更大的社会秩序的忠

① 　Lewis A.Coser, *The Functions of Social Conflict*（Glencoe, Free Press, 1956）; Georg Simmel, *Conflict*, trans. Kurt H.Wolff（Glencoe, Free Press, 1955）.

诚。不过，根据经验以及人们一般的反应，这种解释也许并不正确。理由有二，它们是密切相关的。首先，在对待强制推行理念的态度上，儿童与成人之间的差异并不大。事实上，他们很有可能会认同他们父母的不满情绪和被排斥感，就像他们愿意分享父母对一个尊重其家庭价值观的社会体系的忠诚感一样。其次，如果我们在第五章中有关家庭选择学校影响儿童自主性的分析是正确的话，那么，这类学校也许最能够促进社会融合。情感上得到保护的个体可能不仅会变得更宽容，而且会关心尊重他的社会秩序。

最后，我们对"多元化"这一概念的理解不同于有些地方的用法。有些社会评论家用这个词来描述决策体系，它在相当大的程度上受到了有组织的和相互冲突的利益群体的影响。此类实践是美国政策制定的重要特征。① 批评者将这些有组织的团体看作是立法权的篡位者，其中包括工会、商业协会、环保主义者、美国市场营销协会等。② 在这个语境中，批评者针对的问题并不是某种观点拥有绝对控制权；其实，从定义上就可以发现，任何一个团体都没有足够的力量拥有绝对控制权。这种政治体制的目标就是让相关利益团体在政治活动过程中进行相互对抗，让那些公共机构以及私立机构的不负责任的代表们的提案无法在立法机构通过。然后，这种冲突便演变为行政领域的讨价还价，行政机构扮演着调停人的角色，进而忽视了"公共利益"。在州层面和联邦层面，在教育政策形成的各个层面，都可以看到多元主义的不同版本。并非所有的观察者都认为多元主义是不好的。许多人认为，这是一种健康和开放的妥协系统，它展现了问题的复杂性以及受影响的不同群体的利益。③

无论是好是坏，这种多元主义与我们所期望的教育选择所带来的多样性是不同的。事实上，教育选择所代表的决策形式完全不同于各类利益群体之间的妥协。将权利分解到家庭层面能够恢复教育领域因利益团体的政治博弈

---

① Robert Dahl, *Who Governs: Democracy and Power in an American City* (New Haven, Yale University Press, 1961); David Truman, *The Governmental Process* (New York, Knopf, 1971).

② Robert Wolff, *The Poverty of Liberalism* (Boston, Beacon Press, 1968); Theodore Lowi, *The End of Liberalism: Ideology, Policy, and the Crisis of Public Authority* (New York, W.W.Norton, 1969); Roberto Unger, *Knowledge and Politics* (Glencoe, Free Press, 1975).

③ For example, Dahl (*Who Governs?*) and Truman (*Governmental Process*).

而受损的民主因素。家庭层面的选择不仅是寡头垄断的对立面，而且是更为丰富的多样化的源泉，它将自由选择机构与人类个体有机地联系在了一起。

当然，我们也不能忽视教育"自由市场"可能导致的垄断的趋势。批评者警告我们，连锁店式的学校，可能会像汉堡包王朝一样，占领整个市场并施行统一的、打包好了的、垃圾式的学习模式。不过，由于新学校开办的成本较低，而且人类的价值观很难被"打包"，这种危险似乎还很遥远；而且，简单的反垄断法规完全可以避免这类问题的出现，具体我们会在第九章进行阐述。

三、终结一致性的教育多元化

任何一个社会，只要其目标不只是苟存于世，都需要对多数人所持有的主流价值观进行持续性的反思。美国社会致力于保护言论自由便是真心执行这项原则的体现。它不只是一项以宪法和法律形式表达的个人主义理念，而是一项将不受约束的思想看作是国家财富的社会政策；它需要付出的代价是让人感到恼怒和愤慨，但这项投资的预期收益则是创造力和高质量的生活。这也是一个自由社会对抗国内外极权主义的主要方式。美国的国父们也持有同样的观点。杰弗逊指出，他们的唯一目标就是"形成一致性。但是，我们需要观点的一致性吗？当然不是，因为观点的一致性只不过是外貌和样子而已"①。与之类似，麦迪逊明确希望美国社会"本身被分为许多由不同公民组成的部分、利益群体和阶层，个人的权利或者少数派的权利能够免受多数派的威胁"②。在每年的"独立日"7月4日，我们都能够听到这些话语。这是我们的信念。

从穷人的角度看，强制实施装载着某些特定价值观的公立教育与这项原则是完全相悖的。在这种情况下，我们的社会似乎准备要承担由官方推行一致性的风险了。在许多人看来，这种公共理念是一种威胁，这些政策只有在急需实现社会认同的情况下才是合理的。我们曾指出，选择比强制措施更有助于实现社会认同。即便我们是错误的，即便强制性的教育能够换来社会认同，但需要付出的代价明显太高了。

---

① Thomas Jefferson，*Notes on the State of Virginia*，*Query 17*（Boston，David Carlisle，1801），p.232.

② James Madison，*The Federalist*，*No.51*（New York，Random House，1937），p.339.

当政府以官方的途径强制推行某些价值观时，它不仅会压制其他与之相互竞争的各类思想理念的表达，而且会给其他的思想理念贴上离经叛道的标签。于是，那些挑战公立学校多数派价值观的人所遇到的将是一场令人气馁的、不公平的战斗。一方面，他们要根据义务教育法为公立学校提供税收支持，而同时，他们还要自己募集私人资金支持自己的与公立学校不同的价值观。在孩子们将学习的主要精力用于正规的教学之后，家长们还要想办法向孩子们传递自己的价值观；公立学校的价值观是在一个神圣的场域中得以传递的，家长们必须对抗这些价值观的影响力；他们还必须说服孩子们，他们的价值观虽然与其他人不同，但并不是离经叛道的。在这种背景下，还有人会怀疑公立教育的实施是对少数派观点的打压吗？

一旦教育选择得以实施，贫困家庭非主流的观点将得以表达，他们不再需要冒着触犯警戒线的危险了，也不再需要到街角去发表演说了。由于有了学校这个代表他们观点的机构，这些家庭在 20 世纪第一次有机会进入这个形塑我们国家认同的最大的论坛。现在，通过学校这个媒介，他们的代理人的理念进入了市场。这就像是一个可以公开发表言论的市政厅，带有各种迷信思想、偏见、直率性格的普通公众可以在这里分享各类发言人的观点。这种经历会让这个社会变得愈加丰富。正如怀特海（Whitehead）所言："各类学说之间的碰撞并不是一场灾难，而是一种机会。"①

随着社会和技术的变革，学校在社会生活中的角色已经发生了根本性的变化；让学校继续成为政府再生产社会主流价值观的工具，这种观念已然变得不合时宜。在 19 世纪，公立义务教育缔造者们的想法是，对于当时的许多孩子而言，学校是他们接触外部世界的唯一机会。② 在新兴城市的贫民窟，在偏远的农村地区，学校把孩子们从闭塞的家庭中解救了出来；义务教育让这些孩子们掌握了外部社会想让他们掌握的知识和价值观，因而是一种必要的

----

① Alfred North Whitehead, *Science and the Modern World*（New York, Mentor, New American Library, 1954）, p.166.

② Lawrence Cremin, *The Transformation of the School*（New York, Random House, 1964）; David Tyack, *The One Best System: A History of American Urban Education*（Cambridge, Mass., Harvard University Press, 1974）; Bernard Bailyn, *Education in the Forming of American Society*（New York, W.W.Norton, 1960）; Marvin Lazerson, "Consensus and Conflict in American Education: Historical Perspectives," in *Parents, Teachers, and Children*, p.15.

举措。《麦高菲读本》(*McGuffey's Reader*) 等教材开阔了学生的眼界，让他们了解到世界是相互依存且具有共通性的；强制实施的学校教育使美国的拓荒者们免于产生孤立和相互仇恨的情绪，帮助倔强的美国人认识到他们在政治上是不可分割的。至少，理论上是这样的；我们姑且假定这就是历史事实。

今天的危险已经不再是孩子们对外部世界及其正常状态一无所知；今天的危险是，除了这些正常状态以外，他们一无所知。早在幼儿园之前，这种过程就开始了。从肥皂的供应商那里，他们就开始了解了世界的共通性。他们的生活中充斥着媒体对普通消费者品位的赞扬，包括幽默、新闻、艺术、欲望、音乐、暴力等，他们对此感同身受。电视是其中最具有影响力的一种媒体，但它们所传递的信息都是一致的；生活的方方面面都是如此，没有哪个孩子能够逃脱。最终造成的结果，就是孤立，就像 1875 年的情况一样，只不过是以一种新的形式出现而已。通过这种潜移默化的方式，孩子们形成了对抽象的公共世界的认识，但这个抽象的世界完全是别人创造出来的；同时，他们却遗忘了本可以由他们自己创造的真实的私人世界。对于个人而言，最重要的是个人的现实生活；但是媒体无法给个体带来有血有肉的人际关系，这些人际关系无法像电视频道一样简单切换，而且需要承担一定的风险和责任。孩子们认识到，电影明星很重要。但他们却没有意识到，隔壁相貌丑陋的老妇人同样很重要；他们自己也同样很重要。

毫无疑问，在我们今天这个时代，学校所扮演的角色已经不再是强化大众媒体所倡导的那些公共美德。通过各种路径和方式确保每个人在步入成年时了解相同的东西、使用相同的肥皂、珍视相同的价值观，既不会促进社会融合，也不会激发创造力。如果社会能够得以融合并充满活力，那一定是因为孩子们通过各种方式直接认识到了个人所从事的事业的意义和价值；一定是因为孩子们看到，他们所认可的人物正投身于某项事业。这就是学校应当扮演的角色，不是"拓宽"孩子们的阅历，因为他们已经是生活在世界之中的人了；而是逐渐让他们的经验开始聚焦，直到最后关注到某个点上。与强制性地推行多数派观点的学校制度相比，学校选择更有可能加速这一过程，因为它本身是不持立场的。

学校选择的批评者们可能会同意上述许多观点，但他们也许仍然会反对学校选择。他们会承认，强求一致性是有风险的；他们会承认，为了我们的将来，教育领域应该成为一个各类观点相互竞争的市场。但是，他们会根据市场的类型对参与市场竞争的企业主体进行划分。我们曾描述过的教育体系的情况是，它是由许多不同的学校组成，其中每类学校倡导某种特定的理念。但是，学校选择的批评者们会把市场理解为同一间课堂中多种理念的相互竞争以及由此给孩子们带来的体验；在他们看来，每个学校自身就能够成为这样一个市场。根据这种观点，家庭选择体系是有害的，因为该体系不是让学校自己变成市场，而是让学校相互之间进行竞争，结果导致学生被限制在学校的围墙之内，无法了解其他理念。

这种批评的声音值得我们认真考虑。但是，这种观点的假设是，强制实施的公立教育现在已经成为或即将成为面向每个学生的理念市场。但是，根据公立学校自身的政治属性，它有着强烈的朝向一致性的趋势；如果它真正变成了一个市场，显然就违背了历史上它的设计者们用其促进社会认同形成的目的和方法。因此，根据学校选择批评者们自己的标准，今天的公立学校对思想自由构成了双重威胁，它的垄断地位彻底消除了市场模式，不但让学校之间失去了多样性，而且让学校内部也失去了多样性。

具有讽刺意义的是，教育本身的政治属性是学校内部市场难以形成的主要障碍；我们所有的经验都证实了这一点。比较而言，学校选择最有可能产生的一个结果就是至少有些新建的学校致力于实现这一理想状态。确实，今天有些精英的私立学校最接近于这种状态。是否真的有学校能够真正成为中立的、没有偏见的论坛，能够让各类互不相容的理念展开争论，对此我们表示怀疑；但是，朝这个方向努力，不管进展有多大，对于许多家庭而言都是有吸引力的。一个授权给家庭的教育体系将使这种学校市场变成现实。

四、选择与美感

鉴于工业文化要求同质化的压力，有助于实现理念多样化的教育政策从美学的角度看也是必要的。前提很简单，美和丑与人类的机构是有关的。我们完全可以根据一项政策的形式及其和谐度判断其优劣，因为在评价一项公共事业时，最敏感的就是受其影响的人。在教育选择体系中，人们会感受到这种美感并接受各类形式的互动吗？我们认为答案是肯定的。因为人们对教育的基本任务有着太多不同的理解，就像宏伟的哥特式建筑具有同样的野性一样，"多样性中有迷人的一致性" ①。

简言之，多样性是生活的调味品，如果社会鼓励其发展，将得到社会上

---

① George Santayana，*The Sense of Beauty*（New York，Modern Library，1955），p.113.

最具有创造力的成员的尊重。这种感激之情与简单的宽容是不一样的，它们对多样化提供支持的方式是不同的；宽容完全可以接纳一致性，只要它是自由选择的结果。对于"生活调味品"论的支持者而言，无论他是否对"好生活"有明确的看法，他都会正面看待美国神殿中的众神；对于实现社会整合的劝诫，他会有一种模糊的不信任感。无论在共和党还是其他地下组织中，小团体都被看作是生命力的一种标志。他不是无政府主义者，但他愿意容忍无政府主义者的作为，只要不触及暴力的底线即可。桑塔亚那（Santayana）认为这是自信的一种表现："如果我们确信自己的立场是对的，我们会愿意接纳他人不同的情感和行为方式，就像一个带有首都口音的人会乐于承认自己发音的随意性一样，而且他很愿意看到外地人不同的发音，他会觉得这些发音很有趣。"①

在19世纪和20世纪的自由主义哲学家们看来，这类情感有着功利主义的基础。密尔在著名的《论个性为人类福祉的因素之一》一文中指出，社会福祉寓于公众对个体差异的尊重。该文内容带有强烈的美学的语调：

> 人类要成为思考中高贵而美丽的对象，不能靠着把自身中一切个人性的东西都磨成一律，而要靠在他人权利所许的限度之内把它培养起来和发扬出来。由于这工作还一半牵连着做这工作的人的性格，所以借着这同一过程，人类生活也就变得丰富、多样、令人有生气，能供给高超思想和高尚情感以更丰足的养料，还加强着那条把每个人和本民族联结在一起的纽带，因为这过程把一个民族也变得更加值得个人来做它的成员。②

在现代社会，密尔的一些追随者们似乎对教育中普遍存在的一致性现象并不敏感。就像艺术需要多样性一样，公民自由的实现需要调味品，这一点应该是无可争议的；但不知怎么回事，这种感情经常会与人们追求教育中一致性的努力相伴随。③迄今为止，他们反对学校选择的观点是自相矛盾的，不

---

① George Santayana，*The Sense of Beauty*（New York，Modern Library，1955），p.45.

② John Stuart Mill，*On Liberty*. pp.293—294.

③ See，for example，George LaNoue，"The Politics of Education，" 73 *Teachers College Record* 304（1971）.

符合自由主义的精神。也许，从美学的角度来看待这个问题会唤醒那些无意识地强化审查的人们，他们身上存在的自相矛盾早已为人熟知。

五、种族主义观念：一个特例？

学校选择有助于社会的健康发展，但是，它必须用具体的案例证明这一点。而且，任何一项政策调整必须经过实践检验以减少不确定性。在最理想的情况下，学校可以自由选择他们想要倡导的任何一种理念，仅有的限制就是课程内容不能鼓励犯罪行为。即便是对于许多学校选择的支持者们而言，用公共经费资助那些倡导种族主义的学校也是无法接受的。从传统的公民自由主义者的角度看，该问题类似于保护自由言论之于纳粹党；他们希望找到该原则的特例，这样有人就会以此类推，要求其他各种理念都要接受审查。因此，我们将单独讨论种族主义教育，虽然从大多数方面看，它与其他理念并没有明显的不同，包括最优经济秩序、信仰上帝的人数、性别平等等。

在这里，我们所说的种族主义主要是指有关种族低劣的相关信息。这些信息有些是隐性的，有些是显性的；由于这两个概念非常重要，我们将分别进行阐述。显性种族主义所传递的有关种族低劣的信息有两个特点：（1）受到学校的控制；（2）能够通过司法程序得以证实。这种情况主要涉及在文本中或由教师公开宣传种族主义，而且被诋毁的种族群体在课程中几乎没有以正面形象出现。

隐性种族主义子在传递信息时表现出来的特点是：（1）超出了学校的控制范围；（2）传递信息的行为无法通过司法程序被证实。关于超出学校控制范围的信息，我们可以举一个例子，比如学生群体间相互传递消极的种族主义态度，包括恐惧、嘲笑、憎恨、家长主义等。关于无法通过司法程序证实的信息，我们可以以教师的态度为例。教师对待不同种族的学生会有不同的态度，有些是有意识的，有些可能是无意识的。虽然这种态度包含着许多有关种族主义的信息，并实现了有效交流，但由于其表达方式非常微妙，很难被捕捉到并在某些不利于学校或教师的场合得以呈现。

显性种族主义并不完全是一个学术问题。我们不能想当然地认为，现在的法律会明确规定，所有接受政府资助的可供选择的学校要将所有涉及种族主义的课程排除在外。令人惊讶的是，关于显性的种族主义教学是否能够在美国学校中存在，法律并没有明确的规定；事实上，其中涉及错综复杂、非常有趣但又难以解决的宪法问题。我们能做的，只能是围绕该问题提出一些建议而已。就公立学校而言，美国的州政府和联邦政府或许有相当大的权力，它们能够通过立法禁止种族主义教学。有些政府不仅颁布了禁令，而且还专门要求公立学校在教学时肯定少数种族对美国社会的贡献。[①] 我们假定这些法律成效显著，但我们并不清楚这些法律是否符合宪法精神，即便是其中的一些禁令。假如明天，亚拉巴马州的公立高中要完成一项教学任务，让学生阅读有关种族之间存在基因差异的学术作品或者是一些争论性的作品，而教师又赞成其中的一些观点，那么这些法律的效果显然就有问题了。假如关于种族歧视的话题，政府只能说而不能做，那么宪法禁令就没有存在的价值了。政府及其发言人在其他各个问题上都做了表态，为什么单单在这个问题上没有表态呢？

当然，不难想象，会有多种法律理论对这类行为表示质疑。有人会说，就像宪法第一修正案禁止宗教教学一样，根据宪法第十四修正案有关信教自由的条款，政府不应就种族问题持有任何立场。但是，从逻辑上看，这种理论似乎行不通。根据宪法第十四修正案的历史，一种更为合理的推论应当是，虽然宪法并没有禁止发表演说，但在某些场合以某种特定的方式教授种族知识也可以被算作是一种对少数种族的歧视，因而应当被禁止。[②]

但是，这种理论引发的问题远比其解决的问题要多。在公立学校，学生被强制要求成为了听众，那么，教学本身是否有时也是一种实践呢？如果是的话，各类涉及明显的种族差异的话语是否应当被禁止呢？或者，学校是否应当以一种"均衡化"的方式呈现出各类不同理念的证据以弥补这种错误呢？如果"纯粹的"教学不是一种实践的话，那么，它需要满足哪些条件？它添上哪些因素会对少数种族儿童产生不利影响？另外，当这种情况出现时，可以采取哪些弥补措施呢？比如，这些儿童是否可以不上这些课？这种做法是否也是一种禁令式的歧视呢？如果所有学生都有权选择课程，该问题是否能被避免呢？在北方某个没有种族隔离史的学区，情况是否会有所不同呢？这些问题我们都无法找到明确的答案；事实上，很少有完全相似的案例。

---

① Dinah Shelton，"Legislative Control over Curriculum Content，" unpublished paper：California Education Code § 51227（1977）.

② See examples in David Kirp and Mark Yudof, *Educational Policy and the Law*（Berkeley，McGutchan，1974），pp.125—126，432—433；Mark Yudof，"Suspension and Expulsion of Black Students from the Public Schools：Academic Capital Punishment and the Constitution，"39 *Law and Contemporary Problems* 374（1975）.

即便宪法禁止公立学校开展显性种族主义教学，仍然需要考虑的一个问题是，宪法是否同样适用于参与学校选择计划的私立学校？为了解除疑惑，政府可以规定，这些学校也不允许开展显性种族主义教学。虽然政府通常不会禁止受宪法保护的言论，虽然私立学校一般并不喜欢以放弃受宪法保护的权利为条件与政府给的一些利益进行交换①，但我们预计，这样一项法律应该是经得起质疑的。

最后，在我们看来，法律是否能够成功地禁止显性种族主义并不是一个至关重要的问题。显性种族主义本来就很少出现，将来估计也会很少。也许它有时会产生一些效果，但更多的情况是事与愿违，产生相反的效果。在一个自由选择的体系中，即便它产生一些效果，也很有可能会很快消失；它的声誉正是社会摆在它面前的障碍。真心地宽容这类机构也许在很大程度上会根除其存在的理由。

如果赋予贫困家庭以选择的权利，让他们在倡导显性种族主义的学校和高质量的没有这种倾向的学校之间选择，会有很多家庭选择前者吗？今天，一些低收入家庭选择或者想要选择带有种族隔离主义倾向的南方学院，但是，难道他们真的是为了实践种族主义思想吗？至少从表面上看，这些家庭会感受到这类学校的学术水平通常比较低，因为很少有能干的教师愿意背负这样的名声。出于对子女最大利益的考虑，这些家庭会为孩子寻找一个更有发展前景的学习环境。

更重要的问题是隐性种族主义。它的确存在；它正在蔓延，虽然还没有普遍存在；在改变孩子们的态度上，它可能很有效；而且，无论法律如何规定，在学校选择体系中，它完全可以存在于私立学校中。此外，更为严重的问题在于，隐性种族主义在今天的许多公立教育中也出现了。在一些事实上不同种族相互隔离的学校里，这种现象普遍存在。在一些地区，虽然已经采取了政治行动，使不同种族在学校里实现了物理上的融合，如加利福尼亚州的伯克利市，但隐性种族主义的现象同样普遍存在。在一些正在推行种族融合、让不同种族在学校里实现物理上的汇集的地区，这种现象尤其明显。

有观点认为，与强制性地实现种族融合的体系相比，学校选择体系中会

---

①   Sherbert v. Verner. 374 U.S. 398（1963）; see generally, Robert O'Neil, "Unconstitutional Conditions: Welfare Benefits with Strings Attached," 54 *California Law Review* 443（1966）.

出现更多的隐性种族主义。这是毫无根据的。恰恰相反，在学校选择体系中，隐性种族主义会减少。强制性措施的直接结果就是仇恨。在减少种族冲突方面，除了让人们有权到自己想要的学校就读、有权离开自己不喜欢的学校之外，还有别的更好的办法吗？如果一个体系，能够通过自愿的方式实现实质性的种族融合，那么仅从概念上看，隐性种族主义就被削弱了。至于这种种族融合是否有可能发生，就是一个更为复杂的问题了。下面我们将具体展开论述。

第七章　种族融合的问题

在废除种族隔离的行动方案中提供教育选择并不意味着要把种族融合事业推给下一代去完成，并不意味着要让黑人受到胁迫或是让白人避免到种族融合的学校就读，或是采取懦弱的中间路线。它意味着，下列内容需要被考虑在内：

1. 从心理学的角度看，让人们拥有自决权是有吸引力的；

2. 在不考虑每个学生具体需求的情况下强制让他们进入同一所学校会造成潜在的危害；

3. 强制要求人们进入他们最憎恨的情景中是有危险的。

……虽然学校教育工作者们在探索如何将目前旨在废除种族隔离的制度转变为促进种族融合的制度，但我认为，明智的公共政策还能够为家长和孩子们提供最多的选择机会，让他们有权在众多可能的选项中作出选择。

——南希·圣约翰，《学校废除种族隔离：对学生的影响》

将教育选择的因素整合到种族融合体系之中必将取得丰硕的成就，且大于当前法院和议会努力取得的成就。能够通过教育选择让学校全都是白人学生的情况将很少出现；全都是黑人学生的学校也大都是自愿选择的结果。最重要的是，通过这种方式实现的种族融合是稳定的、友好的，因而也更有助于促进种族融合。由于自愿的种族融合是可行的和富有感染力的，因而自愿保持种族隔离的情况将逐渐减少至可容忍的程度。而且，我们可以调整教育选择方案以促进和要求参与的学校实现物理上的种族融合，虽然这种做法会限制某些选择的因素。我们要始终牢记，教育选择能够创造种族融合的机会，这些是强制性的法律规定所无法做到的；在许多情况下，这也是实现种族融合的唯一可能。

为了讨论方便，我们姑且假设每个家庭可以完全自由地选择任何一所学校；当然，我们也认识到，真正纯粹出于自愿的选择是非常罕见的。根据我们的定义，那些愿意搭乘公共交通去郊区上学的黑人是自愿这么做的；他们愿意付出这些牺牲，只是表明他们的行动是自由的。也许与白人学生相比，有更多的黑人学生不在他们附近的学校就读。如果说在强制性的废除种族隔离制度中，这种从黑人居民区流出学生的"单向"公交现象的确值得我们担忧；但在教育选择体系中，这些担忧是没有理由的。在强制性废除种族隔离的制度中，除非我们承认，学校的唯一目的就是实现各种族在物理上的融合，否则我们就不能公允地说，无论是白人还是黑人，都应当承担这些时间浪费和附近学校生源流失的代价。但在教育选择体系中，由于所有的家庭有权选择自己想要的学校，所以，即便城市中某个地区的学校更受人欢迎，人们也不应将责任归咎于政府。

也许有人担心教育选择对那些仍然留在居住地附近学校的学生可能产生影响：他们所作的决定是完全自由的吗？他们为什么还到那些完全由黑人学生构成的学校就读？是因为他们喜欢这些学校吗？还是因为公交车太乱？或是出于某些原因害怕目的地学校的白人学生？期望就这些问题得到明确的答案是愚蠢的。在我们看来，只要政府提供了合理的资源，鼓励家庭自由选择学校并保护他们选择的权利就行了；只要政府警惕并抵制外在不公平的压力，避免其迫使家庭选择某种特定类型的学校就够了。

也许与白人相比，有更多的黑人会面临选择的困境，他们需要权衡想要的学校与上学路途遥远两者之间孰轻孰重。但至少，在教育选择体系中，黑人家庭拥有了权衡利弊的权利。而且，在教育选择体系中，黑人也可以在当地范围内选择更具有吸引力的学校。另外，如果有许多不是黑人的孩子们也遇到了类似情况，学校吸引力的问题同样适用。如果这些因素都不足以让黑人家庭作出决定的话，那么，他们就只能要么选择居住地附近的学校，要么选择长途跋涉去实现种族融合。但是，这些问题本身均不足以让我们放弃为白人学生家庭提供选择机会。毕竟，我们不会为了废除种族隔离而强迫白人使用过去仅供黑人顾客使用的饭店、宾馆、俱乐部等设施。

一、身体融合与儿童个体

通常，人们认为，各种族在学校中实现身体上的融合是一件好事情，不仅有利于较大范围的社会，也有利于涉及的每个儿童个体。对于前者，我们表示赞同；但对于后者，我们就不敢苟同了。事实上，当前的种族融合政策很有可能对许多儿童造成了伤害，这也是它不受欢迎的一个重要原因。如果想要成功地实现种族融合，我们就需要调整策略，将儿童个体的需求考虑在内。①

　　学校种族融合政策自从 1954 年开始实施以来，很少是"以儿童为中心"而开展行动的。我们这项论断并没有社会科学领域的相关研究根据，因为有关学校种族融合对儿童产生何种影响的相关研究处于一种混乱状态，无法为我们提供参考 ②，而且相关性也很差。我们在这里暂且假定，大多数儿童能够从种族融合的过程中获益；事实上，我们也的确这样认为，虽然并没有科学依据。但真实的情况是，这种可能给儿童带来的收益只不过是种族融合政策为了证明自己的合理性而采取的一种说辞而已。种族融合的推动力量是一个由罪恶驱动的道德使命，而不属于教育的范畴。③ 这样导致的结果就是，尽管在种族融合的过程中，各种族的儿童承担了许多不为人知的代价，但这些代价都被认为是值得的，因为社会实现了种族融合。

　　我们得出的结论是，儿童被毫无必要地、粗鲁地当成了一件被使用的东西，而不是受保护的人。我们作出这样的判断源于两个不争的事实：一是儿童相互间在能力、感知、教育需求等方面存在巨大的差异；二是当前的学校种族融合政策根本没有考虑到这些差异。当我们采取法律措施来应对和解决由成人造成的种族隔离问题时，我们通常并没有关注这些即将被重新分配学校的学生：我们既没有关注到他们的年龄、经历、在学校的表现、学业和情感需求，也没有关注到他们原来所在学校和社区的特征以及他们即将被送去的学校和社区的特征。在很大程度上，从种族隔离制度向种族融合制度的转变仅仅只是颠倒了传统的秩序而已。过去，在那些令人厌恶的南方学区和北方学区，法律强行将儿童塞到某个特定的种族隔离的学校；而现在，他们则被强行塞到某个特定的种族融合的学校。

　　学校管理者们并没有挨个儿询问这些受影响的家庭。法官和学校行政人员没有调查这些孩子和他们的家长是否更喜欢某所种族融合学校。法律也没有征询是否有其他的学校愿意加入进来。这并不是因为这些家庭没有自己的诉求；也不是因为这些学校管理者没有时间和精力了解各个孩子的差异进而

---

①　Derrick Bell，"Is Brown Obsolete？Yes！" 14 *Integrated Education* 28（May-June 1976）.

②　St. John，*School Desegregation*: *Outcomes for Children*，pp.118—120，122—123，136—137.

③　Edgar Cahn，"Jurisprudence," 30 *New York University Law Review* 150，157—158（1995）；John Coons，"Recent Trends in Science Fiction: *Serrano* Among the People of Number," 6 *Journal of Law and Education* 23（1977）.

作出合理的判断（虽然他们的确没有时间和精力）。恰恰相反，这是因为，他们的目标就是让种族融合任务变得常规化和没有人情味儿；他们就是为了确保每个学校都有固定比例的不同种族的学生，所以才不让各个家庭根据自己的教育需求或其他考虑来选择学校。这样造成的结果，就是根本不考虑其他可能更好的学校分配方案。

当然，从这个方面讲，传统的就近入学政策与现在的学校分配方案并没有什么差异；至少在不关注个体需求方面，它们是一致的。强制性就近入学政策是多种企业和社会利益最终博弈的结果；管理方便和节约交通成本是最显而易见的因素。在这种体制中，不会有人调查儿童是否享受了最好的服务；通常，他们并没有享受到。无论是就近入学政策还是强制校车以实现种族融合的政策，把它们描述成儿童最大利益的说法都是虚伪的。当然，这并不是说，为了废除种族隔离的双重学校体系，将不同种族的儿童分到同一所学校从道德上或社会层面上讲是恶的。

二、评价强制措施的成效

对于"布朗诉教育委员会案"（Brown v. Board）[①]之后的第一代人而言，强制措施是为了废除种族隔离而采取主要工具。教育选择则很少得到支持，即便是作为一种扩大种族融合范围的辅助性工具。在公立学校的分配方案中，个人想法从来都不在考虑范围之内；迄今为止仍然如此。

那么，这种做法的成效如何呢？由于缺乏数据和明确的概念界定，我们很难讨论学校种族融合的成效究竟如何。首先，数据来源通常都是学校自己的报告，但这些数据很有可能会受到学校特定动机的影响，有些学校可能想夸大种族融合的进程，有些学校则可能想缩小该进程。看问题的视角也会对结论产生影响，有人会从学区的层面看问题，有人会从学区内部的层面看问题，还有人则会从学校内部的层面看问题。此外，无论从哪个层面看问题，人们所采纳的有关种族隔离的定义都会对他们的结论产生影响。因此，种族隔离问题是否严重，完全要视人们的判断标准来定。例如，让黑人学生到一所90%—100%的学生都是黑人的学校就读与到一所白人和黑人学生各占一半的学校就读，究竟有多大差异呢？也许过了5年之后，我们得到了真实的报告，表明几乎没有黑人学生到"纯黑人"学校就读了；但是，黑人学生一般

---

① 　Brown v. Board of Education，347 U.S. 483（1954）.

只有极个别的白人同学；那么，这究竟意味着种族隔离现象增加了还是减少了呢？

　　无论采用何种评价方式，各种迹象均表明，大多数黑人学生仍然就读于以黑人为主的学校，而白人学生仍就读于以白人为主的学校。[①] 而且，许多研究均表明，近几年，种族融合的进程正在减缓，在很多地区甚至出现了逆转的现象。其中一个主要原因就是，白人比黑人更多地从城市搬到了郊区，而城市中因死亡或搬迁而流失的白人比例并没有得到补偿。科尔曼分析了黑人学生在以白人为主的学校的就读比例，结果发现，在 1968—1971 年间，北方最大的 14 个学区种族融合现象在减少。[②] 科尔曼还分析了白人学生到 "一般黑人学生就读的" 学校就读的比例，结果令人更加失望。虽然在 1968—1972 年间，从全国范围看，种族融合现象呈现出了小幅增加，但倘若对各个地区的情况进行分析，我们完全有理由怀疑其未来的发展趋势。在此期间，东南地区的种族融合情况对全国的数据做出了较大的积极贡献，这里正是过去曾经通过法律措施强行推进种族融合的地区。但是，在新英格兰、沿大西洋中部地区、中部地区的东北部，种族隔离现象在 1972 年要比 1968 年更为严重。

[①]　根据教育、健康与福利部（Department of Health，Education and Welfare，WHE）1974 学年的学生入学统计数据，全国三分之二的黑人就读于少数种族占绝大多数比例的学校，五分之二的黑人就读于存在严重种族隔离问题的学校（90%—100% 的学生都是少数种族）。在全国 26 个最大的城市中，几乎有四分之三的黑人学生在这类存在严重种族隔离问题的学校就读。

　　1970 年的统计数据表明，黑人在大城市和郊区的比例呈现出明显的种族隔离趋势。例如，在芝加哥，黑人占城市人口的比例为 33%，但仅占郊区人口的 3%。在 1970 年，黑人占底特律城市人口的 44%，但仅占郊区人口的 4%。巴尔的摩市的黑人比例为 46%，但郊区的黑人比例仅为 3%。在波士顿，六分之一的城市居民是黑人，但只有百分之一的郊区居民是黑人。在达拉斯，有四分之一的城市居民是黑人，但只有五十分之一的郊区居民是黑人。其他城市也出现了类似的情况。

　　Statement of Metropolitan School Desegregation，A Report of the United States Commission on Civil Rights（Feb. 1977），pp.6 and 15.

　　See generally，Reynolds Farley，"Residential Segregation and Its Implications for School Integration，" 39 *Law and Contemporary Problems* 164（1975）；Willis D. Hawley and Ray C. Rist，"On the Future Implementations of School Desegregation：Some Considerations，" 39 *Law and Contemporary Problems* 412（1975）.

[②]　James Coleman，Sara Kelly，and John Moore，"Trends in School Segregation，1968—1973，" working paper for the Urban Institute（Washington，D.C.），Aug. 15，1975，p.36.

在许多情况下，官僚化的设计或疏忽无疑减缓了学区内的种族融合进程。而且，最近有迹象表明，法院不会再坚持要全面废除种族隔离制度。最高法院曾认为，为了解决学区内任何一个地方出现的种族歧视问题，都应该在整个学区推进种族融合以进行弥补；但是，当这项政策在北部地区和西部地区遇到麻烦时，最高法院的态度开始发生了变化。① 现在，原告必须证明，他们所抱怨的种族隔离问题是由"违反宪法的行为"所导致的。但是，今天大多数学区内的学校种族隔离问题都可以被解释为是由各种族分地区居住所导致的，学生是根据就近入学原则而分配学校的。也许，即便没有法院强制要求的跨学区的校车制度，这种种族隔离问题也能够在某种程度上得以减轻；但是，要想从根本上解决该问题，就必须有足够多的白人居住在该学区并到附近的公立学校就读。不过，不论是什么原因，在许多地区，这种人口趋势似乎都是不可能出现的。从 1960—1970 年，黑人占郊区人口的比例一直稳定地保持在 5% 左右，但黑人占中心城区人口的比例则增加了 16%—21%。② 美国人权委员会（The United States Commission on Civil Rights）预计，如果这种从城市向郊区迁移的趋势不发生逆转，到 2000 年，白人占市中心人口的比例将只有 25%；在有些城市，市中心将几乎全是黑人。③ 根据该委员会为庆祝美国建国两百年而作的报告，废除种族隔离制度取得了巨大的成就，但这种人口迁移的趋势却并不会发生变化。④ 鉴于许多居住在城市的白人家庭会把孩子送到私立学校，该问题会更加严重；因为这些私立学校虽然也对大多数黑人学生开放，但他们很难负担得起。更何况，在城市居住的白人中有相当高的比例都是老年人，他们根本没有学龄儿童。

人权支持者们经常说，穿过城市的校车是消除当前学区间界限的有效办法；在许多地区，这也是实现学校种族融合的唯一办法。但是在底特律（Detroit）、威尔明顿（Wilmington）、印第安纳波利斯（Indianapolis）和路易斯维尔（Louisville），这种做法却成为了法律诉讼的对象。在底特律案中，最

---

① Dayton Board of Education v. Brinkman，97 S. Ct. 2766（1977）.

② Charles Haar and Demetrios Iatrides，*Housing the Poor in Suburbia*：*Public Policy at the Grass Roots*（Cambridge，Mass.，Ballinger，1974）.

③ *Your Children and Busing*，A Report of the U.S. Commission on Civil Rights（Washington，D.C.，Government Printing Office，May 1972）.

④ *Desegregation of the Nation's Public Schools*，A Report of the U.S. Commission on Civil Rights（Washington，D.C.，Government Printing Office，Aug. 1976）.

高法院认为，联邦法院无权要求多个学区共同采取措施以实现种族融合，除非有证据表明，学区的划分标准带有种族歧视性质。① 经过司法干预之后，都市地区的种族融合进程未来将会如何发展，这是件很难预测的事情，我们必须将各个地区的时空差异考虑在内。在威尔明顿案中，最高法院支持了地方法院的判决，允许在城市中建立校车制度。② 但是很明显，对于学区间存在的涉及大多数人的种族隔离问题，最高法院并没有兴趣去关注。我们很难想象最高法院的这种立场很快会向种族融合主义者所期望的方向转变。1977 年7 月，最高法院曾形成了几项决议，其中强调，质疑现状者需要提供证据表明这是有人为了实现种族隔离而有意造成的。在代顿（Dayton）案中，多数派观点直接指出了其可能的影响："由于作出公共决策的主体如此之多，所以想要发现他们的动机必然很困难。" ③

　　鉴于城市中的种族隔离问题很难找到解决的办法，即便是一些坚定的种族融合主义者也开始怀疑在学区内推行强制校车制度的实际价值。他们担心，在许多城市，这项事业的成功会付出极大的代价，因为白人可能会加速逃离城市的进程。为了保持学校内种族比例均衡而强制推行的校车制度是否导致白人逃离城市的问题变得更加严重，对此我们似乎只能猜测，因为居民人口构成情况变化的统计数据并没有反映出人们离开的原因。也许，白人离开城市不过是 20 世纪美国人口迁移大潮的延续而已，一旦经济有了保障，他们就会搬到拥堵程度较轻的地区。但无论如何，只要公立学校的入学政策仍然与学区居民构成情况有联系，只要种族流动的趋势不发生变化，在许多城市，种族融合的希望就会非常渺茫。

　　虽然各级法院普遍选择置身事外，但州和地方层面的立法机构却仍在积极努力，他们的优势在于有权划分学区。不过，这些立法机构之间的合作除了促进种族融合之外，并不能给郊区的居民带来什么好处；鉴于这些努力要耗费大量的财力和人力，加上各个地区种族歧视的程度不尽相同，这种合作很难在政治上有所突破。根据人权委员会（Civil Rights Commission）1972 年

---

① 　Milliken v. Bradley，418 U.S. 717（1974）.

② 　Evans v. Buchanan，393 F. Supp.428（D. Del. 1975），affirmed 423 U.S. 963（1976）.

③ 　Dayton Board of Education v. Brinkman，97 S.Ct. 2766（1977），p.2772；see also School District of Omaha v. United States，97 S.Ct. 2905（1977）；Brennan v. Armstrong，97 S.Ct. 2907（1977）.

的调查数据，虽然有将近 70% 的美国人支持种族融合学校，但大多数人反对采取强制校车制度。①

　　显然，如果我们想要利用学校实现社会融合的目的，我们必须采取新的策略，这种策略既要符合政治现实，也要尊重最高法院的立场。

三、在教育选择的背景下实现种族融合

　　学校选择的反对者们认为，即便当前白人搬离城市并不是为了避免学校中的种族融合，但如果让普通家庭都有权选择学校，很有可能会阻碍学校中种族融合的进程。他们声称，这种政策调整会被白人解读为邀请他们选择白人比例较高、可能位于郊区的公立学校，或者更符合白人胃口的新建的私立学校。这种悲观的预测仅仅是猜测而已；只有通过实践才能了解这些家庭会如何选择。不过，在这方面，我们持乐观的态度，理由如下：

　　对于当前就读于种族隔离学校的许多白人和黑人家庭而言，如果有选择的机会，他们会让孩子接受种族融合的教育。在已经实现了种族融合的地区，如果给家庭提供选择的机会，他们更有可能选择让孩子接受种族融合的教育。如果提供教育选择会让一些白人孩子"逃离"到郊区的学校，那么黑人孩子同样会这么做。而且，为了能够让郊区的白人孩子们积极地参与到种族融合的进程中，也许唯一的办法就是开放他们的学校，让那些想到这些学校就读的城市黑人学生有机会到这里上学。反过来说，如果给家庭提供选择的机会，也许会让更多的白人留在城市中，甚至会让一些白人回到城市中来。他们不愿意让自己的孩子到一所几乎没有白人的学校就读，但却非常乐意让自己的孩子到一所种族融合的学校中就读。

　　由教育选择实现的种族融合是稳定的、可持续的。事实上，"稳定性"的基本含义就在于当事人对于种族融合状况的最低的接纳程度。即便是"强制性的"种族融合体系，也要考虑到它们所实现的稳定性的程度；因为从最低限度的角度上讲，这些家长们也是"自愿的"，因为他们仍然可以搬家换学区，虽然作出这种选择会很痛苦并要付出很大的代价。他们选择继续留在原来的学区也可以被看作是一种具有"稳定性"的行为。当然，在实现种族融合的过程中，选择的余地越大，稳定性就越强。

---

① *Public Knowledge and Busing Opposition*，A Report of the U.S. Commission on Civil Rights（Washington D.C.，Government Printing Office，1973）.

家庭选择计划能够使种族融合变得更加稳定。这是因为，家庭选择计划使儿童的入学问题不再局限于种族问题，而是拓展到了家庭的教育偏好这个更为宏大的问题上。具有讽刺意味的是，当家庭开始更少地考虑种族问题，更多地考虑教师、课程、教学风格等问题时，种族融合或许会变得更加成功。而且，在教育选择的背景下，少数种族家庭的个人偏好也将得以满足。例如，有些黑人家庭可能会出于文化差异或社会观念的考虑让孩子到一所以白人学生为主的学校就读，也有可能让孩子到一所黑人学生所占比例不同于所在城市情况的学校就读。相较而言，完全靠强制措施的计划则无法发挥这种稳定性作用。

由于在实施教育选择方面缺乏经验，我们只能推测各个家庭可能的实际选择。不过，有些地方曾尝试过公立学校的开放入学制。这些地方的经验与我们的观点是一致的，也就是说，当家庭有自愿选择学校的权利时，白人家庭通常并不会逃离种族融合学校，相当多的黑人家庭会想方设法地进入以白人为主的学校，而且，在特定的条件和情况下，教育选择能够促进种族融合。诚然，有些地区采取的假的开放入学制和"自由择校"计划是为了保护完全由白人学生构成的学校①；而且，在有些情况下，由于行政人员的疏忽，黑人学生不能充分了解教育选择的相关信息。但是，在刚开始实施教育选择的地方，其优势就已经显现出来了；自愿性的种族融合不仅使不同肤色的学生聚到了一起，还得到了社区的支持，这与强制性的校车制度所引发的对立情绪是完全不同的。②

虽然没有严格的统计研究，但许多例子都可以多多少少地证明这一点。这里先举两个加州北部地区的例子。一个是位于旧金山湾东边的里士满（Richmond）。这是一个非常大的联合学区，包括许多城市。③ 在 1968—1969学年，这里共注册有 44000 名学生；到了 1975—1976 学年，这里的注册学生数变成了 35000。在 1968—1969 学年，该学区黑人学生、亚裔学生和墨西哥裔学生的比例是 41%；到了 1975—1976 学年，该比例是 44%。在这个学区，居民区存在着明显的种族隔离现象；在历史上，各学校生源的种族构成大体

---

① Green v. County Board of New Kent County，391 U.S. 430（1968）.

② Bell，"Is *Brown* Obsolete？Yes！"

③ Data based on official records made available by the Richmond Unified School District，Richmond，California.

与附近居民区的种族构成情况相当。在 1969—1970 学年，该学区实施了一项自愿转学计划，用免费校车帮助学生换学校。这项计划的实质就是通过鼓励转学促进种族融合，最终让各个学校的生源种族构成与该学区的整体情况相一致。在这项计划实施的第一年，共有 1105 名学生转学；6 年期间，转学的学生数增加到了 2474 名；而且还要考虑到，在这 6 年期间，该学区的学生总数是在减少的。转学的学生中大约有 200 名是白人。结果，通过实施这项计划，一些原本少数种族学生比例很低的学校增加了许多少数种族学生，个别原本以少数种族学生为主的学校现在却有了许多白人学生。

红杉联合学区（Sequoia Union）位于旧金山南部 20 英里左右。[①] 这是一个纯粹的高中学区，有 9000—12000 名白人学生和 3000 名少数种族学生，其中少数种族学生主要是黑人。大多数黑人住在同一个社区——东帕罗奥多（East Palo Alto），该学区共有 6 所高中，其中 1 所名为雷文斯伍德（Ravenswood）的学校就位于该社区。在 1970—1971 学年，雷文斯伍德学校有 94% 的学生都是黑人；其他 5 所高中的白人学生比例为 70%—100% 不等。在 1970—1972 学年，该学区将雷文斯伍德学校发展为一所"磁石学校"，鼓励其他 5 所高中的白人学生转到这所学校，同时鼓励该校的黑人学生转到其他 5 所学校，学区提供免费校车。在 1971—1972 学年，共有 500 名白人学生转到了雷文斯伍德学校就读，加上转走的黑人学生，该校的黑人学生比例降到了 51%。这项计划在很大程度上也促进了其他 5 所高中的种族融合（少数种族学生比例为 12%—30% 不等）。

红杉学区的自愿转学模式后来发展的情况很复杂，它受到了许多因素的影响，包括学区生源的急剧减少，这与学校的政策是没有关系的。最终，学区决定彻底关闭雷文斯伍德学校，让东帕罗奥多的学生选择剩下的 5 所高中就读，前提是每所高中都要实现种族融合。在运转的最后一年，也就是 1975—1976 学年，雷文斯伍德学校的少数种族学生比例是 66%。雷文斯伍德学校的关闭遭到了在该校就读的黑人学生家庭的普遍反对，一度曾诉诸法庭。东帕罗奥多的孩子们现在只能坐校车到其他 5 所以白人学生为主的高中就读。据报道，其中一所高中出现了严重的种族冲突问题。

明尼阿波利斯（Minneapolis）学区试行的转学计划则不止是为了让不同

---

① The data here derive from interviews and district records，See Stanton v. Sequoia Union High School Dist.，408 F. Supp.502（N.D. Cal.）1976.

种族的学生聚在一起。① 在试行转学计划的地区，所有家庭都有权选择自己想要的教育类型。该计划将学校分为三类：一类是传统学校；一类是开放课堂学校；一类是以小组教学为单位的不分级学校。学生家庭可以在这三类学校中进行选择。校车会把孩子们送到他们第一志愿想去的学校，除非学校的生源构成不符合学区种族融合的标准。在这种情况下，他们就只能到第二志愿甚至第三志愿想去的学校就读。不过，迄今为止，该学区的少数种族学生较为均衡地分布在各个学校。当然，明尼阿波利斯学区的情况与芝加哥或纽约相去甚远；该学区的少数种族群体虽然居住地非常集中，但总体规模并不大。明尼阿波利斯学区有一个情况比较奇怪，那就是在 1970 年，该学区曾拒绝尝试"教育券"计划，因为担心教育选择可能加剧种族隔离问题。

在其他试行自愿择校的城市，如罗彻斯特（Rochester）、波特兰（Portland）、密尔沃基（Milwaukee）、埃文斯顿（Evanston）等，种族融合方面的成效都令人感到满意。在罗彻斯特，通过自愿择校计划，一度有近 22% 的黑人学生从少数种族的聚居区转到了种族融合学校就读。② 在埃文斯顿，有一所过去完全由黑人学生构成的学校，在以"磁石学校"的名义重新开门之后，吸引了许多白人学生申请就读。③ 即便是备受种族隔离问题困扰的波士顿，在实施"METCO"项目数年之后，也有几千名黑人学生自愿转学到了郊区以白人为主的学校。④

最重要的是，据我们了解，在所有怀着善良动机实施的择校计划中，没有一例损害了种族融合的现状。当然，在几乎所有实施自愿择校计划的学区，远离居住地到较远地区上学的学生规模都不大。这种情况可能是一些种族融合的支持者们反对自愿择校计划的原因；在他们看来，择校计划只不过是反对种族融合的教育行政官员们的勉强让步而已。事实也许的确如此。我们列

---

① Zeke Wigglesworth, "Alternatives in Public Schools: The Minneapolis Experiment," in Don Davies（ed.）, *Schools Where Parents Make a Difference*（Boston, Institute for Responsive Education, 1976）, p.121.

② John McAdams, "Can Open Enrollment Work?" 37 *Public Interest* 69（1974）.

③ John Coons, "Report to the U.S. Office of Education on Illinois Elementary District 65（Evanston-Skokie）," 1965; John Coons, "Evanston," in Roscoe Hill and Malcolm Feeley（eds.）, *Affirmative School Integration*（Beverly Hills, Sage Publications, 1967）.

④ See generally, David Armor, "The Evidence on Busing," 30 *Public Interest* 119（1972）; "Are We Losing Our Enthusiasm for METCO?" *The Boston Phoenix*, Sept, 7, 1976.

举上述案例并不是为了证明这些学区已经"尽力了"。据我们所知，上述有些学区在其他方面明目张胆地无视宪法的要求；事实上，其中许多学区的做法都是人权法案诉讼的对象，如加州的里士满和红杉学区、明尼阿波利斯、密尔沃基等。[1] 从这里得到的经验教训是，即便是在很困难的条件下，自愿择校在相当程度上是成功的。有些家庭愿意为了接受种族融合的教育而付出相当大的牺牲。如果可以减少他们的牺牲，增加个人选择的机会，这批最早的先驱者们可能就有同伴了。

四、现行的有利于教育选择促进种族融合的法律激励措施

关于教育选择对种族融合的影响，也许最主要的担心是白人会相互合作以排斥黑人。这种危险确实存在，下面就分析下如何采取法律措施阻止这种危险的出现。为了避免技术教条主义的危险，我们在这部分先大概地分析一下参与教育选择的学校可能会如何利用既有的法律歧视少数种族学生。在接下来的部分，我们将大概描绘一个具有"肯定性行动"意义的新的法律模型，供家庭选择系统参考；其中我们将重点关注入学制度。我们相信，法律结构将在很大程度上影响教育选择在促进种族融合方面的作用，包括现行的法律结构和我们构想的法律结构。

（一）公立学校的种族融合

首先，我们想分析的是，在自愿择校的机制中，法律可能会对公立学校的种族融合情况产生怎样的影响。坦白地说，根据现行的法律，"在公立学校内部进行择校"不会构成种族歧视。当然，反过来说，根据一般的法律规定，至少根据联邦宪法的规定，生源种族构成比例不平衡的公立学校，即便是完全由单一种族构成的公立学校，也达不到违反种族歧视相关法律的程度，除非政府制定有专门促进种族融合的措施。[2] 因此，即使完全交由个人选择公立学校，所造成的任何种族隔离的结果都不会违反宪法。

但是，现实中还存在着一些做法，给一些人留下了痛苦的经历，使他们不愿选择接受种族融合教育。除了招生人员人为操作学生的种族构成比例之

---

[1] For the range of litigation, see Michael Wise (ed.), *Desegregation in Education: A Directory of Reported Federal Decisions* (Notre Dame. Center for Civil Rights, 1977).

[2] Dayton Board of Education v. Brinkman, 97 S.Ct. 2766 (1977).

外，许多更为微妙的种族主义行径不仅在伤害着正在种族融合学校就读的黑
人学生，而且打击了黑人家庭选择种族融合学校的积极性。例如，学校在开
除学生、分班、分年级、心理咨询等方面会采取歧视性的态度。直到今天，
这类"第二代"歧视问题仍然在公立学校发生；在那些法律强制要求打破种
族隔离的地区，此类问题会尤为严重。[①] 受害者可以采取政治或法律措施加以
应对；在教育选择的背景下，他们同样可以这样做。根据最高法院 1975 年的
判决，在任何情况下，法律都反对这类歧视；违反该项法律的行政人员要对
受害学生作出经济赔偿。[②] 但尽管如此，这种歧视行为都不可能得以根除；在
教育选择体系中，这类问题还会继续出现，虽然我们预计，基于自愿而形成
的种族融合会减少这类问题的出现。现在的情况很清楚，某些人员个人的不
当行为会损害某些学校的声誉，使这些学校成为了不欢迎少数种族学生（或
者白人学生）的地方。无论是否实施教育选择计划，法律对此均无能为力。
但是，当人们有机会选择更受欢迎的种族融合学校时，当家庭选择学校的权
利得到有力的保护时，至少，我们会有更强的能力承受这类种族主义行径所
造成的危害。而且，提供选择机会本身也能够缓解许多白人的敌意。

    有观点认为，宪法应容忍一些公立学校自己选择种族隔离。这种观点是
合适的。过去，有许多学校系统被法院判定为种族歧视，但迄今为止，它们
并没有按照法律的要求打破自己的二元体系。[③] 对于这类学校系统，我们不应
当授权它们完全实施教育选择计划，因为这很有可能导致大量纯黑人或纯白
人的学校出现。最高法院已明确指出，自由择校本身不能纠正官方有意导致
的种族隔离问题。[④] 该问题也不应该交由择校措施来解决；在黑人被官方有意
排除在外的地区，想要实现完全自由的选择是不可能的；至少在那些事实上
已经导致了种族隔离的地方，自由选择是不可能的。

    当然，这并不是说，这些在种族隔离方面有违法记录的学区不会给任何
人提供选择机会；也不是说，司法部门应当因为羞愧而回避择校计划，哪怕
是极为有限的择校计划。究竟应当允许多大程度的自愿空间还没有得到澄清。
在此，为了描述教育选择计划在促进种族融合方面的潜在作用，我们想先作

---

① See Mark Yudof，"Suspension and Expulsion of Black Students from the Public Schools".

② Wood v. Strickland，420 U.S. 308（1975）.

③ See Generally，*Desegregation of the Nation's Public Schools*.

④ Green v. County Board of New Kent County，391 U.S. 430（1968）.

出的假设是，宪法的操作空间是非常小的，例如，它可能会禁止任何有损种族融合的教育选择。但是，这仍然留下了一点空间，我们可以尝试多种尚未试过但大有希望的法律技术措施。有些可能非常简单。例如，对于那些被选出来要到离居住地较远的学校就读的学生，我们可以不采用由计算机随机给学生分配学校的方式，而是让家庭自己选择，选择的范围就是那些生源种族构成以其他种族为主的学校。

　　也许更重要的是，在很多情况下，完全应该让私立学校参与到公立学校系统的废除种族隔离计划之中。底特律（Detroit）就是一个例子。最高法院认为，政府没有责任改变郊区学校白人学生与其他种族隔离的现象，因而不应强制推行跨学区的校车计划。[①] 结果，该市只能在学区内部重新调整生源；但在城市地区，学区内的绝大多数学生都是黑人。为了改变这种状况，必须利用底特律市内和周边的私立学校，包括现有的学校和即将成立的学校。在底特律，许多孩子都在私立学校就读，其中既有白人孩子也有黑人孩子，但他们必须能够负担得起学费。其实，私立学校的学费通常低于公立学校的生均办学成本。联邦地区法院可以要求位于城市的学区帮助黑人家庭到没有歧视性的私立学校就读，为他们提供相当于私立学校学费的经费资助和交通费。如果有可能的话，也可以支持底特律的黑人学生到其他学区愿意接纳他们的公立学校就读，并提供类似的资助。[②] 同时，还可以在底特律学区内部采取校车制度，让那些还在公立学校就读的白人学生与特定比例的少数种族学生在一起实现种族融合。当然，仅凭这一系列措施本身很难改变底特律市公立学校系统以黑人学生为主的基本格局，除非现有的私立学校和教会学校能够容纳更多的学生；除非能够新建一些私立学校增加学生容量；除非政府有足够强的意愿帮助底特律市提供学费；除非郊区的公立学校发现让外来的学生填补校内多余的空间是一种有效的办法。

　　这样简单谈谈似乎忽略了现实中成百上千个具体的问题。但是，对于许多像底特律一样面临相似问题的城市，目前还没有看到能够直接解决问题的办法。法院也许会拟订一些强制性的法律要求，但与当前所构想的将强制性的校车制度与自愿择校制度相结合的措施相比，效果可能会更差。我们预计，

[①]　Milliken v. Bradley，418 U.S. 717（1974）.

[②]　See，for example，"Amicus Brief Supporting Integration Plan in *Crawford v. Los Angeles Unified School District*（1977），" in Parents，Teachers and Children，p.301.

最高法院很快会批准一项旨在促进种族融合的教育选择计划，而且会精心设计具体的实施条件。毫无疑问，如果一项计划只是为了促进种族融合，达到法律强制措施所不能实现的效果，那么最高法院是不会反对的，除非有专门的宪法障碍。事实上，该论断已经得到了最高法院的认可。在 1977 年，最高法院已经支持了地方法院关于要求底特律市采取弥补措施的判决，即向那些过去被种族隔离的孩子们提供专门的补救项目。① 因而，这项判决向地方法院传达的信息本身就应当适用于我们所提出的问题解决方案。

我们应当区别对待下述两种情况：一种是像底特律一样的城市当前所遇到的教育选择问题，其背景是法律强制要求废除种族隔离；另一种是一些过去曾经是种族隔离、但现在已经从官方的角度实现了废除种族隔离的地区，它们希望从整体上或部分转变为教育选择体制，在转变的过程中可能会遇到的一些问题。两种情况是不同的。最高法院曾指出，过去的种族隔离问题需要得到一定程度的"修正"；同时，不再强制要求按照种族分配入学以实现种族融合。② 但是，最高法院并没有明确指出该问题要在多大程度上得以"修正"，也没有明确说何种入学分配政策是可以接受的。在 1976 年涉及帕萨迪纳（Pasadena）学区的一项司法判例中，最高法院将该问题留给了以后的判例。③ 最高法院很可能会支持希望继续促进种族融合的政策。许多案例表明，逐渐减少强制性的措施将会是最有可能实现一个稳定的、自我规范的学校系统的路径。在法律许可的条件下，应当允许这些学区开展有限的教育选择的尝试。譬如，指定某些学校（很有可能是过去以白人学生为主的学校）的学生可以有权根据自己的喜好转到一些新的和多样化的教育项目。

（二）私立学校的种族融合

在种族融合方面，人们对于教育选择的最大担心就是它可能会导致大量以白人为主的私立学校的出现，特别是在南方地区。这种情况是有可能的，但是可能性不大。在有许多好学校可供选择的情况下，无论对于教师还是对于家庭而言，种族隔离学校的吸引力都会逐渐下降。保险起见，可以采取多种有效的法律措施不鼓励学生到有种族歧视倾向的私立学校就读。

---

① Milliken v. Bradley，97 S.Ct. 2749（1977）.

② Swann v. Charlotte-Mecklenburg Board of Education，402 U.S. 1（1971）.

③ Pasadena City Board of Education v. Spangler，427 U.S. 424（1976）.

多年来，废除种族隔离的法律主要在公立机构实施；人们通常认为，私立学校有权自行决定是否采取歧视性的措施；但今天，我们必须重新审视这种观点。允许种族隔离机构的存在这一事实本身并不违宪，无论其是否能够满足各州有关学生入学的相关法律规定：宪法第十四修正案有关平等法律保护的条款是反对政府种族主义倾向的主要法理依据，但这些私立学校与政府的情况并不相同，它们可以避开宪法的约束。① 不过，这并不意味着此类学校可以避开议会通过立法反对种族隔离的约束。根据最高法院的表述，这正是国会在 1868 年通过的《民权法案》（*Civil Rights Act*）所要求的内容，具体表述参见《美国法典》（*United States Code*）第 42 编第 1981 条。② 第 1981 条明确规定，所有人，不分种族，均有同样的权利缔结和执行合同。既然到私立学校就读需要签订合同，那么自然适用于第 1981 条的规定。而且最高法院也认为，除了极个别例外情况，少数种族孩子如果因为种族原因而不能被私立学校录取，他们就可以申诉要求获得经济赔偿或者采取强制救济措施。因而，如果私立学校想采取歧视措施的话，第 1981 条的规定就能够提供一个潜在的反制武器。

而且，许多私立学校都是以非营利机构的性质存在的，这样就能够享受免税政策；毫无疑问，在教育选择体系中，许多私立学校也会这样做。这些学校要向美国国税局（Internal Revenue Service，IRS）申请免税身份③，于是，它们就要遵守国税局的一些规定，而这些规定是在议会所通过的税收法律框架下制定的。目前，根据国税局的规定，不仅那些实施种族歧视的学校会被撤销免税身份，而且具有免税身份的学校必须采取一项确定性行动，即证明自己没有实施种族歧视。具体的规定如下：

> 学校必须证明自己没有采取歧视性的措施。具体方式可以是提供办学章程、实施细则、管理团队形成的决议或其他管理说明等材料，表明其不会因种族而歧视申请人和学生。
>
> 学校应将其不具有种族歧视性的政策公之于众，具体方法不限，但要能够让学校所服务的社区中不同种族的群体都了解这些政策。在开展

---

① See Moose Lodge No，107 v. Irvis，407 U.S. 163（1972）.

② Runyon v. McCrary，427 U.S. 160（1976）.

③ Internal Revenue Code of 1954 as amended § 501（c）（3）.

宣传活动时，学校不应局限于某个特定的地区，以避免其所服务社区的某个种族群体不知道自己可以到该学校就读。①

假如这项规定能够得以有效实施，那么国税局就极大地激励了免税学校保障少数种族的权益，而这正是第 1981 条所要达成的效果。

1964 年《民权法案》的第四章是另一种反对种族歧视的方式，它适用于所有受联邦经费资助的项目和活动。② 如果当前适用于公立学区的联邦经费同样适用于参与家庭选择体系的学校（或者国会提出这样的要求），那么违反《民权法案》第四章的行为就会导致学校失去获得各类联邦经费的资格，甚至失去参与各类公共活动的机会（如州授权的教育试验项目）。潜在的失去经费的威胁会极大地促使学校避免违反规定，并推动公共机构谨慎地监督自己。而且，联邦法院曾至少在一个判例中允许个人根据《民权法案》第四章的规定保护个人权利，要求采取强制性的弥补措施。③

最后，也许最重要的是，曾经有一个参与了教育选择计划的私立学校接受了政府的学费资助，这一"政府行为"将该学校带到了宪法第十四修正案的影响范围之内。于是，在这种情况下，种族歧视就不仅构成了违法行为，同时也构成了违宪行为。根据现行的法律规定，如果一所学校在警察、消防等市政服务以外得到了政府的支持，就必须遵守宪法有关反对种族歧视的相关规定，避免让学生或申请入学者受到种族歧视、种族隔离或种族排斥。即便经费资助是以奖学金等形式给学生家庭的，是以间接的方式流到学校的，但这些形式无关紧要。最近，最高法院作出了一项判决，禁止密西西比州向一些私立学校的学生提供教材，原因是这些私立学校不招收黑人学生。这项判决表明，教育中的种族歧视行为不应得到任何公共经费的支持。④ 一旦违宪行为得到了确认，就可以采取一系列的补救措施，包括到法院状告学校违宪。

这些用于惩罚和限制私立学校失范行为的法律规定能够产生非常大的影响；不过，相关法律庞杂的数量和多样化的表述方式可能会削弱其效力。在

---

① Internal Revenue Service，Revenue Ruling 71—447，interpreting §501（c）(3）of Internal Revenue Code.

② 42 U.S. Code §2000d（1970）.

③ Lau v. Nichols，414 U.S. 563（1974）.

④ Norwood v. Harrison，413 U.S. 455（1973）.

现实中，虽然个人和政府都可以发起诉讼，但援引这些法律以惩罚违规行为仍然是一件痛苦且旷日持久的事情。通常，必要的法律程序要耗费数年的时间，但受到种族排斥或种族歧视伤害的个人却等不起，因为他们要尽快接受教育。而且，提供种族歧视的证据也是件非常困难的事情；学校在招生过程中可以采取操作性的隐性标准，在事实上达到与直接的种族歧视相同的效果，但却不容易被人抓到把柄。在综合性的家庭选择体系中，需要采取行政控制和激励措施对学校招生机构施加影响，甚至在招生之前就应该这么做。下面我们开始分析这些系统可能采取的一些措施。

五、未来促进种族融合的立法设计

最大限度的自由并不意味着简单地移除已有的正式障碍。事实上，它可能需要更多新的障碍。教育领域同样如此，个人的选择需要建立在限制其他选项的基础之上。为了实现家庭的选择权利，就需要限制学校和其他家庭排斥他人的权利。前面提到的对招生政策以及其他政策的限制主要针对的是机构而非个人；但如果我们忽视了这些限制措施对个人的影响，那就大错特错了。这些限制措施不仅会对学校的管理者和教师产生影响，而且会对那些就读于无法获得政府资助的学校的家庭产生影响。

为防止或限制种族隔离而采取的措施会对不同的个体产生不同的影响，而且这种影响非常大，我们设计了三种政策建议，它们可以单独实施，也可以合并实施，并能够在促进种族融合方面达到现有法律所不能达到的效果。每种建议都会对现在的学校、家庭和学生的自由度产生不同的影响。

第一种政策建议是，法律应该规定，只要学校有地方，所有学生，除了超龄、身体有缺陷等异常情况之外，都应该被录取。这样做可能会剥夺学校对种族融合的控制权，转而交给学校的使用者们。在这种情况下，只有当申请入学者的数量大于学校可容纳的空间时才会产生问题；解决该问题最简单的立法设计就是采取随机筛选的方式，让申请者们碰运气。通过采取这种规则，政府可以非常简便地运作整个招生过程。而且，这种方法完全是中立的。当然，这种做法对种族融合的影响取决于每个学校申请者的情况。为了使学校的开放性更强，可以同时采取措施禁止学校收窄招生范围。这种让消费者上位的做法必然会牺牲学校的一些重要权利，例如学校根据学生的聪明才智和兴趣爱好等因素进行筛选的权利。关于种族因素之外的招生标准，我们会在第八章深入讨论；我们认为，在作出招生决定时去掉这些因素是为了扩大消费者的选择权而值得付出的代价。

第二种政策建议是，强制要求每所学校招收特定比例的少数种族学生。例如，如果有学校连续三年没有招到特定比例的少数种族学生，譬如10%，将失去某些资格。这样就迫使学校采取肯定性行动以保证能招收到特定比例的少数种族生源。但需要注意的是，这项要求不适用于那些全都是少数种族学生的学校；其目的只是为了促进白人学校的种族融合。

在设定少数种族学生的比例时，政府必须进行公正和审慎的考虑，即注意到各个学校实际上能够招收到的学生种族构成的多样性。例如，在明尼阿波利斯，即便是10%的少数种族比例也很少有学校能够做到。在许多情况下，有必要在州内设定不同的最低比例。

当然，政府可能对这种政策进行变通，既设定一个最低限度的白人学生比例，也设定一个最低限度的少数种族学生比例；换言之，设定一个综合性的种族融合标准。这样一种规则的前提假设是，无论少数种族的学生们想要什么，无论他们有怎样的个人偏好，同质化的种族群体对他们没有任何好处。它同时要求，所有的少数种族学校，只要吸引不到白人学生就必须关门，即便在该校就读的少数种族学生家庭支持该学校并希望该学校能够继续维持下去。这样的政策无论如何我们都不会支持。

第三种政策建议是，政府可以采取经费激励措施促进种族融合，如设立"种族融合奖金"。我们可以想到许多经费激励措施。例如，如果学校达到了最低的种族融合标准，在该校就读的学生就能够获得更多的资助。也可以根据学校种族融合的程度调整奖金的额度；反之，如果学校达不到特定的种族融合标准就要被处以罚金，但并不是完全剥夺其获得经费的资格。数额高昂的奖金（或罚款）能够阻碍家庭选择种族隔离的学校并鼓励学校实现种族融合。①

概言之，这三种政策分别是：消费者选择政策（当需求大于供给时随机选择购买者）、剥夺资格政策和财政补贴政策。我们可以用多种方式同时采取这些政策，例如可以要求学校达到某个最低限度的种族融合标准，但同时奖

---

① For helpful analogies, see Wisconsin Statutes §121.85（added by Chapter 220, Law of 1975）; California Senate Bill 1064 introduced by Senator Bill Greene（April 18, 1977）; John Coons and Stephen Sugarman, "Choice and Integration: A Model Statute," in *Parents, Teachers and Children*, p.279.

励那些实现种族融合程度更高的学校；可以对随机选择模式进行修正，允许、鼓励或要求学校优先照顾少数种族学生。我们自己更倾向于让学校照顾那些生源构成中种族比例较少的学生。在实施过程中，应遵守下述规则：

> 如果申请某所学校的学生数大于该校所能容纳的学生数，招生时应对所有申请该校的学生进行随机筛选。如果申请人中某个种族的生源比例较低，学校可以从该种族中随机选择一些学生，其比例不能超过总招生人数的 15%。

有人更倾向于认为，学校应当有权在某个特定的少数种族中选择学生以补足其 15% 的比例。显然，有多种可供选择的方式。

这些政策的实际效果取决于许多因素，包括当地的种族构成情况、特定市场范围内人们的种族态度、学校的特点等。如果交通和信息系统能够得以精心设计（我们会在第四部分讨论），采取肯定性行动的教育选择体系完全能够实现种族融合。显然，这在很大程度上取决于黑人和其他少数种族是如何看待这些学校选择机会的以及他们是否愿意接受种族融合的教育。在没有大量试验的情况下，是否会有许多家庭愿意这样做目前仍然无法证实；不过经验表明，人们支持在公立学校推进自愿性的种族融合。

最后一个问题是学校工作人员的种族隔离问题。教师间的种族隔离将鼓励学生间的种族隔离。我们认为，参与教育选择计划的学校至少要按照法律规定，在招聘教师时不持有种族偏好。不过，迄今为止我们并不清楚，完全由少数种族构成的教师队伍是否会损害种族融合的效果，如学生的满意度和学业成就。鉴于这一点，法律要给学校留下一定的操作空间。譬如，假如我们允许穆斯林学校完全根据候选人的教学能力来招募教师，就可以让他们将范围限制在黑人群体中。但是，如果法律认为有必要让教师队伍的种族构成实现多元化，那么也很简单，或者可以设定一个教师队伍种族构成的最低标准，或者可以提高那些师资队伍种族构成多元化的学校的奖学金额度。①

---

① For an analysis of the application of Title VII of the Civil Rights Act of 1964 to the problem of racially imbalanced teaching staffs，see Hazelwood School District v. United States，97 S. Ct. 2736（1977）.

六、如果没有完全实现种族融合

如果美国的学校在实现种族融合方面没有达到特定的标准，我们的社会就失败了吗？在我们看来，答案取决于为什么没有实现种族融合。如果是白人有意为之，那么我们的社会就没有实现社会公平；如果是政府怀着善意努力做了但没有成功，那么同样是没有实现社会公平。但是，如果政府为个人提供了自由选择的机会并始终如一地维护这种状态，那么，我们就不能责怪任何一个种族为了延续种族内部的联系而聚在一起接受教育的行为。他们没有责任为自己的选择辩解；事实上，他们很少与外界交流他们所持的特定价值观。我们认为，他们完全可以这么想。

曾经有一个时代，"西方"文化的继承者们认为，他们只是世界上的很小一部分群体而已。这些人基本上都是白人。这个群体中的骨干坚持着对人类经验独特性的理解。他们认为，按照原始传统接受教育是一项人权。可以想象，对于那个时代的社会而言，他们的主张无疑是明智的；如果社会能够与这些少数派共同致力于保护个人和团体信念神圣不可侵犯，那么这种主张就更有价值了。根据我们的理解，这种理念仍然是我们现代社会的一个具有根本性和决定性的特征。如果人们自愿选择了种族隔离，那么，这种选择也应该得到尊重；尽管这些人（包括我们）选择的动机需要接受严格的检验。

七、结论：关于利用儿童的问题

有理由相信，家庭选择既有助于社会认同的形成，也有助于促进种族融合。这是一件令人感到宽慰的事情。因为根据我们在第四章得出的结论，除了社会的"最低限度"要求之外，让家庭拥有教育选择权最有助于实现儿童的利益。反之，如果逼着我们在两类政策中作出选择，一类是实现社会目标的政策，一类是实现儿童最大利益的政策，我们会感到非常不安。

这一点值得我们最后再提一提。那些身体虚弱、经济不独立、没有政治选举权的人经常会沦为强者的工具，由此而引发公正问题。在现在的教育结构中，这是一个非常严重的问题。有人认为，在现代社会，公众的认知和法律的保护已经在很大程度上实现了儿童的福祉；对此我们不予置评。也许的确如此，也许并非如此。但是，无论童工法、倡导社会福利的政府能够在多大程度上帮助儿童，只要我们的社会仍然在利用儿童实现其共同的目标，那么，公正问题就始终存在。

因此，社会有责任质疑各类将儿童归入某个特定社会阶层来对待的政策措施。如果将该原则应用于种族融合问题，我们可以得出的结论是：如果唯一现实的选择只能是强制性的校车制度或强制性的就近入学制度，我们宁愿选择前者。尽管如此，社会仍应重新审视这类显而易见的困境。采取强制性的措施或仅依赖强制性的措施将不同种族的孩子们聚在一起，无论对于成人来说是多么容易操作，也是一种缺乏政治想象力的做法，而且会导致公平问题。在利用孩子们以形成基本的国家认同时，社会至少应当谨慎采取强制措施。政府对该问题进行关切并希望有所作为的合法性是无可置疑的，但是，它应当不断寻找不损害儿童利益的政治工具。

当然，有时候很难将儿童的最大利益当作一个个人问题来对待，因为儿童的利益可能与其他人的利益密切相关，而保障儿童的最大利益就会损害其他人的利益。因此，当涉及种族问题时，招生制度不可避免地要优先考虑某些家庭的孩子，从而损害其他儿童的利益。即便在完全"自愿性"的体制中，招生制度也会遇到许多类似的冲突情景。我们会在第八章深入分析这些困境。

有人可能会提议，如果将儿童完全当作某个群体来对待也许就能够避免这些冲突——这样我们就能够消除各种能够想得到的歧视措施并实现所有儿童的最大利益。把孩子们当作一个群体来对待当然是可能的；事实上，这也正是我们在教育领域中的常见做法。但是，不能够想当然地认为这样就能够避免冲突或服务于所有儿童的最大利益；它只是掩盖了儿童相互间的利益冲突，假设这些矛盾不存在而已。而且，这种做法有一个错误的假设，那就是所有的儿童都有同样的需求。

还有些教育评论家持有类似的社会平等观念，但指向却截然不同。他们承认儿童相互间存在的差异，但希望通过支持某些人的利益、同时否定其他人的利益来化解潜在的冲突。他们抱怨说，我们的社会过多地奖励了那些"较好的"基因和环境，这对那些相对没那么幸运的人是不公平的。他们的这些观点我们表示赞成。但是，接下来他们得出的推断是，为了修补教育公平的鸿沟，应该延缓那些幸运儿的发展。在他们所构想的平等体制中，应该给那些天资聪慧和家庭条件优越的孩子们设置一些障碍，包括提供较差的教育机会。例如，在教育选择体系中，可以让那些条件好的孩子们无法获得优质的教育资源。

在我们看来，以儿童的发展为代价而实现的公平终将腐蚀平等主义中所有的善。这是一种极为卑劣和令人感到羞耻的行为。我们承认，为了实现平等，可以采取征税等再分配方式，但是，为了实现平等而有意剥夺儿童发展的潜能是对无助的少数派最邪恶的剥削。

第四部分　设计教育选择的工具

一个想行善事的人，

一定要着眼于细节。

——威廉·布莱克，《耶路撒冷》

第八章　选择的过程

这不是一个常见的规则：
是你刚发明出来的。

——路易斯·卡罗尔，《爱丽丝梦游仙境》

在讨论教育选择的具体改革管理结构之前，改革者内部存在的许多矛盾和冲突都被掩盖了。但一旦深入到这部分，这些矛盾和冲突就出现了。本书的第四部分描述了教育选择的倡导者们相互间的冲突，主要涉及管理、财政、公平等问题。

第四部分用精练的方式展现了一些替代性的解决方案，并且指出了那些与我们的价值观一致的解决方案。第四部分的讨论分为四章。在第八章中，我们开始讨论选择的过程——考虑到家庭和学校之间、不同家庭之间有的时候存在利益冲突，那么如何才能让儿童进入到适合他的学校就读？第九章探究谁可以成为学校教育的提供者以及应该怎样管理这些提供者。第十章关注教育风格——学校中的生活会是什么样的？最后，在第十一章，我们探究津贴的本质，即政府可以通过哪些方式支持教育。通过阐释不同的政策问题及其替代性的解决方案，第四部分旨在表明，从技术层面来看，教育选择是完全可行的，虽然需要一些管理技巧和智慧。

一、让儿童到适合他的学校就读

本章围绕应当采用何种方式将儿童与他的教育经历联系起来这一主题展开。从好的方面来看，这是一个与招生规则有关的问题；然而，消费者获取信息的问题也需要在这里探讨。我们将会在本章中假设，政府将会对儿童就读各类学校予以财政支持，不论私立还是公立。

在设想一项家庭择校计划会如何运转的时候，如果只考虑满足每个家庭给自己孩子的选择，这就把问题过分简单化了。在一些情况下，不同利益之间会发生冲突。一种冲突可能存在于学校和家庭之间，如学校对就读儿童的数量和类型的限定与入学申请者的愿望之间的冲突；另一种冲突可能存在于不同家庭之间，如孔斯一家想让他们的孩子到休格曼一家孩子所在的学校就读，但是休格曼家不想让自己的孩子与孔斯家的孩子在同一所学校就读。在确定入学政策时，需要调和以上两种主要冲突。只要客户的品位和要求不同，只要同学们相互间存在差异，就难免要限制某些人的自由。那么，应当限制谁的自由呢？

如果学校教育市场模仿"自由"市场，正如它通常被认为的那样，家庭的偏好会受到学校意志的限制；也就是说，一个儿童可能入学的唯一条件是，他选择的学校也愿意选择他。是否应该消除这种排他性的权力是一个复杂的问题；这就要求我们分别考察学校三个方面的情况——学校规模、招生政策和筛选政策。当我们这么做时，我们不仅应该考虑家庭和学校的利益，而且应该研究以下问题：如何能够制定出有效的教育政策？学校将会如何应对各种政策限制？如果学校不想要某些孩子，应当如何设计制度以保障这些孩子的利益？

二、学校规模

是否应该允许一所学校限制它的招生人数，或者是否应该要求一所学校接受所有的入学申请者？在传统的私人市场中，普通卖家有权控制自己出售商品的数量。但是对于有些服务的提供者，社会限制他们的这项权利，例如，公共机构必须将服务对象扩大至所有有需要的人。如果每一所学校都对学生来者不拒，的确会有一些好处。在某种意义上，每个家庭的首选就可以得到满足。这种规则还会使得无须面对以下这个难题，即应该如何筛选学校的申请人。而且，至少可以想象一下学校可以不对入学进行限制。如今，加利福尼亚州的社区学院主要以这种方式运行。大多数学校可能会相当好地预测到市场上对他们提供的教育服务的需求，并据此制订计划。

然而，对招生不加限制会导致严重问题。一个主要的问题就是学校的教育风格；如果要求学校接受所有申请者，那么学校就无法开设它们想要开设的那些课程。从家庭的角度来看，他们也会有类似的担心。家庭会对学校有一些明确的期望。如果一所学校在第一年招了一百名学生，下一年招了五百名学生，它很有可能不符合家长的期望。而且，如果这所学校随意扩大招生数量，那么将会对教学质量造成不良影响。需求波动会导致效率低下，因为不确定需要多少雇员和设施。此外，由于对招生不加限制会排除所有筛选行为，所以一些学校将会被阻止进入教育市场，从而导致可选择的学校变得更少。

因此，给招生设置上限有利于实际就读于自己首选学校的儿童。这种裨益的代价是损害那些因缺少入学名额而被阻挡在外的家庭的利益，不过，受欢迎的学校容易被模仿，为家庭提供近乎相当的第二选择。而且，对招生规模的诸多限制本身并没有歧视学生并激起怨恨。是否发生这种情况取决于用于录取和筛除的标准。

因此，全面考虑之后，我们总结如下：政府不应该干预学校对招生规模的控制。私立学校和公立学校的管理者都应该拥有这种权利，尽管政府会希望指定一些公立学校尝试对招生规模不加限制。无论如何，政府必须确保每一位儿童可以就读于一所公立学校或私立学校。

三、招生政策

假如学校不需要招收所有申请入学的学生，我们就必须慎重考虑学校在筛选时可能希望采取的方法和标准。我们在讨论促进种族融合的技术路径的时候，已经讨论过这个问题所涉及的许多方面，我们不再讨论所有这些难题。对于一个学校来说，对申请入学的学生进行区别是基于以下两种原因：其中一个简单的原因是，申请入学的学生数量超出了学校能够容纳的数量；另一个原因是，学校只青睐于其中一部分申请入学的学生。即便是在学校的入学名额数量多于申请入学的学生数量的时候，学校也可能倾向于录取别人也不录取琼斯（Jones）——这就可能是第二个原因在起作用。当琼斯与科瓦尔斯基（Kowalski）竞争最后一个空缺的入学名额，而后者是学校想要招录的学生时，这种动机会变得更强。对于入学申请者数量超过空缺入学名额数量的学校，我们暂时忽略筛选问题，转而关注更为棘手的问题，即学校是否有权选择某个特定的入学申请者。

我们再次以传统的私人市场进行类比。在美国，通常情况下，一个卖家可以拒绝把商品卖给任何一个买家，但这种权利是存在局限性的，如当这位卖家是一位垄断者或其所处行业是一个受管制的产业，抑或当这种拒绝是基于不公正的划分，如种族或国别背景时。然而，值得指出的是，不论他们是否有合法权利这么做，产品的卖家往往不拒绝销售。如果他们的产品供给有限，他们有时更倾向于特定的经常光顾的消费者或者征收定金；此外，为了提升消费者满意度，有的时候，如当产品不适合买家的时候，销售者会建议顾客不要购买。不过，鼓励卖家拒绝买家的情况很罕见。卖家很少根据买家的相貌、社会身份、行为举止来决定是否把产品卖给对方。

相反，一些特定服务的提供者，特别是私人服务的提供者，有些时候，会因为顾客的一些个人特点，如衣着、购买意愿和购买力等，而拒绝提供服务。爱挑剔的内科医生、女服务员、律师、男按摩师、足病医生、理发师就是常见的例子。特定服务的提供者的声望会因其服务于谁而发生变化；特定服务可能会在提供者的能力范围之外，尽管准顾客对提供者的能力表示出信心；提供服务的过程中所涉及的人际交往可能会令卖方感到讨厌。谁都不希望自己的店门大开，但事实上却只为某个人服务。

然而，即便对于服务的提供者来说，这一点也不应该被过分强调。例如，由于这种有限的人际接触，干洗工和电视机维修工很少在他们有空的时候拒绝提供服务。而且，甚至大多数有能力在服务、医疗、大尺度健康保养方面提供私人服务的机构也很少拒绝顾客。的确，我们怀疑，除了大多数时尚类的或者独有的服务，几乎所有服务的提供者都不会基于准顾客的非经济性的理由而拒绝他们一开始的服务请求。即便是房东，也大都会选择第一个前来问询的房客，只要他们看起来肯定会付房租。当然，一些提供者在与顾客产生不好的服务体验之后会拒绝提供服务，而且我们无法得知有多少买家避开特定的提供者是由于买家猜测他们将会受到拒绝。

因此，在提倡政府应该对那些拒绝允许学生在教育系统内选择的学校进行限制之前，重要的是问学校的提供者这样一个问题：如果他们拒绝提供服务的权利不受限制，他们会如何行事。理论上，有人会说个别学校的提供者会被期待基于标准来招录学生，而这些标准用以最大化地实现学校运营者的特定目标。理论上，一所学校也许会接收所有的入学申请人，或把招录人数限定在入学申请者的前 X 位，或仅仅接受那些达到或者超过特定标准（学术或其他方面）的学生，或通过抽签筛选入学申请者，或者通过其他方式挑选学生。那么，哪种模式最有可能出现呢？

教育需要强烈的人际交往，这表明有可能拒绝某些服务；但是审视如今的私立教育，我们看到——除了个人的音乐或语言课程以及类似课程——每天都与学生接触的教师并没有选择将某个特定的人作为顾客来对待。这是因为，学校教育通常是在大批量地教育学生。因此，学校也许会被视为提供一个包装或产品的场所——很像酒店或餐厅，它们总的来说是为所有前来消费的顾客提供服务，基于谁先来先服务谁的原则。再者，过分挑剔学生的教师会选择到那些更愿意提供实体教学服务的学校中工作，这就可以避免因被迫提供私人服务而产生的一些问题。然而，教师这种间接地筛选顾客的行为，可能会导致学校管理者无法满足特定入学申请者的需要，而且可能会导致学校管理者无法把学校教育更多地视为一种私人服务而非一件产品。

小学和中学的经验表明，在市场选择的机制之下，无法准确预测卖方的行为。如今，公立学校大体上接受学区内所有学生的入学申请，尽管少许儿童因为没有能力受益而被排除在外[①]，而且有些学区已经建立了具有附加录取标准的特定学校。[②] 宗教学校有时候把非教徒排除在外；但是许多情况下，特别是天主教学校，作为宗教学校的主体，只要有空余入学名额就愿意接受大量非天主教徒。[③] 虽然大多数私立学校也许强制实行正式的最低限度的学术标准，但是只有很少数私立学校会采取复杂的录取标准，如考试、之前的学业成绩、天资、家庭价值观等。当然，是否有能力支付学费这一个条件，就有效地鉴别了哪些人"适合"到私立学校就读。

让我们来看看高等教育，其录取模式是混合的，加利福尼亚州的大学录取模式就是例证。斯坦福大学是一所受到很少管制的私立大学，有严格的录取标准，想必主要是学术性的标准。另一个极端的例子是加利福尼亚州的社区大学，它基本上接受所有的入学申请者，专有的高等职业学校只要入学名额允许基本上会录取所有入学申请者。介于这两类学校之间的是加州大学，它准备录取为本科生的首先是那些达到既定的学术标准的加利福尼亚州居民——尤其是排名在前 12.5% 的那些高中毕业生。

这种多样性启发我们，在一种择校方案之下，至少一些小学和中学，当它们拥有机会筛选入学申请者时，它们会尝试控制住学校能够容纳学生的最大规模。这个预期会更具有说服力，尤其当考虑到教育的特殊性，这种特殊性增强了学校拒绝特定入学申请者的动机：包括学生互动及其对学校的教育经验的重要性；雇主和大学给予学生所毕业中学的"成功"声誉的权重；非

---

① See, for example, California Education Code § 48221 (1977); see, generally, Kirp, "Schools as Sorters."

② See, for example, Berkelman v. San Francisco Unified School District, 501 F.2d 1264 (9th Cir. 1974)(challenging sex discrimination in a special academic preparatory school).

③ Greeley, *Catholic Schools in a Declining Church*.

营利机构——许多中学会是这类机构——通常追求与他们的客户的支付能力无关的宗教的、意识形态的或其他方面的特定目标。所以说，一所学校的特征和质量会构成它非常重要的方面。

此外，虽然以下事实为真，即被私立学校所采用的录取规则会服务于学校运营者的利益，但是他们的利益至少会部分地反映他们客户的偏好。一些家庭会把其他家庭的孩子视为这所学校的资产或者负债，从而影响这些家庭的选择。一个家庭也许不想让其子女与在其看来破坏性强、偏执的、头脑迟钝的或诸如此类的儿童就读同一所学校。这个家庭会寻求联合那些对子女有特定教育期望的家庭，如孩子的音乐才能方面。在回应这种组织起来的群体行为或市场作用的发挥时，学校运营者也许会相应地使用一些录取规则来满足这些家庭的需求。

总之，如果学校不受制约，一些学校会偏爱一些特定类型的学生。那些不被偏爱的学生则面临学校的排挤政策，要么是因为家长们不认可学校的录取标准，要么是因为家长们相信他们的孩子可以达到录取标准。承认学校的利益特别是学校中一部分家庭的利益的，社会可能会重视他们的利益，而轻视那些不被录取的学生所受的伤害。总的来说，一些排他性的政策也许被认为是正当的。

然而，假设儿童被认为智力低、破坏性强、长相丑陋或者缺乏天资，那么他们就会系统性地被学校降为第二选择或者甚至是最后的替补者。这是一种风险，因为小学和中学阶段的选择展示出一种特殊的市场问题：所有儿童都就读学校，因此学校既有可能设置竞争以筛除特定的不受欢迎的学生，也有可能录取有特殊才能的学生。因此，反对学校控制录取政策的人会争辩说，学校拒绝入学申请者的权力会导致大量学生被他们偏爱的学校拒绝。如果没有一所私立学校去迎合那些不受欢迎的学生的需求，那么就可能致使大量家庭感到灰心丧气。即便这种私立学校的确存在，也可能导致它们成为一种特殊的"垃圾堆积场"，这其实就成为了糟糕的地方。这一类的公立学校已经存在于我们的社会中，它们会变得随处可见，甚至令人厌恶。

四、合理的筛选机制

如果希望消除而非仅仅掩饰上述这类机构，也许就需要对学校拒绝服务特定人士的权力予以一些限制。存在两种可能的方法：首先是一个假定，学校会选择他们自己学区的学生，除非有具体的法律规定；其二是一个反向假定，学校不会根据入学申请者的个人特征做筛选，除非有具体的法律规定。从逻辑上讲，这两种方法可能会难以区分，但是这两种方法的实际区别相当大，因为在第二种情况下，学校需要承担举证责任。

我们以这个假定开始，即每个人都有资格被录取，而且考虑到似乎是合理的例外（当然，不包括种族），即允许学校排除特定的申请者。如果这个假定成立，可能被排除在外的候选人是谁？让我们来看一个相对简单的例子。假设一群家庭组建了一个小型学校，在其中，他们希望共同来教育自己的孩子。假设这类家庭的积极行动和这类亲密的家长—儿童学校是受到鼓励的，允许这类学校排除其他儿童看起来似乎是合理的。否则，值得称许的积极行动可能会被完全破坏。在一所只有一位教师的学校中，这位教师对学生进行筛选也似乎是恰当的和合理的；否则，这种具有创新性的和高度个性化的教育可能无法实现。此外，就读这些小规模学校的学生可能只占所有学生中很小的比例，不会对作为一个整体的公立学校系统的公平问题造成威胁，而且也许会很难监管。因此，这显然是一种特殊的情况。

宗教标准怎么样？如果要求宗教学校和有信仰的家庭对入学申请者来者不拒，那么这将会令他们感到挫败和无法接受吗？当前的事实是，以浓厚的宗教教育而闻名的学校几乎不受非歧视性招生规则的影响。如果他们希望筛选掉入学申请者中的非信众，那么由那些入学申请者自己做选择就会帮助这些学校解决这个问题。但是，为什么这些学校现在会欢迎部分非信众就读，并允许他们学习宗教课程呢？这类学校的入学申请者的数量有可能增长，但这更有可能减轻而不是加重当前的不公平问题。从历史上来看，这些学校及其入学政策主要基于利他主义，如今这些学校的学生所获得的大量资助来源于慷慨的捐赠者和低薪教师的私人奉献。假如那些做出私人奉献的人们创建了一所路德会教友学校（Lutheran School），而我们要求这所学校允许所有前来就读的学生享受那些私人资助，在当前的财政安排之下这样做似乎是难以协调的。然而，由公共资金资助下的择校项目，所有这些都会发生难以预料的变化。至少，当前用以限制不信教者被录取进入宗教学校的数量的经济刺激措施会大量减少。许多这类学校在这种环境下会欢迎开放性的入学规则，使非信众确信学校的宗教信仰不会成为他们入学的障碍。

无论是否允许学校在招生时采取宗教标准，均会引发违宪问题。如果不允许学校在招生时区别对待不同宗教信仰的学生，会引起对结社自由和宗教信仰自由的担心。但从另一个方面看，允许学校对不同信仰的学生区别对待，会引发平等保护和建立国教的问题。这些问题太复杂以至于无法在本书中讨论，但是仅仅存在法律问题不应该阻碍这方面的尝试。从我们的角度来讲，我们更偏向于从法律角度宣告，家庭有权为孩子注册任何学校，让学校的宗教特色去限制入学申请者中非信众的数量。但是，我们不会反对以下尝试，也就是说有些学校可以建立基于信仰的入学要求。

　　学校在教学方面寻求某一方面的特色，也会出现类似问题。有的时候，想要引起学生的兴趣也只是把学习内容确定在一个合适的难度水平。同样地，如果儿童不想上学的主要原因之一是对大多数课程缺乏兴趣，那么他们中的许多人会专注于其他方面的学习（艺术、音乐、戏剧、机械、高等数学），这些都取决于学生的个人体验和天赋。此外，某一方面有特殊天赋的儿童，比方说音乐天赋，更有可能想要就读一所音乐学校，在这所学校中他就会有一群同样拥有音乐天赋的同学。这些儿童的共同目标是为进入著名音乐学院深造而准备。有一些超常儿童可能想要与比自己年龄大的儿童一起就读；例如，较早具备某些能力的11岁儿童可能想要尝试就读初中。学校运营者可能也有诸如此类的想法。

　　这些学校中的入学问题不是挑选出有浓厚学习兴趣的儿童。家庭选择，再加上咨询的帮助，应该称得上完美。相反，问题是如何辨别儿童的天赋，有兴趣并不总是保证有这种能力。鉴于法律禁止以天赋为基础提前筛选学生，学校的利益与他们挑选出的学生的利益在多大程度上会妥协？当然，家庭有时候会过高估计他们孩子的天赋。然而，我们怀疑学校是否有能力判断孩子是否具有天赋，至少在我们周边的一些学校，它们对被录取的学生的过去并不了解；而且公立学校分层教学的经验增加了我们对学校是否有这种判断能力的不信任感。这些学校会想方设法找到证据以支持他们所作出的决定。即便法律禁止在招生时歧视学生，也很可能会允许学校采用某种考试作为入学的条件。基于这些考试，学校也许能够使大多数家庭确信他们的孩子不适合上这所学校。

　　如果家庭坚决要求让孩子就读这所学校，但是这所学校的要求超出了他们孩子的能力范围，该怎么办？这就可以说是家庭的风险，学校不应该录取他。但是，也许并没有那么简单。即使一所学校的初始使命单一，它也很可能屈从于它所服务的学生的多种需求；即便这所学校严格控制入学，但是学校中充斥太多目光短浅的入学者，就会改变学校的整体特色，从而恶化有天赋儿童的学习经验。如果一所旨在培养歌剧演员的学校，它的大部分学生是聋哑人，那么它不可能取得成功，也不可能指望学生从有天赋的同学那里学到什么。再者，如果采取毫无筛选性的入学政策，学校会对学生的才能形成特定的预期假设，这可能会阻碍某种类型的新学校的建立；而且有些现存的学术性的预备学校也许不会接受这种做法，除非它们可以实行它们所认为的为了保持它们的学术标准所必需的任何筛选。当然，一些评论家反对现存的这些学校，确实是因为那些有更高的自然禀赋的人已经获得了更多的人生机遇，而这些学校会进一步增加他们的机遇。然而，一个人不需要如此平等主义地去认为以天赋为标准的筛选可能产生不良后果。

首先，由于判定一个人缺乏潜能往往是一种不可靠的判断，一个确信其子女具有相应天赋的家庭会非常合理地认为，以这种理由淘汰人是不公平的。其次，鉴于一些入学考试的类型，下层社会家庭的儿童能够就读这类培养目标聚焦、能力本位的学校的数量相对较少。根据这种特定的考试，这种阶层影响可能真的会表示不满。第三，一些学校采取入学能力考试，其根本目的也许是为了拒绝贫穷家庭和少数族裔家庭的孩子，而且，只要考试被认为是选择学生的正当依据，就会很难预防这种事情发生。

在这个问题上，也许会达成这样一种妥协：学校无权拒绝录取申请者，但是允许学校实行一种选择性招生的方法，合理地说服那些不受欢迎的入学申请者到别的学校就读。这会帮助学校招录他们渴求的有天赋的入学申请者，与此同时，把最终的选择权留给家庭。不过，这种无可非议的咨询有时候反而会让学生觉得前途渺茫，让他们感觉到自己是不受欢迎的人。而且，这种效果不佳的行为是难以监督的。如果咨询会招致这种无节制的歧视，那么在熟悉学校风格和学术期望的政府机构里，就可以对此专门地提出忠告。这可能意味着牺牲学校招生的利益，并且可能会创造另外一个层次的官僚层。但是总的来说，学校失去招生权和咨询权并不是什么过分要紧的事儿。只要要求学校公平地对待那些被录取的学生，只要建议家庭合理利用他们的权利，学生不受欢迎的暗示就会减少很多。

也可以想象用其他妥协的方式来解决这个问题。例如，政府可以允许学校通过公布才能标准来筛选特定部分的学生。在没有系统经验的情况下，很难说明哪一部分的学生是达到目标的，但是我们想知道的是，为了确保学生主体预期的特征和能力，学校是否需要对其半数学生作出选择。至少这似乎是任何规模庞大的学校所面临的真实境况。如果允许不同试验领域的学校依据才能选择不同部分的学生，我们还是有可能从这个问题中学到一些有用的东西的。

　　另外一种方式是一开始就禁止以才能为依据的筛选。如果在计划实施之初就考虑到学校可能的抵制以及家庭在这方面的担忧，那么或许可以将一部分权力授权给学校。譬如，学校可以有权选择前50名学生，并有权依据公布的准则选择另外五分之一的学生，其余的名额则从所有希望入学的名单中任意补充进来。而且，这种规则也能够兼顾到前面提到的小型家庭互助组织和只有一位教师的学校。

　　也可以采取其他的方式。可以允许学校随意拒绝一定数量的个别申请人，就像选择陪审团时允许强制性的挑战一样。固定数量的全权委托和任意排他有如此吸引力是因为牵涉到另外一个问题，即如果让学校完全考虑才能，则有必要设立监督机制。政府可以仔细审查筛选准则，复审申请者，或者可以允许个体质疑拒绝的决定，当然这也许需要学校证明其决定的合理性。无论如何，这样的复审代价高，而且难以执行；如果学生数量少，不妨放弃学校的决定机制。

　　最后的方式是拒绝监管，赋予学校综合权力进行选择，但应规定不允许依据财富、社会地位、智商、才能或者其他不适合的因素来作出决定。事实上，采用某一种入学准则也许本身就是违反宪法的，或者触犯联邦法或者州成文法，或者就是一种糟糕的做法。例如，如果1964年的联邦《民权法案》（*Civil Rights Act*）适用于家庭择校计划，那么就会排除歧视种族、肤色或国籍的学校。如果应用宪法第十四修正案（Fourteenth Amendment）的平等保护条款，也许涉及的范围会更广。不管是否适用于私立学校，这些合法的规则都为政策的制定者提供了各种模式。

　　在两种途径之间进行公平选择时，需要慎重考虑应该由谁来承担证明过程的责任。谁可以来证明，对一个被排除的人的否决理由是不是基于一条禁止或者允许的准则？强加给申请人的责任通常是难以承担的，甚至尝试一下也要付出沉重的代价。在某些例子中，可以通过采用一场"效果"测试来减少困难。如果申诉人可以拿出证据证明他所具有的特征与成功的申请者所具有的特征差异并不大，责任就会转移到学校，学校就必须证明其没有根据禁止准则进行选择。[1]这也许会对客观的特征起很大作用，比如说性别，这是一个很容易辨别的特征。然而，如果政府希望保护儿童免于学校对他的才能、

----

[1]　For the classic application of the "effects test" to problems of employment discrimination, see Griggs v. Duke Power Co., 401 U.S. 424（1971）.

兴趣或者其他评判性特征的错误评估而被拒绝，一场效果测试是无用的。一旦学校接受了评估的请求，申请者就会很少承担不公平评价的责任。因此，如果政府决定禁止以任何评判性特征为依据的选择，那它也应该让学校承担证明否决学生的责任（表示并没有使用禁止的准则），除非有客观而且可接受的理由，否则应该禁止所有的例外。

基于上述有关两种基本的方式及其变化形式的讨论，我们总结出，也许唯一平衡学生、学校和社会利益最明智的途径就是普遍禁止拒绝服务，但是可以给学校留有少部分的余地，在最小限度的监督下，满足它对才能、兴趣或者价值观这类特征的青睐。这种解决方式和我们在第七章解释过的阻止种族歧视的方式是一致的。当然，我们欢迎各种政策的实验。

五、抢座位游戏的问题

只要学校有权限制招生，仅仅限制学校拒绝服务的权利就不能确定哪个学生会入学。当申请者的人数超过了可能的入学名额，就需要一些选择机制，即使只是先到先得的机制也是可行的。然而，一些更中立的想法也是令人满意的；占时间优势的申请者过于频繁地、不公正地支持特定的团体，即使有时候这是家庭利益的合理指向标。最简单的中立策略是要求每个学校的所有申请者都必须通过政府的代理执行体系。比如，当杰弗逊学校（Jefferson School）的申请者超过了其所公布的名额，这个代理机构就会在申请者中任意选择，然后通知学校它有哪些学生。当然，征求每个家庭的替代性选择，公平地分配第一轮落选者去他们的第二志愿或第三志愿学校，这种方法也是可以采用的。

许多问题仍有待解决。对于那些在这一年里或入学过程结束之后进入州或者实验区的学生，又该制定怎样的规则呢？对于那些在学期中途想要更换学校的学生又该如何处理？有候选名单的流程吗？如果有的话，应该由学校掌管，还是应该由政府管理甚至是执行这些候选名单？假设入学一年的学生在第二年的入学过程中也会受到青睐，这样的选择会有助于保持学校的整体风格。当然，这种青睐会阻碍学校的发展，尤其是专门服务于特定年龄或阶段的学生的学校。家长也许会担心他们的孩子上了一所并非全能的学校，可能会在发现他所选择的学校存在不足之后遇到困难。比如，一个孩子在一所专业化学校完成了四至五年级这两年的学业，当着手升学六年级或者转移到同等级的学校时，他的选择也许会非常有限。

在采用这种体制时，择校计划也必须考虑应该如何应对已经被学校招收的学生的权利问题。为了吸引私立学校及其赞助者参与到计划中，是否有必要授予私立学校的学生某种类似于终身职位的权利？如果有必要，那应该把相似的规则运用于公立学校，还是应该让这些规则远离公立学校，转而去长期地眷顾私立学校？这些问题都是在项目开始之前，当局必须要逐一考虑和解决的。同时应该承认，所有这些问题并不需要最终的解决方案，而且，出于实验的目的，应该尝试各种各样的方案。

六、退 学

如果学校让学生的在校生活郁郁寡欢，或者可以一时冲动开除他们，那么只是保证儿童可以上学是不够的。至少在传统的自由市场体制下，那些追逐利润的学校是不可能强加单边合同，压迫学生，甚至随意开除学生的。学校也许会采用自己制定的标准合同，而家庭也许会要求条款中提供既有吸引力又安全的学校环境。也许可以依靠这种合同维护儿童的权益，即便这样会强迫学校与他们的消费者打交道，而不是简单回避。但是，我们怀疑被放弃的儿童的家庭可以单独通过合同来保护自己；执法所需的诉讼往往超出家庭的承受能力。如果学校成功地将不想要的学生推出校门，这可能意味着不太理想的学生到不太理想的学校的不断转移，这种转移反过来会部分甚至完全抹杀规范入学所取得的成就。这是我们不想看到的结果。

一方面，当一名学生的行为不当或者对学业的完全无能为力对学校团体造成了破坏性，我们认为学校应该有权通过公正的程序开除问题儿童。其他人也许不赞同这种观点，认为学校应该学会处理这样的学生。无论偏向哪种观点，都必须明确关注点不是教师或校长，而是学生。对学校的权威施加极端的限制，是不正当地扩大一个家庭的孩子的自由，而剥夺他的同学们的自由。必须寻求这两者之间的某种平衡。我们建议，不应该允许一所学校仅仅因为学生缺乏学术进展而将其开除；但是，这样做的一个必然结果就是不应强迫学校采取措施提高这些学生的学业成绩。

必须要舒缓学生利益和学校利益之间的紧张状态，而这需要两个层面的政策判断。如果允许学校在任何情况下对学生作出停课、退学、留级的决定或者类似的处罚，立法机关或政府行政机构必须制定"标准"，将决定限于特定的、客观的学生学业无成的类型。可能会需要许多这样的标准：在学生出现行为过失的情况下，因为轻微的过错受到停学是正确的处罚，严重的违纪行为就有理由将其开除。第二，在特定的案件中，政府必须制定规程以确定这些标准的适用性。这里我们不会重复每一种情况下我们所青睐的标准和规程。[①]一个没有明显答案但至关重要的问题可以明确说明没有哪一种处理方式是最好的：对于因为行为不当或学业无成而被学校强制除名的学生，他们应该怎么做？他们成为教育的弃儿了吗？其他的学校必须对他们敞开大门吗？或者还有妥协的余地？

上述问题的平衡解决方案可能是，对于一名已经被合理开除的学生，可以剥夺他在一年内上任何一所参与的学校的权利。如果在这期间没有学校愿意接收他，就请求政府为他在特定的学校提供教育。一年的驱逐期满后，他又和其他的学生一样有资格上任何一所学校，除非在告知和听证后，仲裁员认定这个学生还没有恢复很好的状态（证明的责任有赖于政府）。即使他失败了，这个学生仍将有资格每年得到管理局的检验。作为进一步保护，如果这样的学生能够进入任何正规的参与的学校，他都可以恢复正常的身份，除了在原本驱逐他的学校。

通过第十四修正案的正当程序条款，如今公立学校需要规程提供有关许多问题的例子：学生在接受短期停学之前，有权从他们的角度讲述情况，得知停学的理由；在退学之前需要更详细的听证，有权派代表、盘问证人等。[②]这些程序性保障也许代表了所有参与家庭择校计划的学校的最低合法要求，无论是公立学校还是私立学校。关于如何在学校中保护自由的氛围以及如何设置程序的问题，我们还会在第十章中再讨论。

七、消费者获取的信息：实质、传播及其管理

在一个没有选择的体制中，无知也许是福；但在一个充满选择的体制中，无知就意味着毁灭。一种有效的机制可以提供给家庭关于可获得的教育选择的基本信息，这在儿童与学校的匹配过程中是相当重要的。然而，除非巧妙地设计，否则信息系统本身会破坏其旨在促进的多样性。如果只是强制性地搜集和公布阅读和数学成绩、平均班级规模、得到认证的教师数量等信息，那么，结果将会充满讽刺意味，因为这种做法只会鼓励传统教育的发展。为了实施择校政策，家庭上报的信息应该在可行范围内全方位反映家庭在教育

---

① See Coons and Sugarman, *Family Choice in Education*, pp.80—84.

② Goss v. Lopez, 419 U.S. 565（1975）.

上明确的利益（包括更多传统的信息）。在建立信息系统时，行政机构应该调查潜在的用户群体，判定家庭希望了解关于学校的哪些信息。这个调查应该成为系统中长久存在的一部分；随着家庭习惯行使择校权，他们可能想要更多不同的信息。家庭所关心的内容应当成为从学校搜集的信息的主体，并广为传播。

建立这种信息机构的假设是，信息系统的建立和运行是政府的责任，也是评判政府是否履行职责的一个重要方面。可以想象，这种功能也可以留给市场来操作，就像今天的私立学校和学院一样。但是，在教育选择的背景下，这种做法似乎是不合适的，因为一些私营的信息网络可能借此排斥那些它们不想要的家庭。在这种情况下，为了有意识地控制入学申请者的来源，学校最简单的做法就是控制信息的传送对象。我们认为，有必要让政府广泛参与其中，以确保学校信息有效传播至所有阶层的家庭。不过，私人信息服务和广告可以扮演重要的替代性角色。

报道、整理、传递信息都需要花费金钱，无论是公立机构还是私立机构，都必须对此作出艰难的选择。而且，由公共机构发行的任何综合出版物中所包含的学校信息的范围一定会受到内容容量和读者能力的限制。所需学校的详细信息可能因地而异，但是有些方面可能是相同的。这些相同之处包括课程和教学类型、学校的社会和学术氛围、所需的支持服务、父母的承诺以及我们所认为的成绩分数。

除此之外，许多家庭还想知道学校的管理体制以及遇到困难时如何了解情况并得到补偿。有些家庭会强调现在学生主体的社会经济特征，包括招生家庭和历年校友的收入、教育、职业。通过正常的渠道很少可以得到这些信息，有些信息只有冒着犯罪的风险才能够搜集到。标准化考试的分数很轻易就能获得，诸如职业计划、种族和民族归属、辍学率、大学入学率、到哪些大学深造等信息也可以获得。一些教职员工的社会经济特征也是容易了解到的，比如教学培训、教学经历、文凭，也许还有预期在教学中体现的思想理念。当然，学校所有的思想理念都应该是公开的。

相关学校的准确的财政状况对于家庭和管理者而言是很重要的信息，应该由他们参与定价，与之相关的还包括净资产、设备的价值和特点、当前的办学成本、建设成本、其他收入来源、学校项目、人员的经费分配以及预期收益等。在第十一章中，我们将说明在学校的财政管理中所使用的这些信息的可能用途。

最后，可以想象，每一所学校也将被邀请来设置自己的成功标准（比如，大学入学、就业的职业技能、对浸礼会信仰的决心），并通过该标准报告来评估相关的事实。

我们注意到，有些信息可能讨论得不够深入。在文雅的政界，有些信息可能是不能提及的。学生的测试分数、种族、社会信息无疑都是敏感数据。敏感，是因为人们认为它们重要，无论是出于善意的还是恶意的理由。我们可以理解，在现有的强制性分配体制下，有些学校会希望拒绝家庭的这些信息。但是，一旦选择是由非富裕家庭行使时，我们看到，至少在教育选择体制中，没有理由禁止学校和私人信息服务机构披露家庭所寻求的任何既非中伤也没有侵犯个人隐私的信息。

对于普通家庭而言，传播可获得的、所需要的信息的综合体系是重要的。负责总体系统管理的公共机构将准备基本的小册子邮寄给所有学校和家庭。这样的一种策略已经成功运用于艾勒姆·洛克区的实验（Alum Rock experiment）中；在目录中，列举了参与学校的 18 种可变因素。① 这样公之于大城市的信息既需要承担很大的责任，也要付出很大的代价，但是可能会提高家庭择校过程的效率。对于那些难以理解书面交流的家庭，为了确保能了解所有学校的信息，个人联系似乎是必要的。机构可以在公民文化程度较低的地区安排邻里咨询办公室、电话服务和家访。

也许应个别家长的要求，机构应该准备通过特别的、非正式的方式从学校搜集信息。此外，应该以各种方式鼓励家庭的主动性，包括赋予未来的申请者家庭合理检查任何学校的权利。也就是说，在适当的通知和服从合理规则的条件下，应该允许公众参观学校，而且这种权利一定要得到法律的保护。因为在市场环境中，学校可能会阻止一部分他们不想要的入学申请者了解学校，而且没有力量能够阻止学校的此类行为。

除了政府提供，家庭也可以从私人服务和学校本身获得信息。正如信息服务在其他领域的蓬勃发展，可能会出现有关评估和描述的信息，这是信息服务组织不同于那些由政府传播的地方。甚至现在在许多城市地区，也存在相当复杂的私立学校目录。

也许，一些大规模或者较大规模的学校会加强宣传以增加它们的申请者。

---

① *Voucher Choices: A Family Directory of Minischools*（Alum Rock，Calif.，Alum Rock Sequoia Institute，1975）.

有批评者对这种情况表示担心。我们认为，媒体广告在原则上与当前公立学校宣传其成功的做法没有什么区别；如果在教育选择体制下，公立学校不再像现在这样通过多种渠道宣传自己，那我们才会感到奇怪呢。另一方面，如果对私立学校的市场份额和校址数量加以限制（参见第九章），我们可能在国内市场上看不到大量的学校广告宣传。

正如社会从公立学校和私立学校的发展经验中了解到的那样，失误、曲解、谎言、欺骗都是不可避免的。在择校计划中，因为家庭不得不依赖出版物提供的信息，所以试着阻止这样的行为或者遏制已经发生的行为就显得尤为重要。不要等待奇迹出现，政府应投入相当的精力，一旦发现错误的做法要进行适当的制裁。对于实质性的故意违犯，判处适度的刑事罚款是必要的；对于已经登记受到虚假信息蒙骗的家庭，可以补充一项法定的民事损害赔偿。

激励学校坦诚最有效的方式是，一经发现学校有广告误导的行为，权威管理机构就会收回学校参与体系的特权。简言之，似乎需要像联邦贸易委员会（FTC）管理不正当贸易一样地采取惩罚的措施。如果投诉的家庭被授权在该机构担任私人检察长——有公民权利、消费者、家长组织这些资源为后盾，这样的管理体系可能会有效。并不是所有引人注意的媒体广告都要被怀疑是错误的或者有误导性的，而且不应该忽视这类广告影响判断的能力。如果市场中的私立学校相对规模较小，大量的形象塑造、商标认可活动似乎兴不起什么波澜。而且，我们认为，在教育事务中人们更多地强调当地教学人员；因此，在许多市场中，允诺输送统一的教育——也许是来自给人以深刻印象的幼儿教育者，可能会得不到支持。总之，考虑到有效的信息和咨询系统的潜能，成功的营销论的预言似乎夸大其词了。我们相信，普通家庭和它的专业顾问可以作出明智的选择，进而实现其价值，充分服务于儿童。

上面说了这么多，我们不希望留下一种印象，即我们期望所有家庭的选择都如我们提议的信息计划所说的那样充分了解情况、完全合乎理智。一些家庭不擅长理解信息，不会将之与自己的教育观相匹配，或者甚至难以明确地表达那些教育观点。私人顾问提供的建议会帮助父母作出教育选择，但是我们不希望深入推进。我们担心，顾问的权力太大、机会太多，以至于代替家庭成为了真正的选择者；在教育的发展历程中，学校和职业顾问所扮演的角色并不总是中立的。但是，也许这个问题可以随着建立多样化、竞争性的咨询服务而被避免。通过资助家庭寻求的建议（达到一个适度的数额）、允许家庭选择在哪里得到建议——我们提议让学校自己作顾问，这也许是可以实现的。我们也相信，家庭成功作出决定的经验会随着时间的推移而使决定更加完美。也许家庭，就如儿童一样，可以在"做中学"。

第九章　学校提供者与学校管理

> 希望在于，
> 普通人能够有更为宽泛的视野，
> 更加"人性化"的观点。
> 但在过去，
> 这种视野和观点仅为专家所有。
>
> ——厄恩斯特·弗里德里克·舒马赫，《小的是美好的》

一、私立学校应该被包括在内吗

从逻辑上看，教育选择的设想并不需要私立学校的参与。几年前我们曾提过，为了使更多的家庭积极参与，家庭选择可以只限于公立学校之间的竞争。[1] 如果经过恰当建构，这样的体系可以很好地令大多数家庭感到满意。事实上，加利福尼亚州艾勒姆·洛克区的教育券实验正是采用了这种教育方式。然而，大多数家庭择校计划还是会将私立学校包括在内。根据米尔顿·弗里德曼的计划，公共部门将开始从提供教育的事业中退出，至少在城市地区是这样的。[2]

将私立学校纳入择校计划有诸多理由，的确，这一想法也值得一试。一般而言，私立学校是唯一潜在的宗教教育的来源，或许也是另类教育的主要希望。在既有私立学校也有公立学校的择校计划中，前者不可避免地会受到更少的限制，在法律和政治上均是如此。

而且，私立学校的经济生存需要有一种对家庭需求的敏感。但是，只要公共教育机构受到保护，不与私立学校竞争，它的凝聚力就很难增强。如今，

---

[1] John Coons and Stephen Sugarman, "Vouchers for Public Schools," 15 *Inequality in Education* 60（1973）.

[2] See Friedman, "The Voucher Idea," p.21.

很少有公立学校会因为不受欢迎而倒闭。因此，公立学校创新的动力是微弱的，他们终止不成功的方案的能力是差的或者在变得更差。总之，公共教育体系需要榜样的激励，但是除非有选择，否则是不会产生激励作用的。当然，公立学校可以相互竞争。但是没有了私立学校的竞争，如果家庭不选择某一所公立学校，那么它就一定不知如何应对失去财政资助的风险。在这样的体系中，公立学校之间的关系类似于报道中的南斯拉夫工厂：它们是国有的，但是必须依靠自己的生产和销售能力才能得以存活。对我们的公立机构而言，学习该体系的经验也许是一件好事。而且，为了通过内部竞争改进公立学校而将家庭想要的私立教育提供者排除在外，这似乎是没有道理的。

私立学校的加入还将提供更多的入学机会。教育选择体系的一个基本假设是，提供的入学机会远多于申请入学的学生数。否则许多家庭的第一选择就会受阻，体系的基本目标就会大大落空。虽然在一个纯粹的公共模式中也可以提供额外的入学名额（学校招生正在减少），但在实行的初始阶段，仍然需要私立学校提供入学机会。

应该依据什么原则才能恰当混合公立学校和私立学校仍然不明确。一种很显然的可能性就是根据家庭的选择来作决定。另外一种可能就是，政府指定公立学校和私立学校的定量混合，取代学生之间开放的、公平的竞争。为了实现该目标，有一种策略就是给具体数量的私立学校发放许可证。这种策略在概念上很简单，但是在实践中却很难。选择的方式是一个棘手的问题，可能会因为涉及申请者的差别对待而引发麻烦的宪法纠纷。如果许可证是随机发放的，只要政府不把个体的意愿排除在外，那这个问题就可以避免了。我们倾向于不对私立学校的数量或者他们服务的学生比例强加限制。

二、谁可能成为私立学校提供者

如果允许的话，只要法律强加的条件和它们的目标不矛盾，那毫无疑问宗教团体和其他提供私立初等、中等教育的机构也应该参与择校计划。但是，择校计划所激励的学校提供者，完全不同于如今经营私立学校的对象。比如，领导社区控制运动的民族社区团体也可能希望创办学校。因为在家庭择校体系中，"社区"的含义完全不同于地理和政治上所规定的意义，但是，我们很难预测有多少基层民众支持这些领导者。

第二个潜在的提供者来源是私营企业，虽然一些具有绩效合同的商业企业的短暂经历并不是特别令人振奋。① 在许多地区，改革实验被认为是失败的，因为这类私立学校不像普通公立学校那样能够在学生学业成就或标准化考试中有所斩获。当然，如果有选择机会的话，在这些学校就读的孩子们是否仍然愿意继续在这里学习是另外一个问题。无论如何，这种经历使许多大企业在通过办学校营利方面变得心灰意冷。

有些家庭择校计划的支持者宁可直接将营利性组织排除在教育选择体制之外，他们主要是基于以下几个方面的考虑：首先，他们认为，在以金钱为目的的学校组织中，学生总是会上当受骗；其次，他们担心，私立学校的发展将形成新的垄断，从而以一种新的形式复制当前的垄断现象；再次，他们还担心会产生负面的政治影响，即教育产业庞大的经济权力易主。下面我们逐个分析上述三种考虑。

关于有些儿童可能会受到那些见钱眼开的营利机构的虐待，这是一种老生常谈的观点，其依据只是一些奇闻轶事而已。我们假设这样的事有时候会发生在私立职业学校和有经营权的日托中心。但是没有什么理由证明追逐利益的教育者是不合理的。尤其是在确定择校影响的实验中，其实只要私立学校能够根据规定发布信息并遵守其他相关的管理规定就够了。从积极的方面来讲，存在大量的实验性证据证明，至少在就业方面私立职业学校和同等公立学校的能力是相同的。② 最近的研究显示，学生和公众期望从这样的培养计划中获利是不现实的，因为根据一般规则，没有理由更青睐公立学校而阻止其同私立学校的竞争。许多人还是会继续眷顾私立学校，尽管在公立学校有可能不用交学费。

还有一些暗示性类比。私立护理院的糟糕经历很显然抵得上或者超过了许多政府医院的不良记录。穷人在零售超市使用食品券只能被视为是从商品分配计划的痛苦中得到释放。无论是公立还是私立体制都免不了失败和欺骗，传递人类服务的项目会很奇怪地变味儿。然而，即使存在所有这些问题，对于许多正在摆脱依赖公立医院或者私立慈善医院医生的人来说，公共医疗补

---

① See Irwin Garfinkel and Edward Gramlich，*A Statistical Analysis of the OEO Experiment in Educational Performance Contracting*（Washington，D.C.，Brookings Institution，Technical Service Reprint T-002，1972）．

② See Welford Wilms，*Public and Proprietary Vocational Training*：*A Study of Effectiveness*（Berkeley，Center for Research and Development in Higher Education，1974）．

助制仍是一种改善方式。总之，相比于公立条款，对私营部门的强烈谴责一般只是基于孤立事件，而在目前的记录中，这种抨击则是完全没有道理的。当然，只有在实验中纳入这样的私立学校，我们才能搜集到必要的证据以作出判断。

有人指出，鼓励私立教育发展是一件坏事情，食品零售业就是一个典型：超市提供的食品完全不考虑个人需求，而且千篇一律，它们更倾向于提供营养价值低廉的食品，向人们出售白面包而不是有机生长的用自然成分制作的小麦面包。对于这种观点，我们并不认同。恰恰相反，与今天的中小学教育行业相比，食品零售业是一个巨大的进步。首先，除了超市，几乎在所有的城市和郊区都可以看到小型个体服务商店、不定时的市场以及特色食品店——人们愿意花更多的钱以满足自己的特殊需求。更重要的是，在整个市场中，可以得到各种各样的食品，这些食品完全能够满足人们多样化的口味；在有些情况下，有些食品还能够创造出新的口味需求。在我们看来，如果采用像当地邮局（借用米尔顿·弗里德曼喜欢用的例子）这样的公共垄断机构来提供食品，完全是不可思议的。在东欧的政府商店买过东西的人都会赞同这一点。一部分批评家所抱怨的对于便宜货的起诉，的确让我们感到苦恼。我们不断地被告知，父母们被诱惑为他们的孩子购买没用的或者是糟糕的食品，因而让他们的孩子受到了伤害。相同的情境可以被用来预测教育选择体系。但是我们相信，控制广告宣传需要广大学校的开诚布公，第八章提出的家庭教育咨询策略也应该充分应对这个问题。

第二种风险是允许私人企业参与体系，教育将会成为一个私人垄断的领域。没有理由可以支持这样的预言；但是有一个很好的理由预测，没有单个公司或者说只有极少数的公司可以实现、甚至是寻求占主导的市场地位。进入市场是简单的，因为新学校（可能不包括某些职业学校）的起步成本是很低的；大多数学校需要付出的起步成本只是教师的工资。此外，小型学校对许多家庭格外具有吸引力。因此，虽然我们批评现在的学校体系庞大、单调，择校的限制将适用于私人垄断，但是仍然没有理由期望这样的结果。而现在的学校体系之所以仍然处于垄断状态，唯一的理由就是竞争的缺失以及对消费者的限制。

如果垄断让人们普遍感到担忧，那无论合理与否，监管限制市场份额的参与就可以很容易保证阻止垄断。我们也支持这样的限制。监管可以是多种形式的。首先一定要确定是否只在当地市场限制公司的能力或者是否要限制公司的聚集力大小。这里可以采用多种策略，国家反垄断法的长期经验也许能派上用场。① 比如，在形式上每个私立学校限制 20% 的学生人数，在人口众多的区域，每八家公司限制 50% 的学生数，但这个比例也许仍然太高了，我们怀疑是否还会有学生申请到如此大规模的学校就读；也就是说，在人口稠密的地区，市场不大可能促成如此高度的集中。较高比例的市场份额（如 10%）的情况也许会出现，特别是如果国家企业也参与进来，尤其是学校书籍的制造商和供应商；如果这样的公司采用特许经营的、预先包装教育形式的体系，那这种情况出现的可能性会更高。就其本身而言，这似乎是无害的。不过，如果某项教育计划（如蒙台梭利教育）仅仅是因为上升为国家意志而挫伤了家庭的积极性，政府一定要慎重考虑。但是，基于此，我们可以理解单一的私人企业既要局部地也要在整体上对学生的数量施加限制。同一个话题，政府也许选择限制垂直统一管理；比如，不论是直接的还是间接的，学校的所有权可能只限于以教育为唯一活动的企业或个人。因此，商人、出版商、服务公司可能都要被排除在外。但是，我们并不急于在执行成本上花费笔墨，而且这可能是一个浩大的工程——譬如，理清这些机构在经济上的相互关联是一件极为耗神的事情。

至于第三个问题，即允许私营机构提供学校教育所产生的政治影响，其实只需要对私有市场的份额进行限制就可以解决了。从本质上来看，这个问题所担心的是大公司会借此在游说时获得新的理由。考虑到石油和汽车行政管理者对政府决策的影响，这种担忧并非空穴来风。竞选筹资的改变、消费群体的增长以及公共利益组织的发展只是开始恢复这种平衡状态。但是，越是不集中的企业，这个问题似乎越是不严重。当然，在农业、医药和其他集中化程度较低的活动中，行业协会的成立可能会恶化政治权力斗争。也许随着私立教育规模的扩大，该问题会日益严重，甚至比政府其他各个领域的问题都更严重。但是，这类行为很难与今天公立学校的垄断体制相提并论。如今，教师协会、学校管理者协会与类似的组织对政治力量的支配已不是秘密。如果政府继续互投赞成票和进行利益谈判，那特定的团体应该通过什么原则来保持游说论坛的垄断？如果教育者的权力对政治带来了实际的危害，那么择校计划将提供更多的补救措施，而不是使其恶化。

最后，还有一个关于排除营利学校的实际问题。没有大量的监管是很难

---

① See generally, Lawrence Sullivan, *Handbook of the Law of Antitrust* (St.Paul, West, 1977).

阻止利益问题产生的，因为管理者几乎可以采用无形的手段从团体中克扣钱财，包括丰厚的工资、管理费和发展合同。因此，排除营利者所产生的主要影响也许是非营利组织的增加。基于高等教育和医院的经验，我们怀疑，即使允许免费参与，传统的私有企业仍然会占据主导地位。典型的私立学校可能是非营利性的组织形式，比如斯坦福大学、斯沃斯莫尔学院、西奈山医学院和圣约瑟夫大学等，受托者是"公共"董事会。如果这些也要禁止的话，那大多数潜在的私立学校都将被淘汰。

应该保留的，是那些完全由学生家庭及其社区控制的学校；即便在最小范围的改革中，这类学校也应当保留。这里的典范就是非营利自愿会员协会（Nonprofit Voluntary Membership Association），该协会有选举权的成员包括入学儿童的父母，也许还有儿童自己、他们的老师、行政人员及其他学校的教职工。让他们有权就学校的运作发表看法，而不仅仅是授予他们选择或放弃的权利，这种组织安排保证了那些学校管理者始终关心儿童的利益。这类由用户控制的学校是有吸引力的，而且也可以成为学校提供者的一种新的来源；当然应该允许甚至是鼓励这种学校。但在这类案例中，我们并没有发现强制性的做法①；有些学校会采取其他形式让内部成员表达观点。假如在教育选择体制中，唯一可以容忍的学校恰恰是一所与教育选择理念相悖的学校，那将会充满讽刺意味。但是，我们认为，学校内部的选择问题和发言权很重要。下面我们继续讨论更多的细节。

让我们设想一下私立学校不限于自愿会员协会。在那种情况下，教师团体、大学与其他存在的社团组织进一步成为了选择成立新学校的候选者。而其中的教师可能是新学校提供者中最有希望的来源。此外，市政府也许会决定与学区的公民所支持的传统公立学校展开竞争。其他的竞争者可能会由联邦政府学校和军队学校提供。正如我们第六章讨论过的那样，各种类型的意识形态团体也会希望进行实验。毫无疑问，还有少部分共产主义学校和佛教学校，正如这微乎其微的数字长期存在于丹麦一样，这里的家庭也是支持教育选择的。② 主流政党和宗教团体，比如共和党与卫理公会（Methodists），

---

① Compare Stephen Arons, "Equity, Option and Vouchers," 72 *Teachers College Record* 337 （1971）.

② *The Danish Sex Education Cases*, European Court of Human Rights（decided Dec.7, 1976）, "Observations of the Danish Government on the Merits," p.35（Mar.26, 1976）.

它们现在还没有进入私立学校的事务中，可能不会严肃地考虑参与的事情。是否所有这些都是好点子或者吸引每一个家庭，这都不是重点。我们只是想说明，潜在的学校提供者的广泛性也许代表了相互之间的竞争或者同公立学校之间的竞争。最后，也许"公立"和"私立"都不是很好的标签。重要的是，允许政府支持的教育经历所具有的形式和内容在多大程度上是不同的。

三、激励私立学校的提供者

单纯地决定让私立学校参与进来也许不会吸引大量的应征者。也许有必要让政府激励私立学校加入。这是正确的，尤其是对教师、非营利教育团体和其他囊中羞涩的对象而言。他们的主要需求是有足够的信誉获得财政资金以及雇佣员工。至少在一开始，传统的私人资金来源会认为这些投机者太具风险而没有理由向其提供大规模投资或低净值贷款。

在存在的学校中，如果提供给学生大量的津贴，那目前的私人信贷市场可能会是饱和的。但是，学校之间的经济实力是有差距的。比如，天主教教区学校在城市中因贫富差距极大而受关注，他们因为教区结构而在财政上孤立无援，并在很大程度上依赖当地教区居民的施舍援助。除非其结构被彻底改革，或者有主教管区担任保障者，否则在贫穷教区的学校是不可能在私人货币市场比新的非教会学校获得更好的待遇的。

为了最大限度地发挥有限的政府资源对私人运营商的影响，最有希望的形式是政府贷款担保。房地产市场的历史影响表明丰富的政府资源转向了零风险的或者接近零风险的私人贷款。[1] 当然，联邦住宅管理局（FHA）因其结构和管理对特定种族和阶层的影响而饱受诟病，其中一部分影响是有意造成的。[2] 既然明白了这些歧视性、隔离型的特征，那就可以为所有阶层的家庭设计一种可选择的贷款结构，激励教育的多样化。

另外一种可考虑的激励方式是把公共空间出租给私立学校，尤其是公立学校的建筑大楼。学校招生率的下滑迫使学校体系放弃了大量的学校建筑楼房，我们有理由相信除了学校，几乎没有人会需要这些大楼。当然，因为一些私立学校希望将学校的自然环境和现存的学校建筑形成强烈的对比，所以这样的学校也许不会想要租用这些楼房。

---

① See Phillips and Agelasto，"Housing in Central Cities，"p.811.

② Ibid.，p.812.

四、在哪些公立学校实施择校计划

任何的选择体系都一定要限制对每个家庭选择开放的学校范围。市场的范围取决于允许家庭选择学校的地理区域以及私立和公立学校间选择的灵活性。举三个例子说明这种范围设计是如何变化的：可能允许家庭选择的有（1）私立学校和学生周边的公立学校；（2）私立学校和学区内的任何公立学校；（3）所有的学校，包括公立的与私立的，限定的范围比学区大。

第一个例子似乎限制太多。大多数的家庭可能会青睐公立学校，公立学校将会提供大部分的入学名额；因此，公立学校之间的竞争是一大特点。虽然面向所有家庭的私立学校选择的竞争威胁可能会引起公立学校对家庭的关注，但是将选择扩大到公立学校既会保证得到回应，也会给家庭带来更多的选择。

第三个例子的设计方案创造了城市家庭看中的额外选择。如果芝加哥的家庭被问到他们青睐哪所中学，可能回答坐落于温内特卡郊区的新特里尔公立高中（New Trier Public High School）的人要比回答任何存在的或想象的私立学校的人多得多。显然，选择在更大的地理区域就业会有社会和教育优势。比中心城市人口分布更不均匀的地方，家庭背景不同的儿童组合的混杂性更大。庞大的人口也意味着兴趣各异的人们更有可能找到足够数量的志趣相投的同伴组建一所学校。

五、交　通

如果在体系中进入所有学校的机会是均等的，并且家庭的选择没有金钱上的顾虑，就有必要建立适当的免费公交系统。但是，在一些地理边缘地带，免费交通需要花费巨大的成本。对贫穷家庭扩大平等机会的愿望意味着地区的每个人都有选择权；是否应该禁止那些愿意且有能力承担额外交通费用的家庭将他们的孩子送去择校计划中的其他学校，这还是一个难题。

集中将贫民区的儿童载去分散的郊区学校，将分散的佛教徒送去位于市中心的学校，虽然这样做有意义，但是交通的成本必须在合理范围之内。然而对于应该如何安排资金（我们假设家庭不会承担这笔费用），并没有一个明确的说法。应该由政府独立承担公交车费吗？或者应该让学校用学费收入为此埋单？多出来的交通成本应由政府掏钱，不然学校可能会将住得远的学生视为经济负担。如果学校能够创造性地在路途中组织教育活动，也许会以另一种方式削减一些成本。另外，如果让学校承担费用，可能会促进学校以多种形式开展合作，包括选择和分享教育场所等。当然，设施或项目的分享也许与交通成本问题无关。

同样重要的是关于这样一个体系的管理问题。相比之下，我们当前的公共汽车系统极其简陋。这并不是说这个困难是不可克服的；上千家学校每天都要管理这个体系，许多城市都有丰富的经验处理复杂的公交车种族平衡问题。而且，我们希望大量的学校可以把乘坐公交车转变成一种竞争性的销售，最近十年的路途教育（en route education）实验可以扩大范围。

六、公立学校选择的形式与管理

如今，政府将大部分的教育权授予按地域划分的学区，它们通常是独立的政府机构，其政策由当地选举出的教育董事会制定。这些董事会转而将他们的一部分权力授予核心管理者（通常是由一名主管与他的下属们组成）和学校员工（校长和教师们）。这种结构也许会和家庭择校相矛盾，至少有的家庭可能会选择他们住宅区以外的公立学校。必须全面扩展管理以涵盖择校计划的方方面面，并且在短期内可能没有逻辑上的停止点——除了实验目的以外。因此，就我们所知道的学区也许不再起作用了。

即使实验局限于存在的或扩展的学区里，还是会存在关于个体学校管理的重要问题。家庭选择似乎和选举出的董事会格格不入，而董事们掌握着个体学校分配的权力。在这样的安排下，公立学校能作出回应的空间太少，甚至无法满足个别家庭或者家庭团体加入任何特定学校的需要。将每个大的学区划分成和它所拥有的学校一样多的独立的、传统的学区，这样解决管理问题是无法令人满意的，因为将家长们排除在外，却让邻近的选民来控制学校，这是毫无意义的。因此，有必要提出一种不同的模式，重新分配学校和高层权威之间的权力。

一种解决方式是将每一所公立学校建成个体的非营利公司，以纲领的形式明确其独立的权力和职责。纲领的条款必须致力于各种各样的问题，每所学校的纲领不需要都一样。当我们在下一章讨论可供选择的课程和教师聘用体系时，实际上会考虑公立学校可能的纲领条款。正如我们在这里解释的一样，总体而言，我们赞同每一个公立学校层面的实质性自治。

还有一个相关的难题涉及建立新的公立学校。我们假设，私立学校的组织建设者有充分的需要、也愿意承担投资的风险，但是在学校的自我管理方

面却比不上公立学校。重要的是，公立学校的建立是基于家庭的需要，或者
有政府的过度投资和持续补贴保护其免遭破产。否则不论他们的能力如何都
要努力经营，和其他的私立与公立学校开展"不公平竞争"。也许所有新成立
的公立学校都应当以原有公立学校的附属机构、子机构或分支机构的形式出
现，其目的在于原有学校的教职工们能够通过学校的扩张提供更好的服务。

公立部门要做的绝不仅仅是在各个学校和更大的公共体系之间划分责任；
它必须要考虑学校内部的权力分配。一种可能性是赋予每所学校所有事务的
主要权力，而不只是法律所授予的权力。这样一种模式在英国被广泛运用，
其校长拥有较大的权力。另外一种方式是给每个学校设立董事会，令其执行
学校所有的纲领性权力。这样的董事会可以由各种方式选举的教师成员组成；
或者可以由一部分教师、校长和政府行政机构代表或独立的公共受托人组成；
通过父母选举、校长任命、陪审团所占份额大小等选举出来的家长或儿童也
可以参与董事会。可以给予代表所有用户家庭的家长和儿童对所有公立学校
纲领规定的职能的独有职责，这将公立学校推向了自愿会员的模式，这种模
式我们在之前的私立学校中描述过。学校的纲领也可以向不同的当事人分配
不同的职能。给予教师权力确定课程，让校长决定学校预算，批准家长委员
会掌控课堂作业。内部权力划分的各种其他可能性，尤其是那些在家庭中扮
演角色的当事人的权力划分，会在下一部分进行讨论；这是一个和私立学校
与公立学校选择都有关的话题。

七、家庭参与学校决策

有人认为，如今公共教育的问题在于富人可以随意退出；如果他们被强
迫留在公共教育体系中，他们就表达抗议，然后这样的抱怨就会带来所需的
改变。① 我们用逆向思维来理解这个问题。问题是只有富人可以退出，如果穷
人也有权利退出，就可以使教育体系得到完善。当然，有些人认为，一个机
构会发生那些要求最高标准的家庭选择离开，而不是留下来努力从内部进行
改革的情况。但是，以加利福尼亚州为例，如果公立大学接管了斯坦福大学、
克莱蒙特学院、南加州大学和其他相似的大学，我们怀疑高等教育是否会得
到改善。我们反对剥夺退出权利就会促进初等、中等教育的观点，但是我们

---

① Albert Hirschmann, *Exit*, *Voice and Loyalty*: *Response to Decline in Firms*, *Organizations and States*(Cambridge, Mass., Harvard University Press, 1970).

容许——事实上可以说成是坚持认为——表达心声是非常重要的。因此，一个重要的政策问题是，家长和儿童在他们所选择的学校决策过程中如何扮演适当的角色。明确地讲，我们的问题是，形式上的结构，比如家庭委员会，应该受到学校委托吗？

如果参与的形式是家庭和学校之间的自由沟通交流，那可能会出现各种模式。一些私立学校会聘用由家长选举组成的管理董事会。如果这样的董事会掌握着学校的最大权力，那就和之前描述过的自愿会员协会非常相像了。尽管这样的安排可能在家长创建的学校很普遍，公立学校也可能会采用这样的策略。与其让家长董事会手握大权，倒不如给它特定的、有限的权力，如可以聘用、解雇校长，或对教学楼使用和教学时间安排制定方针。这和我们之前提出的公立学校的权力共享的可能性相似。当然，这样的董事会可能仅仅充当立法的来源、一种传声筒，或者是随处安置的有关基础管理的意见咨询处。然而，即便是家长委员会，它也是一种机制，通过这种机制，所有的父母都可以了解涉及学校的争议。无论它们扮演什么样的角色、拥有哪些权力，这些多样化的董事会也会有学生成员，或者独立的学生委员也可以被利用以起到恰当的作用。

另外一种强调普遍参与的形式是"城镇会议"（town meeting）。学校政策的潜在变化可以由学校管理者或校长提前以书面的形式呈现给家长（和学生），然后在计划会议上投票表决，类似于公司股东的成员会议。这种形式的一种变化是遵照共同基金模式，即家庭会定期投票决定是否继续经营。无论在私立学校还是公立学校，任一种形式中最大的权力都会在形式上归于用户们。但是，大多数的真实权力倾向于管理者。第三种也是相当不同的安排形式是模仿集体谈判模式：学校运行者——公立学校和私立学校——将被要求真诚地和客户联盟或消费者联盟进行谈判。

多种安排与潜在的偏向显示，明智的做法是将这个问题留给每个学校，任其在学校发展中解决。许多对学校管理者感到满意的家庭根本就不想发表意见，他们明确地选择听从学校的管理，因为他们希望用专业的眼光承担这份责任。事实上，如果其他的家庭试图影响学校决策者的判断，他们还会提出反对意见；同样地，作为提供服务的条件，许多管理者会坚持要求享有充分的权利。因此，如果太多的家庭诉求在立法上都是作为学校参与的条件，那一些家庭所渴望的学校就不会存在了。再强调一遍，家庭角色的多样性和灵活性在公立学校和私立学校中都是重要的。在公共部门里，政府权威可以决定为一些公立学校设立规则，然而却要以不同的方式为其他的公立学校创立程序以解决家庭角色问题。

假如出现一种情况，即虽然市场的力量壮大了，但由于消费者没有能够有效地组织起来，所以导致无法产生足够多的他们有权施加影响的私立学校。在这种情况下，可以采取法律措施，通过制定具有实质性或程序性的命令，确保学校管理符合一些基本原则。我们很自然地想到了三种形式：第一，可以保障家长（或学生与教师）在学校执行董事会中有相当比例的代表，类似于让消费者团体在企业董事会中有代表席位；第二，可以授予家庭以集体谈判的权利，只要他们能够获得足够多的家庭签名，就能够与学校进行谈判，要求特定的选项；第三，为了激励家庭参与到政策制定中，可以要求学校向家庭公开有关特定问题的学校事务和政策的信息（除了第八章阐述过的每年在家庭择校过程中可获得的信息）。当然，这些规定也可以适用于公立学校。

第十章 教育风格

在我的国度,
每个人都可以
以自己的方式被救赎。

——维克多·戈兰茨,《腓特烈大帝》

从政治上看,如果有一项教育提案,可以让家庭使用政府的经费把孩子送到任何一所自称为学校的地方,并接受某种被这类学校称之为"教育"的服务,这完全是白日做梦,甚至可能是一场噩梦。政府将会认定,这样如致幻剂般无益于学生的教育,没有资格被称为教育。唯一存在的问题在于,政府如何采取相应的干预措施。在任何教育改革尝试中,都应当对教育活动的某些一般特性进行界定。本章我们将集中详述四个主要方面:课程、教师、学校环境和自由公正地对待学生的氛围。

一、课 程

可供选择的学校必须遵守国家课程的要求,而且教育选择必须遵从这项要求。每一项自上而下实行的课程规定或禁令都会令一部分家庭感到不满。如果政府要求太多,那么产生的不良影响就不仅仅是增加或者减少特定的课程所能够消除的了。所有的学校都有可能遭到排斥。比如,如果政府要求开设性教育课程,一部分私立教育机构就会拒绝参与;如果禁止性教育,会有另外 些学校拒绝加入。我们似乎对于政府施加的一丁点儿限令或授权都极为敏感。一般而言,学校应该有权作出让它们自己和顾客都满意的选择。

如果划定一个课程制定的范围,由私人拥有并运营的学校就能够自己决定提供哪些课程了。不过,公立学校应当如何作出决定呢?这里我们必须重新考虑管理的问题。一种办法是将课程决定权完全交给公立学校。根据各自总体的规划,每个学校有权管理自己的事务、校长、教职员工以及一些其他的由学校章程明确规定的权利。

然而，政府的态度可能不尽一致。有些政府可能希望确保课程的多样性，而另一些政府可能希望提供"标准化"的课程，从而减少家庭在选择时遇到的风险。于是，政府可能会对某些参与的公立学校提供课程指南。它们或许会授予某些管理机构以惩罚权，以限制公立学校的课程和教育风格。鉴于这样的机构管理通常会使课程趋于统一化，我们更希望大量的公立学校能从学校层面施行管理。学校在部署各种各样的安排时，授权给教师集中把握所授科目和教育风格也应该是一件极其有意思的事。通过这样的"由教师掌控的学校"，政府能够从官方层面激发公立学校的教育专业工作者们开展实验并推进多样化。

在教育选择体制中，对相关学校提出的要求是否会高于当前对私立学校的要求？这一点很难说。因为各个州的法律不尽相同，其执行情况也存在差异。① 因此，如果一些州政府坚持认为，相关学校必须遵守现行对私立学校的要求，那么学校的创新精神就可能被扼杀。当然，学校通常会有相当大的回旋余地，因为很难说清楚像"英语"或者"社会话题"这样的具体标准是什么。不过，尽管如此，如果某所学校想在某几年或某几个学期集中精力做某些工作，则可能会受到限制，因为有关规定总是要求学校同时重视多个不同的学科。其实，在小学阶段，只要规定在一个学年内必须提供一定课时的教学活动，其中有相当比例投入到阅读和数学教学中，可能就足够了。

但是在中学阶段，外部力量会影响课程提供。例如，现在的大学会要求他们的申请者掌握某些科目，雇主们也会提出这样的限制。而且，用人单位和学校越来越依赖常模标准测试得出的分数来筛选应征者（设计"常模参照"是用来摸清被测试者"相对的"能力，而不管人们是否了解某些东西或者如何做某事）。

事实上，相较于高校和用人单位的目标，这些最低要求的范围更窄，甚至没有达到起码的最低要求。这些最低要求可能会起到窄化课程、甚至窄化学校教育目标的效果，进而限制青少年发展的机会。也就是说，在某种程度

① See Donald Erickson, *Super-Parent*, *An Analysis of State Educational Controls* (Lansing, Ill., Illinois Advisory Committee on Nonpublic Schools, 1973); Kirp and Yudof, *Educational Policy and the Law*, pp.40—52.

上，家长会仿效那些对预测就业形势津津乐道的中学教育的专家们。无论这一切多么地不公平、不合理，为了孩子们而关注就业前景的家长们绝不会忽视对各类证书和测试能力的需求。这并不是在暗示家长要像如今的学校一样屈从于高校和招聘方。当然，正是因为家长们比专业教育者们代表了更广泛的价值观念，系统选择才被认为是促进高校和用人单位重新审视其入门条件的重要机制。

来自市场的压力不见得能凸显课程要求和测试的优势，但却在改革中扮演着重要角色，或是加强了其他改革对证书制度的影响。测试和入学名额需求因其对少数人造成所谓不公正对待而已经饱受诟病。[1]这种压力会持续下去，迫使用人单位和高校重新审视筛查准则。而且，高估高校和职业需求对学校多样性的影响也许是错误的。一场选择性的试验向家庭呈现了多样性的价值观、历史观、教育技术、学校中的非正规层面以及其他的完全独立于劳动市场准则的选择。

文凭授予是一个绕不开的话题，尤其是当高校和用人单位经常指定把"高中毕业"作为准入条件。如果学校限制授予文凭，那毕业证书对中学课程的提供就不应该产生太大的影响。在一定程度上，毕业证书的重要性正逐渐淡化，高校和用人单位也越来越少以此作为评判条件。归根结底，文凭的取舍依赖于是否存在取而代之的评估系统。如果运用成就测试或者其他此类标准，效果却和文凭一样武断，那么国家就可能坚持要求学生必须通过某些特定的课程才能获得毕业证书。

这些条件限制本应该产生实际效果，然而事实上它们却依然无法满足学校的多样化要求。解决这个两难问题的方法之一就是采用国家主导的考试，学生必须通过考试才有资格得到高中入学名额，但是毕业证书归学校所有。如今许多州开始实行中学同等学力考试，这已成为解决上述问题的典型方式。就这一点而言，除了高中毕业证书，文凭的测试和需求细节都是重要的可变因素。因此，最近，加州开始推行"加州中学学业能力测试"（California High School Proficiency Exam），声称通过该测试便相当于达到了高中毕业水平，但

---

[1] See generally, Robert Thorndike, "Concepts of Culture-Fairness," 8 *Journal of Educational Measurement* 63（1971）; David White and Richard Francis, "Title VII and the Masters of Reality: Eliminating Credentialism in the American Labor Market," 64 *Georgetown Law Journal* 1213（1976）.

我们对此表示怀疑。[①] 这种考试的设计让一半的高中毕业生不能通过，因为它考核的并非是那些被认为是高中生必备的知识和技能的掌握程度。当然，至少此类考试不可能像严格制定的课程要求那样过多地约束课程设置。需要额外的特殊技能和知识的用人单位和高校将积极设置比入学名额证书更加合理的考试。

最后，我们相信，公平的工作分配方式应当是按照才能分配工作。至于更有才华的人是否应当拿到更高的薪资，换言之，人们是否应当因为其天资聪慧而获益更多，这是一个值得深入探讨的问题，在此我们无意进行分析。但无论答案如何，为了解决因天资差异所导致的不平等问题而阻碍"幸运儿"的发展，都是不公平的做法。

我们承认，美国的许多工作是枯燥乏味且非人性化的。但是，让学校也变得枯燥乏味和非人性化并不能够促进该问题的解决。无论工作的性质如何变化，为了孩子，学校都可以变成一个更好的地方。教育中的变化能引导学生自己提出改进的方法，正如工人们在他们的工作中所感受到或面临的那样。

二、教师认证

教师认证是指教师获得由国家颁发的教学许可证，它和课程管理紧密相关。原本希望可以提供各种各样的教师职前培训、准备和专业前景，但是教师认证机制的运用将学校就业市场以外的人员排除在外，限制了教育流程和风格。正因为教师认证制，公立学校的教师都是接受过一系列特定的方法论培训的。无论能否胜任，这样的教师并非总是能够满足家庭选择的理想人选。

这并不意味着如今私立小学和初中教育机构的教师更加风格迥异。虽然每个州都赋予私立学校广泛的教师自由裁定权，但是大多数的私立学校还是会努力复制公立学校的教师认证模式。为了机构的利益，私立学校的行政人员逐渐开始考虑培训他们的教师达到初步的发展指标，其中既包括获得传统大学入学名额的教师，也包括研究生学历的教师。在历史上，女教师更多地是去哥伦比亚大学进修而不是到哈莱姆河滨度假，虽然现在这种情况开始有所变化了。

即便在美国当前的学校体制下，私立学校的模式可能也会发生转变。事实上，我们已经能够感受到它的变化了，而且并不仅仅发生在"自由的"学

---

① California Education Code § 48412 et seq.（1977）.

校。对传统教师教育的价值和没有正式资格证的教师教学能力的信心持怀疑态度的人似乎正在增加。这意味着，在选择计划中，私立学校和公立学校对于教师认证要求的不同会影响两者之间的竞争。如果是这样的话，那么应该要求谁获得资格证书呢？是所有加入选择计划的教师，还是只有公开管理的学校，或者是不需要任何教师获得？

那些支持将最低标准提得"更高"的人试图把对资格证的控制强加于参与的私立学校。在他们看来，虽然在历史上，私立教育的教师招聘几乎不受管束，但这一事实并不影响我们现在对私立教育提出要求。他们认为，私立学校之所以没有受到严格的监管，仅仅是因为它们在资金和权力的分配过程中只分到了很小一部分"蛋糕"而已。而且，提高教师资质的倡导者们是很难被说服的。仅凭私立教育在过去的表现与公立教育相当以及私立教育的生均成本较低（如果这的确是事实的话）的论述就想转变他们的态度，无疑是非常天真的想法。

鉴于当前持有教师资格证书的人数供过于求，代表他们利益的教学专业组织和有权势的组织可能会支持让家庭择校体制中的每一位教师都要持有资格证。此外，其他在公立学校阵营的人，比如学校教育、行政领导和教科书销售商，都有可能赞同这一观点。虽然这个议题在表述时言辞恳切，即声称是为了保护易上当的家长免受教育骗局，但是事实上，这都是为他们的个人利益着想。对教师而言，这些利益包括职业竞争力的限制，自己工作准备的有效性，保护他们的职业文化不会因为经验分享的缺失和前辈取向的干扰而失去活力。类似的考虑能够激发其他专业教育骨干力量的积极性。

如果参与的私立学校加快对教师资格认证的需求，那么将会产生深远的影响。除非"祖父条款"① 被列入，否则许多私立学校的教师即使表现良好也会失去工作。对那些教师感到满意的家庭即使没有失去国家财政支持，也无法再聘用他们。也许教师资格证越重要，那些潜在的新兴实验学校反而越是无法蓬勃发展。最终结果可能是学校种类减少，少到足以抵消家庭择校计划的许多优势。

---

① "祖父条款"（Grandfather Clause）原指美国的一项法律规定，即在南北战争前享有选举权的白人后代，即使没有文化，也拥有选举权。现在泛指某些人或实体，如果按照过去的规定正在从事一些活动，那么在实行新的法规后，他们可以在某些方面不受新法的限制，继续按照原有的规定办事。——译者注

　　但是也许这个不令人乐观的前景只是证书问题错误结局的开始。许多专业人员，甚至是最权威的，都会对当前的强制约束感到坐卧难安，他们一致认为不仅私立学校应该从证书的束缚中解脱出来，而且公立学校体制也应当从中获得自由。很显然，专业团体的忧虑包含对家庭择校的支持。其中许多专业人员已得到教师认证，但是他们仍然准备接受适度的挑战。认证制度控制力的减弱并不意味着正式的教师培训已无关紧要，事实上教师们会面临来自职业市场其他能力指标的挑战，比如个人精力、性格、知识、与特殊学生群体相处的经历以及社会背景等。对于那些认为证书很重要的家长们，需要通过参与的学校来认识到教师资格与证书无关。废除公立学校证书需要的实验也许有助于检验是否如批评家所言，当前的约束只是阻碍了办学效益；或者是否提供了有效指标用于筛选更有竞争力的员工。

　　关于资格证话题，一个可能的妥协方案就是简单维持私立学校和公立学校在这方面的差异。虽然这种选择的教育目的是不明确的，但是其政策上的优点却是显而易见的，什么都不做，通常事情反而变得更简单。

三、教师工会的权力

　　撇开资格证的问题，教师工会也不断对家庭择校的提议提出了反对。[1] 有些读者可能会感到不解，因为家庭择校令教师个体拥有了史无前例的课堂掌控权，尝试创新教学方法，这正是现在其他专业的工作者们所拥有的。因此，教师们会发现家庭择校既有助于个人发展，也是他们专业继任者的福音。当然，教师们的抵制也在意料之中。因为择校计划中宣传最多最广的提议是教师一职可以由父母担任。人们在确定工作的时候很少会自愿承担消费者责任和工作风险的增加。

　　教师担心未知的竞争，同时工会不愿看到它当前的影响力受到威胁，这些忧虑都是可以理解的。个人一般只喜欢他们赖以服务中的竞争。也许大多数教师都会选择尽量避免与他们所教学生的家庭有过多接触。他们和我们大多数人一样没那么专制，他们仅仅是希望保持工作之外的自由生活，同时也认为这对自己和学生都是极好的。然而，依然有许多教师毫无疑虑地欢迎家庭择校所带来的专业成长，如果择校计划得以施行，持这种想法的人数还会逐步增加。

---

[1]　Doyle, "The Politics of Choice," p.240.

教师工会的最终态度还是相当值得期待的。如果家庭择校的规定证明可以提升公众满意度，那么教育领域就需要大量的财政资助，虽然当前资金问题可以勉强应付，但前景却一片暗淡。只有获得大量的财政资助才能增强工会在教育市场经济中的潜在力量。从这个角度而言，工会会更加热切地支持经营新的体制，而不是拒之于千里之外。

由于缺少专门的立法，《国家劳资关系法案》(*National Labor Relations Act*)的法则将在择校体制中运用于私立学校。虽然许多学校可能因为规模小而无法撼动该法案对他们联合经营关系的权限，但至少员工们有罢工的合法权 [1]，虽然这项权利在大多数州被公立学校的教师以法律的形式否决了。[2] 当很多教师工会蔑视法律、不屑罢工时，它们所扮演的不受法律保护的角色增强了它们不受欢迎的程度，削弱了它们的效力。

尽管如此，从短期看，持有卢德主义思想 [3] 的学校教师和学校管理者组织对家庭择校计划的反对很难被平息，而只能被缓解。经济保障可能是平息劳工抵抗的最低必要标准了。因此，当转换到家庭择校体制时，我们必须专注于公立学校人员工作保障的务实问题。简言之，合同、学区政策、员工权力的其他来源导致择校计划改变了教师的期望，而其中的关键是如何处理这个问题。

四、教师合同和法定权利

如果学区作为公共教育最基本的权威单位被取缔了，如果公立学校之间也像公立学校与私立学校那样开始竞争，那么至少会引起有关教师权利的两方面疑惑：其一，公立学校的管理者必须在多大程度上遵守前任学区许下的承诺？升职、加薪、雇用、解聘以及类似人事管理的新准则是否和之前的学

---

[1] See generally, Stephen Sugarman, "Family Choice: The Next Step in the Quest for Equal Educational Opportunity？" 38 *Law and Contemporary Problems* 513, 535—536（1974）. For NLRB jurisdictional limits as they apply to schools, see decision in *The Windsor School Inc.*, 82 *Labor Relations References Manual* 1341（1972）.

[2] Kirp and Yudof, *Educational Policy and the Law*, pp.275—277.

[3] 卢德主义是指对新技术和新事物的一种盲目冲动反抗的思想。在工业革命初期，机器生产的普及使大批手工业者破产，于是，他们中的许多人开始憎恨大机器，破坏这些新出现的机器设备以换取就业。相传英国一名叫卢德的工人为表示抗议，率先捣毁了织袜机，于是这种思想被称为卢德主义。——译者注

校或学区毫无瓜葛？其二，这些保证的价值在降低，因为它们只能针对个别学校强制执行而不能针对一个学区，那么对此又该如何应对？下面以教师终身权益和退休福利为例解释这个问题。

显然，教师们的特殊期待在法律地位和现实意义之间是存在差异的。例如教师的终身权益要比学校移交名单上的特定职位更有意义。此外，如果对与家庭择校有关的分散的灵活性不加约束，对一些教师的承诺还是相当容易遵守的。再比如，教师退休福利的责任可以在合同上从学区担保转为由州政府承担。但是，如果每个公立学校都能高效雇佣教师，那么就必须制定一些微妙的政策选择。我们将从三个最困难的方面寻求替代方案，并提出最为公平和具有可行性的方案，而不会试着准确评估如何才能够从政治上减少教师群体对择校计划的敌意。

我们大胆假设：教师们情绪高涨地反对取缔教师终身权益。因此我们仅仅假设，在转向择校计划的关键时期，公立学校的职员将包括所有早期聘用的想留任的员工。而且，我们假设这些教师既保留了就业保障，又在学校里保有一定的早期终身权益。学校管理者不能废止原先的准则，而采用新的、与先前矛盾的准则。但是，随着教师终身权益的范围从学区缩小到学校，其实际存在意义也在减弱。如果学校无法吸引学生入学，那么学校就不得不裁员，甚至关闭。如此一来，雇员先前打拼得来的地位就失去了重要性。然而，这种危机是有缓和余地的。比如，新的体制作出保证：那些因裁员而遭解雇或因学校倒闭而失业的终身雇员，他们拥有在参与的公立学校谋得教学职位的优先权。当然，这个解决方案会把一批工作效率差的雇员留在体制之内，也会因为接纳了不能让家庭满意的教师而拖累了公立学校的管理（值得注意的是，由于输送学校的真实存在，也因为前任者特权的规则，接收学校也会从输送的员工中得到新教师。当然，这也许是优势，也许会成为负担）。

为了避免在教师方面给私立学校带来竞争优势，也许可以要求体制内的私立学校也接收离职但享有终身权益的雇员。另一种替代性的方案是，对于因学校倒闭而失业的终身教师，政府可以给他们提供一至两年的离职费，在此期间，大多数教师应该能找到其他的教学岗位或者接受再教育。无论如何，几年之后，特殊保护体制下的不称职教师会被逐步淘汰出旧关系，最终达到最低值。当然，这一切都是假定这种仅限于学区内的雇员的就业保障会在新体制开始之前实施。此后，只有个别学校的教师享有终身权益。是否应该将国家给予新入职的教师走向终身教职的机会作为一个普遍规则还有待商讨。

特别需要强调的一点是，如果公立学校要创新，就应当让它们自己决定是否采用终身教职的做法。

公立学校自身聘用教师的优先权也许会和教师的权利需求产生冲突。目前，在许多学区中，在职的教师会先向其他学校的开放岗位提出申请。如果公立学校想要控制教师队伍的特权，那么显然，这种转让权只能在择校计划开始实施的最初一两年内被认可。这样一来，老教师就会有公平的机会选择他们喜欢的学校。其后，这些开放的职位被充实，不再存在这样的优先权。

工资安排也有类似的问题。现有员工目前的薪酬是有加分保障的，常见的是以合同权利的形式定期上涨。如果个别学校信守以上规定，但又允许以不同的工资待遇招聘新教师（有的工资更高，有的更低），就会引起双重就业状况的问题。如果以强调教师资格和毕业学校的比例给新教师支付薪水，个别期望论优付薪的公立学校会很为难。我们应该给学校自由空间，让其自行议价。

有些时候不得不面对择校计划下的集体谈判。如今，大多数公立学校中存在着传统的教师集体谈判（不论合法与否），我们假设在择校体制下这种状况将持续下去。教师工会也许认为择校是增加其会员数量的好时机，因为如今私立学校很少存在集体谈判。同时择校计划也增大了工会的权力，尤其是在择校会影响个别学校办学的情况下，就像如今的工会压迫一个又一个弱小的学区一样。如果是在私底下，这也许会导致周边或理念相似的学校采取多雇主谈判的手段。当这涉及大多数学校的选择和教师的主要就业条款时，甚至可能出现州一级层面的谈判。

随着教师工会越来越把教育政策的问题当作谈判的适当主题，集中式的谈判可能威胁到改革特有的目标。坦白讲，即使充分保障了教师的经济和专业利益，仍需要某一种制约平衡制度来维护体制的灵活性。但是，提高教师谈判的地位可以减少他们以安全为由否决择校体制的冲动。如果教师们享有充分的集体代表权，也许他们就会很少担心法定任期、转让权或者工资单这类问题。

五、教师的言论自由

家庭择校最有意思的特征之一就是它对教师在课堂上的言论自由具有潜在影响。在很大程度上，家庭择校解决了如何在强制性的公共体制内提升学术自由这一棘手的问题。自古以来，教师的言论自由和学生的被动地位是难以调和的。虽然一些人认为宪法第一修正案中学生的利益要求允许教师和大多数人的观点不一致 ①，但是反过来讲，其中更多的可能是强制性的。当孩子们被迫关注课堂上传授的所有东西时，就有充足的理由要求教师的言论应与大多数人的观点保持一致。从事实和法律的角度而言，在相当大的程度上，教师在课堂上的言论权一直在政治权威的掌控之中。②

只要政治权威持续垄断言论，公立学校中唯一严重的问题会是应该允许谁教授制度许可的内容，又是谁需要被教。因此，教师自由的焦点在招聘歧视上，而不在课堂内。在公立学校内，无论有何种信仰，每个教师都有资格教学；自由思想家、天主教徒、共产主义者都受宪法的保护。③ 只要教师循规蹈矩地教书，不去宣扬个人信仰，那么他们是有教学自由的。现行体制下的学术自由本质上是教师们有权教授学校董事会认可的内容。必须给予教师足够的关注，虽然教师有很大的自由空间，但那只是情理之中的，而不是权利之内的。④

家庭择校让受制的听众和同样受制的教师彼此感到不拘束，让教师的言论范围与听者和说者有某种契约关系。显然，契约并不是维护学术自由的完美工具。教师必须找到能给他或她提供展现平台的学校。想象一下，相比于公共教育的约束，有些学校可能反而通过契约强加给教师更多的限制。但是总体前景还是充满希望的。一旦家庭成为教育进程中的重要角色，随着公立学校与私立学校的扩张，教师在课堂内的自由可能扩大。首先，许多学校第一次作出了生动的、独特的教育承诺，既有形式又有内容。其次，学校将呈现的显著特点是通过广泛授权以保证个别教师的言论自由。无论是有非常特殊手段或目标的学校，还是以教师独立为宗旨的学校，每个类型的学校都会提供机会给那些迄今仍在忍受着公共教育政策束缚的教师。最终，不墨守成

---

① See, for example, Sheldon Nahmod, "Controversy in the Classroom: The High School Teacher and Freedom of Expression," 39 *George Washington Law Review* 1032, 1054—1056 (1971).

② For an extreme example in which the teaching of the theory of evolution was both a crime and subjected Arkansas teachers to loss of their jobs, see Europerson v. Arkansas, 393 U.S. 97 (1968)(law held unconstitutional).

③ Baird v. State Bar, 401 U.S.1 (1971); In re Stolar, 402 U.S.23 (1971); Elf Brandt v. Russel, 384 U.S.11 (1966).

④ Stephen Goldstein, "The Asserted Constitutional Right of Public School Teachers to Determine What They Teach," 124 *University of Pennsylvania Law Review* 1293 (1976). But see Parducci v.Rutland, 316 F. Supp.352 (M.D.Ala., 1970).

规的服务会占据教育市场，虽然这种服务现在被排除在以共性为本质的公共体制之外。

也许更多的教师会对第二种学校类型感兴趣——通过契约保证每个教师拥有广泛的自由。如果在市场上没有某种类型的学校，那么教师们就会自己去创造它。甚至，如果有一种体制容纳了大量的有着不同坚定价值承诺的学校，就为标新立异的教师寻找代表自己价值观的学校带来了更多的机会。如果说，在现行体制下，一个持有社会主义观念的教师不能找到一个能够给他个人自由的学校；但在教育选择体制下，他至少可以找到一个自己感觉非常舒适的学校。家庭择校计划让这样的教育机构成为了可能。

如果对学术自由讨价还价被认为是没有充分维护教师的言论权，那么毫无疑问可以采取立法手段来保证教师拥有更广泛的课堂自由。但是，为什么社会会认可这种自由或者这为什么被称为自由，却没有明确的答案。这只是以教师自由的名义减少学校和家庭的自由。尤其是学校不再能全权代表一切事物，对家庭作出保证的教育性质也不再像当初承诺的那样有效。如此，越来越少的学校愿意加入这样的体系，甚至对教师自由产生的净效应都极有可能是消极的。我们倾向于让教师、学校和家庭自由协商他们的关系。

然而，参与的非公立学校是否仅仅依据申请者的信仰就拒绝雇用他们，这个问题依然没有解决。在课堂上宣扬共产主义是一回事，自己当一个虔诚的马克思主义者又是另外一回事。一位教师也许不赞同学校的观念，但是仍然以与学校思想意识一致的方式教授数学、艺术，甚至是历史。作为一个立法政策问题，应该允许学校把他排除在外吗？对私立学校的教师使用思想准则的论证是基于信念和教学绩效之间的合理关系。换位思考对公立学校是有利的，不能对工作申请强加信仰测试。另外一个论证是学校接受了政府的资助，就应该体现学校的"公共性"。立法机构也许会对这个问题提出异议，但是我们难以对此作出回答。

这个主题的现行法律把私立学校对信仰测试的使用运用到了一些危险情境中。如果家庭资助促使私立学校的招聘必须遵循宪法，那么同时公共体系中学校的办学理念也要忠于宪法，大多数的思想限制也就失去了意义。而且，除了宪法，1964 年的民权法也能保护学术职位申请免遭某些形式的歧视。但是，值得注意的是，该法案没有排除以信仰为招聘基础的宗教组织。[①]

---

① 　42 U.S. Code § 2000e-1（supp.2，1972）.

当然，学术自由不仅包括教学。一些教育机构的教师，无论是公立的还是私立的，他们在校外的行为经历成了他们的雇主感兴趣的话题。家庭择校的出现是如何影响教师自由选择与学校价值观不一致的个人生活方式的呢？又是如何影响教师在课堂外自由批判学校的呢？这两个问题在公共教育中常常被提及。例如，同性恋教师和在公开场合批判校长的教师有时会发现他们的工作保障受到了威胁。

最近，有迹象显示，法院有意保障公立学校教师在学校之外的私人生活。[①] 这些自由权益上的收获似乎值得维持和延伸至非公立教育机构的教师权益。也许参与的私立学校向宪法申请也能得到这样的待遇。如果法院没有施行，那么仅仅允许由条约规定的校外活动能给教师和学校带来满意的保障吗？我们怀疑，大多数情况下这是不可行的。然而，在当前这种被压制的市场中，我们担心在某些情况下，教师们会被强迫接受那些给他们的私人生活带来不利影响的不合理限制。而如果这些不合理限制在公共系统中试行，现在的法院是不会置之不理的。社会上对待此类创业不端行为的一般解决途径是集体谈判。但是，我们不反对增加法规以庇护教师的私人行为，甚至担心教师因为批评雇主而被辞退。在这个领域厘清界限是一件复杂的事情。校外言论自由保护原则可能会禁止任何学校将教师的信仰视为预测教师教学表现的参考标准，除非某些课程本身就明显具有意识形态属性。

六、教育管理者

家庭择校计划中，与公立学校管理者相关的问题和教师的相似，甚至也许更加棘手。一开始，家庭择校计划需要的管理者很少，至少在学校层面上不需要很多。但是，不能指望家庭择校计划能够节省多少机构开支，而且我们也不希望在这方面高估它的潜能。在最低限度上，必须有人来负责处理哪些学生符合津贴发放条件、指派学生去他们选择的学校、批准学校参与和控制资金流动等事情。在实施食品券计划时，农业部也不会节衣缩食。但尽管如此，我们还是希望能够削减核心工作人员，虽然从学校的角度而言，因为承担了更多独立的行政责任而需要额外的员工。

学校选址是一个更加困难的问题。除了已讨论过的和教师相同的问题，

---

① See City of Madison Joint School District No.8 v. Wisconsin Employment Relations Comm'n,
429 U.S.167（1976）；Pickering v. Board of Education，391 U.S.563（1968）.

还有一些是学校管理者特有的问题。比如，对于一个效率低下的校长，应该在多大程度上以牺牲学校的利益为代价在财政和专业上保护他？反之，对于一个参与择校计划的公立学校的校长，应该在多大程度上保护他免受上级行政官员的干预？这些问题必然和第九章已谈论的其他公立学校管理密切联系。如果每个公立学校都有自己的董事会，那么董事会有权在契约协商的限制内招聘、解雇校长。同时政府是否应该在合同中设置一些解雇条件，这仍是一个难题。而且，如果有些在职的校长被解雇了，应该保证他们返回教学岗位的权利。

七、学校环境

一些人把家庭择校计划视为一种创造新式教育机构的途径，如客厅一样自在的学校、私人场合的学校或者是没有建筑的学校。因为不同于传统建筑的环境，学校可能需要特殊的规定，以确保它们有资格享受国家的津贴。学校也面临政府、当地建筑和安全守则规定的大量限制。

如果允许学校尝试新的环境，择校计划的支持者们将会遇到强烈的反对。举一个极端的例子，假设琼斯太太（Mrs. Jones）是一位生活在贫民区的母亲，她决定在她的公寓里为她的 4 个孩子和邻居家的 6 个孩子开办一所学校。根据家庭择校体制，琼斯太太有资格从政府领到一笔学费，比如说五千至两万美元。简言之，她开办学校的动机不纯，而且除非法律阻止，否则这种现象会很普遍。

如今，人们心目中的大企业应该有齐全的房屋、建筑物，符合其他相关准则，好的学校也是如此，而这可能会阻碍琼斯太太开办学校。人们认为安全规则起着控制教育质量的作用，像琼斯太太所办的学校则是一场典型的欺骗性灾难。我们很容易想象到，在私人的起居室、在业余人员的指导下如火如荼地开展教学是怎样一幅场景。而实际上，鼓励家庭择校计划的主要目的是减少无意识的、粗俗的家长作风。因此，现行的物质标准会为了刺激私立小规模学校的参与而放宽要求。不需要过分强调安全因素。毕竟，托政府的福，学生们已经在同样的房子里待了很长时间。只要家庭知道去学校是为了什么，政府就不需要太过严苛。一个有效的行政改革应该收回市政府的权力，着力解决学校的物质标准问题，并赋予相关机构负责择校试验的权力。关于这样的微型学校，机构可以制定一整套合适的安全标准。

由单个教师构成的学校，无论是在客厅、店铺房屋或者博物馆授课，都被称为微型学校。对我们而言，更有吸引力的想法是让每个学生去一个独立授课的教师那儿上完课，然后再转向另一个教师的课堂。比如说，每天早晨在凯老师（Ms.Kay）家上阅读课，一周有两个下午在巴克斯鲍姆老师（Mr.Buxbaum）的电子实验室上外语课，然后其他下午的时间在菲利普斯老师（Mr.Phillips）的指导下打网球、散步，这对一个 10 岁的孩子而言已是满满当当的学习计划。除了由家庭支付少量费用的教育经纪人和保洁员需要将教师和学生联系起来，凯、巴克斯鲍姆和菲利普斯之间都不会有组织上的关联。不是所有跟着凯上课的学生都需要上巴克斯鲍姆和菲利普斯的课。相反，他们有的去上费勒老师（Mr.Feller）的数学课，有的去上维特尔老师（Mr.Vetter）的动物护理课。通过政府津贴安排私人定制的教育带来的额外好处是学生可以很容易地适应兼职教师的教学。

虽然我们假设微型学校的教育是私人的，但事实不一定如此。这种非典型的学校形式也可以被视为公共教育的场所。为了提高公立学校在新形式竞争中的能力，公共教育也许会在非常规的教学场地、不合时宜的时间或季节开展。

私立或公立的移动学校可以看作是微型学校有效的转变。显然，把每一种教学形式都尝试一遍是毫无意义的。但是，为了提高学生的能力，某些课程比如艺术课可以带领学生参观市区，包括当地的博物馆、艺术展览室。流动学校可以更为理想地实现教学目标。

在另一个极端，家庭择校会创造许多大型教育园区。由于人们指责学校的规模过大造成学生分类不公平，无法因材施教，所以我们认为许多家庭不会喜欢能容纳几千人的学校，尤其是对低龄儿童家庭而言。但是，由多种分散的私立学校和公立学校组成的融合型学校既有某种经济规模优势，又不会受组织分层的不利影响。每个孩子都会被一所和其家庭基础相当的学校录取，但是他也有机会让其他人为他的个人需要服务。融合型学校也可以为个体教师的微型学校租用合适的房间，这样学生们就可以利用由独立教师选择的常规设施。的确，这种融合型学校提供了一个像蜂窝一样交错的学习方式，让微型学校以中世纪的家教形式相互合作、相互竞争。

八、家庭教学

最后，家庭择校计划允许家庭提供自己的教育。回想琼斯太太的起居室学校里也有她的孩子，假设现在只有她的孩子。家庭教学不应该和聘请外面的教师在家教学相混淆，因为我们知道，后者是政府已经许可的做法。一些现有的义务教育法不认可家长提供的家庭教学。① 只有当从事教学的父亲或者母亲是一个受到认证的教育者时，其他人才会认可这种教育方式。② 而这种限制的理由既包括监督教育质量、孩子安全的需要，又有政府希望孩子通过接触家庭以外的人和事得以社会化。在"皮尔斯诉姐妹会案"中，这种限制在于最高法院概述的家庭宪法权。而且，如果政府在乎的是孩子们和其他人的简单接触，那么参加童子军或者教堂唱诗班就应该足够了。我们有理由相信，既然这些为数不多的父母们愿意承担家庭教学的压力，那他们就一定能做得很好。在理论上，如果能找到切实可行的方法确保父母是在提供教学，那么就应该取缔反对家庭教学的禁令。

如果不仅认可家庭教学，而且实际上为家庭的努力提供资助，随之如何监督家庭教学充分性的问题将愈加凸显。父母也许只想拿资助金，却不愿承担承诺的教育责任。显然，这不是择校计划拨款给家庭的目的，并不是他们想要多少就可以拿多少。假如有人认为这种不诚实的行为会大范围出现，那么注定要由未来的改革实践来检验。

在努力应对家庭教学困境的同时，我们必须弄清楚这和一个更大的潜在难题有着千丝万缕的联系。假设一所参与学校，不论是公立的还是私立的，试图通过给学生提供钱物来吸引家庭。最显而易见的方式是，学校同意返还25%的政府津贴给那些让孩子入学的家庭。刑法可能会阻止如此明目张胆的回扣行径。但是，那些给家庭提供现金或同等利益的微妙手段，也带来了棘手的连锁问题。学校会提供免费的午餐吗？如果学校供应大量的补给或提供许多书给家庭阅读将会怎样？此外，如果学校雇佣学生来完成善意的任务以换取现金，那就会带来一个问题，例如：学校可能付钱给高年级学生让其辅导低年级学生，或者要求他们去保养学校的建筑。

判断这类活动的相关标准必须相当广泛，虽然可能需要行政干预，包括采用财政公开的手段，阻止家庭将学校的国家教育津贴转变成私有财产。在大多数学校，没有得到兑现的家庭会产生抱怨。如果学校给所有入学者都发

① See generally，Kern Alexander and K. Forbis Jordan，*Legal Aspects of Educational Choice*: *Compulsory Attendance and Student Assignment*（Topeka，National Organization on Legal Problems in Education，1973），pp.26—30.

② See，for example，California Education Code § 48224（1977）.

回扣，其欺诈的规模就足以让警务机构发现它。

家庭教学需要更多的监管。父母们被要求向管理机构提交为他们的孩子拟定的目标，并附上实现目标的计划。如果机构通过了提议，才会发放补助金。如果经过一段时间目标实现了，家庭需要提交一份新的计划来维持他们有津贴补助的家庭教学。作为一个安全保障措施，资金或者部分资金可能会被隐瞒，直到目标实现。如果孩子们没有达到国家的目标，他们会失去家庭教学补贴的特权，至少在一段时间内会失去；如果父母们不遵守协议，家庭可能会失去它的权利，甚至失去孩子对未来教育场所的选择权。

如何定义可接受的目标是一个微妙的话题。原则上，相比于社会上规定的"最低限度"，只有一个孩子的家庭显然能够实现更多，他们会被要求去实现"更高的"目标。因此，管理机构不得不仔细检查相关内容（学习骑马算不算呀）、数量（也许孩子已经熟悉乘法表的大部分内容了）、拟议的教学技术等。目标也必须是通过某种方法可衡量的。我们假设，一开始政府机构就会强调标准化测试、传统方法和常规科目。虽然存在明显的风险，即机构因过于僵化或有偏见而拒绝一些父母提出的教育进程，但至少会有一些空间留给有创意的父母为他们的孩子创造出独特的家庭教学方案，这也会得到相应的津贴。

将"结果"作为政府资助家庭教学的基础的想法暗示了更长远的可能性，只要孩子们得到足够的学习收获，家庭就能因他们称之为教育的任何个人经验而获得政府津贴。显然，如果不是对那些有望选择家庭教学的少数人，而是对所有孩子提出个性化目标，这在行政上是难以掌控的。但是我们认为这是有可能的，基础领域的一般结果标准最终可能取代对课程、环境和教师的控制。

这种可能性类似于我们在第四章提到的建议，即对待教育要像对待养育孩子一样。我们不能等到结果形成了、发现孩子已经严重滞后了才无奈地接受现实。这就意味着，为了孩子的利益，要把一部分或是全部的选择权转让给其他人。在这种情况下，政府能对家庭择校强加限制，但是会采用不同的方式，这取决于孩子在考试中失败的程度。孩子适度的短处可能会受到限制，但不会剥夺家庭的自由裁量权。更多严重的失败日渐凸显，可能会把家庭择校限于公立学校之中，把否决权交给公共教育的当权者们，或者把选择学校的权力交给这些当权者们。

九、自由与公正的文化氛围：学生的权利

学生的权利本应受到保护，得到学校领导的正视与公平待遇，却日渐游走于法律的边缘，不受重视。[①]作为在家庭择校计划中全权控制招生政策的代理者，学校也许会受到诱惑，使用严厉的内在政策，包括任意开除学生，而原因仅仅只是学校不想要这个学生了。正如先前提到的，国家奖学金计划中的私立学校是否在本质上认可他们学校学生的主张，即使那些主张在公立学校是受保护的？即使将宪法完全运用于参与的私立学校，学生的权利也理应要比最低保护得到更多。

学生积极分子在最近的辩论会中通常寻求特殊的学生权利，包括言论自由权（学校操场演讲、学生报纸、传单、学校发言人、臂章和其他的象征）、集会自由权（俱乐部和集会）以及个人的外貌选择权（着装和发型）。其中一部分要求已经在宪法上得到了司法裁决的认可，其他的可能很快也会被认可，但仍有一些是不可能通过的，还有的已经被拒绝了。[②]制度的选择将继续牵涉"公民自由"的话题以及那些由学术缺失和对行政的各种行为攻击引起的问题。择校计划可能包含一个规定的或禁止的最低限度的立法规范，在此基础上每所学校和每个使用者都可以制定地方标准。

处理开除、辍学和不及格等事宜既增加了实体问题，又增加了程序问题。我们已经解释过，学校必须批准开除无法容忍的破坏分子，只要遵循公正的程序，确定该学生的行为与破坏分子的行径分类吻合。同样地，如果一个孩子被确认为无法从常规教育中获益，我们允许他退学，当然也必须遵循公正的程序。在适当的情形下，我们也允许按年级划分的学校可以要求学生重修。其他人可能喜欢不同的实质性的规则，比如，可以尝试一场实验，禁止开除无法从常规教育中获益的学生。

运用实质性标准的管理规则，虽然对学生是公平的，但也不能给学校带来难以承受的负担。不论是否在危急关头，这些权利都会受到宪法的保护，相互冲突的关注之间的敏感平衡必须是客观的。因此，与威胁开除学籍有关的决定比辍学案件需要更多的系统功能支持，仅仅因为其处在更紧要的关

---

① See generally，Kirp and Yudof，*Educational Policy and the Law*，chap.2.

② For example，the constitutional attack on corporal punishment failed；see Ingraham v. Wright，97 S.Ct.1401（1977）.

头。① 甚至是在处理相关琐事时，也不能以提高效率的名义精简规则。即使是重修和留级的决定很难采用审判模式，至少也应该和家庭协商并给出明确的书面解释。另一方面，在惩罚的每一个细节问题上都要求与证人对质，这也是不恰当的。不应该试着让每个学校都推行最优规则；相反，应该和家庭择校一样，鼓励创造出多样性的程序。

一个关键的学生权利问题是强制入学。这个长期存在的惯例如今在法庭上受到了抨击。我们没有理由相信，只有当学生有资格入学时，极端的反对者们才会对选择性条款感到满意。也许依据家庭环境的不同，当前强制入学法被执行的程度会有地方差异。大多数地区会认真对待这些法律的制定，仔细审查法律的实行。而事实更加难以评估，因为父母亲的借口会被毫无疑问地接受和认同。大城市里的学校则满足于半真半假地哄骗偷懒的执行官员。最终只留下私立学校执行入学规则。一些独特的群体，比如某些未经授权的"自由学校"或者异国宗教学校的申请者，会发现这里的强制入学法和他们的不一样。②

几个立法选项的内容和标注"择校"的计划相当地一致。强制入学的惯例可能会被取缔，可能会让每个学校自主决定，也可能无论经历怎样的宪法抨击都不会改变当前的主体。作为一种实验形式，我们支持要求学龄儿童加入一项核定计划，即让他们摆脱日复一日的出勤转而去独立学习。一所学校可以利用无故缺席作为纪律处分甚至除名的依据，只要这不带歧视的意味。由于孩子有机会不断探索有吸引力的事物，我们认为他们缺席的次数会逐渐减少。政府还必须关注一些极端事例。在某些时候，一个学生的缺席应被视为辍学，从而剥夺学校得到政府津贴的权利。否则，如果没有这样一个规则，学校就不会有合法动机来吸引不情愿的参与者按时出勤，尽管家庭通常会将学生在校的勤勉程度作为衡量招生的标准。

---

① See Goss v.Lopez，419 U.S.565（1975）.

② See，For example，Application of Auster，198 Misc.1055，100N.Y.S. 2d 60（S.Ct.，1950）（Jewish Yeshiva）；the story of the fight between New Mexico Authorities and the Santa Fe Community School in *New Schools Exchange Newsletter*，April 15，1973，pp.36—38；State of Ohio v. Whisner，47 Ohio St.2d 181，351 N.E. 2nd 750（1976）（school for children of "born-again" Christians in Bradford，Ohio）；Donald Erickson，"Showdown in an Amish Schoolhouse: A Description and Analysis of the Iowa Controversy," in Public Controls for Non-public Schools，p.15.

关于所有的学生权利，敏感问题可能会由家庭内部的冲突引起。父母们也许宁愿放弃他们孩子的个人利益，从而支持教育机构的决定。父母们是否应该完全放弃6岁孩子的自由发言权仍是有疑问的，但他们不能放弃他们上中学的孩子的所有此类权利。我们认为，随着孩子的成长成熟，增加他的学校选择权是很重要的。在学校里，孩子有权选择行使政治表达权，这是很重要的一方面。但是，我们也必须承认，在实际运用时，孩子的"权利"会受到他们父母偏好的强烈影响。

如果家庭无权在学校中选择他们孩子的班级、教师和教育资源，公正处理退学和留级可能显得毫无意义，尤其是在规模很大的学校。这里有两种不同性质的问题。首先，只有当这个孩子可以遇到某个3年级教师、上一门特别的课或者被分配到特别的校区（假设这个学校有多个校区）的时候，一个家庭才可能会希望让孩子上这所学校。择校计划应该允许家庭在学校选择的范围内达到这些期望吗？如果是的话，一个8岁的孩子可以要求上6年级吗？简言之，这个问题仍然属于学校招生问题，但却涉及学校的内部管理事务。

也许立法机关应该观察跨校担保市场和地方政治势力产生了什么影响。可假设一些学校把提供选择个别教师作为吸引点，而其他学校提前宣布班级选择程序。小型学校展现的问题更少，家庭选择学校的时候会获悉这一点。如果市场机制让家庭对买给孩子的东西有足够的信心，也许就不会需要额外的监管了。

不幸的是，如果学校被剥夺了录取控制权，市场也不会为没有被录取的学生服务。即使学生离开了，也不会给学校带来损失，尤其是在学校有候选名单的情况下。甚至，学校会鼓励他们离开。然而，很难确定给予这样的孩子适当的校内保护类型。操作过程中的监控和政府干涉会使这个问题比基本的学校录取更加困难。要求预告学校政策和公平应用学校标准都是有益的，但是在实施过程中却是很难实现的。也许应该禁止学校监测学生的能力，如果可以的话，也应该把监测限于那些入学一年以上的学生。如果苛待某些学生的问题变得足够严重，如果国家对反对教育不作为的承诺足够坚定，那么就有必要调节校内的分配名额。

对学生和家长权利的主要保护在于公共管理机构所拥有的一项权力，即如果学校没有遵守体制的规则，包括尊重使用者权利，可以取消个别学校参与的资格。然而，标准的行政管理通常会有非常大的偶然性，除非满足下面两个条件中的一条，即要么行政机构拥有队伍齐整的检查团，要么顾客具有发起制裁的能力，且有实施制裁的资源。前者的代价通常过于昂贵。如果私人自愿组织可以先行出现，并代表那些投诉学校的家庭的利益，那么后者可能行得通。这样的一个私立检察官体系可以充分开发志愿者的能力和资源。你可以想象美国公民自由联盟（ACLU）和家庭教师协会（PTA）的幸福联姻，它们的合作将促使学校间形成诚实、公正地对待学生的风尚。

第十一章　资助的性质

事先拿到它，以现金的形式。

——希莱尔·拜劳克，《警告诗篇》

　　任何大规模的教育选择实验都会"资助"大多数或者所有家庭。当前的政治现实决定了，现在接受"免费"教育的中产阶级家庭不需要直接承担儿童教育的全部费用。正如我们在第一章提到的那样，这也许是一项不错的政策。在设计经费资助的具体政策问题时，我们需要考虑到这一事实。我们仍然假设，社会的目标是给各收入阶层的家庭提供尽可能平等的入学机会。家庭状况不应当对学校的选择造成任何不公平的影响。该假设的内涵及其影响将成为本章讨论的主题。

一、需要额外支付的学费：家庭间的贫富差距

　　米尔顿·弗里德曼提出，在初等和中等教育阶段应该以可赎回的教育券形式，让每个学龄儿童均等地享有公共预算。家庭只能使用教育券从政府指定的学校购买教育。但是，如果所选学校收取额外的学费，每个家庭可以自掏腰包去承担超过教育券额度的费用。[1] 弗里德曼这种自由增加个人费用的行为模式让很多人难以接受，包括我们自己。除非这种得以抢占教育先机的教育券金额巨大，以致很少有家庭可以承担（这一笔支出在经济上和政治上都是多得难以置信的），否则弗里德曼的提议就是一纸空文。无力承担额外费用的家庭只能光顾教育券购买力之内的学校，然而更富裕的家庭可以自由选择更昂贵的学校。[2] 如今，教育仅仅是富人的个人选择，完全受私人财富的支配，人们对这种教育特权怨声载道，而政府则是其帮凶。只有富人才能够利

---

① Friedman，"The Voucher Idea，"p.21.

② Coons and Sugarman，*Family Choice in Education*，pp.9—10.

用公共经费购买卓越和优质的教育。他们偏爱的富人同学和贵族学校不存在贫困生，所有这一切都是国家助长的。这违背了根本的价值承诺——任何选择方案都必须平等维护家庭进入参与学校的机会。

在教育选择计划中，即便允许家庭在教育券的面值之外额外支付学费，贫困家庭的状况可能也会比现在好。弗里德曼也是这么说的。尽管如此，无论教育改善了多少，政府有意加剧经济不平等的状况是我们无法容忍的。如果弗里德曼计划是唯一在政治上可通过的选择试验，我们不会热衷于此。此计划竭力让我们相信，许多富人家庭不会选择学费超过教育券金额的学校；而且，贫困家庭也有可能凑齐教育券面额之外的学费。弗里德曼说，社会应该实验一下，看看他的方案是否会在招生模式中产生经济隔离。然而，这将是一个奇怪的实验。所期待的结果和弗里德曼的人类行为模式完全不一致。理性的经济模式预示了在这样一个模式中一定会存在经济阶级分层。如果需要一个相似的例子，可以参考房地产市场。而且，政治对教育的影响完全是消极的。如果认可学费附加项，随着通货膨胀带来的教育成本的上升，即使没有经济困难的家庭也没有把握可以负担起教育券金额的上涨。我们支持只是把学费附加作为许多实验中的一项，其余的项目都被设计成减少或消除财富效应。

但是，我们的目的不是要衡量家庭财富水平。我们假设只要家产的影响仅限于私人财政方面，则巨大的个人财富差异是无关紧要的。我们也假设富裕的家庭可以自由地为他们的孩子购买私人教育，以弥补正式教育的欠缺。我们要做的努力就是降低家庭财富在"公共资助教育"领域的影响。这个目标雄心勃勃，值得称赞。这将有助于保证大量的贫富状况不同的家庭通过家庭择校计划经历相同的教育过程。

从表面上看，我们对弗里德曼的反对意见可以轻易化解，只要禁止参与的学校收取高于教育券面额的学费即可。但我们可以设想一下，如果教育券的金额固定在每人每年只有300美元，或者随着时间的推移，每年拨款的金额以如今300美元的购买力来计算，在这种情况下，富裕家庭可能一起舍弃原有的体制，支持纯粹的独立教育。如果教育税收负担相对减少，他们能做得更好。中产阶级家庭也许会选择兼职的教育券学校，比如说一周上三个上午的课，自掏腰包支付在私立非参与的教育机构的额外教学费用。这再一次把贫困家庭排除在外了。出于这个原因，家庭资助必须多到足以确保大多数家庭都能使用这个方案，从而为他们的孩子提供充分的教育。

当然，法律可能会要求所有的学生以全日制的形式加入不收取额外学费的参与的学校。接着我们简要地看一下这个合意又合宪的"优先购买的"体制。现在，我们先把贫富状况不同的家庭共同接受教育的事放在一边。除非专门强调，我们的基本假设是，教育选择的方案设计应该让大多数家庭觉得让孩子到参与项目的学校全日制就读是可取的，而且，这些学校无权向私人收取额外的学费。

二、地区情况的多样性：公立学区间的贫富差距

美国各州的传统是，各个学区的财政状况主要取决于各个学区的税收情况，长期以来都是如此。结果，贫穷学区孩子们的教育开支水平就比较低。通常，这些孩子来自低收入家庭，他们上不起私立学校。

我们简要介绍下这种机制的典型情况。[1] 如今，在大多数州，公立学校财政依赖于当地财产税。学区的主要经费来源是财产税，其征收对象是在学区范围内的居民，税率由学校董事会或选民决定，有时会受到一些相关规定的限制。州政府通过收入、销售和其他州税来补充当地的办学资金。州政府根据各种相当复杂的方案分配这笔钱，典型的方式是把大份额分发给"穷"学区——也就是那些生均税收较低的学区。虽然州政府资助了贫困学区，但是纳税多的学区在每个孩子身上的花费仍然要多于贫困学区，即便当它们的税率相同的时候也是如此。这种政府建立的管理体制使得富有学区的家庭占有明显的经济优势，但这种情况不但没有成为改革的目标，反而被解释为一种必要的恶，被认为是地方分权制的代价。这完全是一种错误观念。

事实上，有人指出，这种加剧不平等的做法是违反宪法的。例如，加利福尼亚最高法院在 1976 年承认了"财政中立"的宪法规范——公立教育的财政投入独立于政府财力状况。[2] 美国最高法院认为联邦宪法不要求财政中立[3]，尽管五名法官中有人承认现行的学校财政体制是"杂乱的、不公平的"。[4] 近几年，在没有司法干预的情况下，许多州的立法机构开始取缔这种

---

[1]　For a fuller discussion, see Coons, Clune, and Sugarman, *Private Wealth and Public Education.*

[2]　Serrano v. Priest, 18 Cal.3d 728, 557 P.2d 929（1976）.

[3]　San Antonio Independent School District v. Rodriguez, 411 U.S.1（1973）.

[4]　Mr.Justice Stewart.

由州政府主导的贫富歧视问题。①

改革立法委员们有许多的政策选择。加利福尼亚财政中立规范的继任者们选择采用完全集中制的教育财政体制，或者要求当地学区平等募款、按需支出。有几个州已经把后者分权化的方案投入实施中了。② 虽然不完美，但这些改革和实验同等重要，它们已经证明包括支出分权化决策在内的财富中立方案是可行的。简言之，我们将展示这个可能性和家庭选择的相关性。

在所有州中，现行的财政结构将影响家庭择校计划。在典型的保守系统中，财富歧视会体现在单一学区采取的选择方案上。一些选择方案将得到不小的资助，而另外一些却相反，这取决于不同学区每个孩子的财富值。此外，富人区和穷人区的持续存在会阻碍跨学区的合作。如果有方案想要将教育选择的范围拓宽，超出学区的范围，必然会出现贫富差距、税率差异以及生均开支差异等问题。因此，在跨学区的范围内开展教育选择实验通常需要政府的深度介入。

三、每个孩子都应该得到相同的资助吗?

(一) 4种资助模式

本小节的目的是描述和评估4种不同的财政资助或奖学金模式。每一种模式都和前面几章描述的最低公平要求相一致，但是也代表了对公平教育机会的独特展望。机会平等的理念充分支持本书遇到的每一个实际问题的正反面观点。我们设计的资助模式可能会体现多种相互间严重冲突的理念，对此各位不必感到奇怪。不过，这些理念的根源都是平等主义。它们的范围涵盖了从简单的权力一致性到通过经费开支实现一致性。

（1）统一资助模式（Uniform Grant Model，UGM）。在这种模式中，每个孩子都能平等得到奖学金或者教育券。其最大的优点是简单。如果不能收

---

① See generally, John Callahan and William Wilken（eds.），School Finance Reform：A Legislators' Handbook（Washington，D.C.，National Conference of State Legislatures，1976）.

② See，for example，Michigan Compiled Law Annotated，##388.1101 et seq.；Wisconsin Statutes ##121.07，121.08（chap.90，Laws of 1973，effective July 1，1973）. The Wisconsin provisions were later held to violate provisions of the state constitution. Buse v. Smith，74 Wis. 2nd 550，247N.W. 2d 141（1976）.

取额外的学费，而学校必须从根本上依赖学生的资助，那么这种模式相当于一种"统一支出模式"。但是它并不意味着所有的学校必然在每个学生身上花费完全一样的数额（比如，有的学校可能是在投资，有的可能已经盈利），或者同一所学校也不尽然给每个学生个体同样的支出（学校可以在其各种计划中不均匀地分配其总资源）。这种模式相当于均等的消费，其质量通常被视为政治优势，当然这也符合对平等教育机会的共同定义。

（2）需求调节模式（The Needs Adjustment Model，NAM）。第二种模式是由西奥多·赛泽（Theodore Sizer）与菲利普·惠滕（Philip Witten）提出的，是第一种模式的变体。[1] 他们最初的想法是，给贫困家庭（月收入低于 2000 美元的家庭）更多拨款（1500 美元），逐渐减少平均收入水平家庭的补助，以弥补未经调节的弗里德曼模式的内在歧视。在学校控制入学的系统中（赛泽和惠滕假设），那些没有优势的孩子反而更引人注意，因为他们带着大量资金。同时，虽然这个方案构思巧妙，但是作为政治言辞是不可置信的，也是行不通的，因为它失去了中产阶级的支持。

公共政策研究中心（The Center for the Study of Public Policy，CSPP）所提出的这个方案的修改版似乎更具有可行性。[2] 在此方案中，所有的孩子都会得到一笔基本资助，贫困家庭会得到与他们的收入成反比的额外资助，正如赛泽和惠滕提议的那样。比如，最贫穷家庭的孩子也许得到 2000 美元的资助，处于平均收入水平及以上的家庭只能拿到 1000 美元。在 CSPP 模式中不允许存在学费附加项。

CSPP 模式的创始人将家庭贫困当作教育需要的代名词。因为学校不能收取比资助更多的学费，学校所选学生的教育需求程度决定了学校的收入。所有学校的教育都被视为平等的，不是指消费额，而是指真实品质。因为优质教育的两大决定因素——金钱和学生的能力，在每个学校都是"均衡的"。学校录取有教育需求的申请者越多（以家庭收入作为评判标准），能够投入到教育上的钱就越多，但由于学生的能力相对较差，所以学生相互间发挥教育影响的能力就越差。（需求调节模式也许是以"统一质量模式"的风格来设计的；令人好奇的是，它的创始人似乎从未察觉到系统的这种特征。）从使用者的角度来看，这种模式给家庭提供了有趣的选择。假设这些学生没有被均匀

---

[1]　Sizer and Whitten，"A Proposal for a Poor Children's Bill of Rights，"p.58.

[2]　Center for the Study of Public Policy，*Education Vouchers*（1970）.

地分配到各个学校，这种模式允许家庭在两种假设质量均等的学校中进行选择——一种有丰厚的预算盈余，一种可以培养更有能力的学生。

当然，这种模式也会遇到非常严重的问题，即如何平衡低收入家庭学生与多提供给他们的资助之间的关系。其中之一就是，如何权衡家庭收入水平与孩子对学校的贡献；鉴于我们对同伴影响有限的理解，家庭收入也只是评估孩子特征的非常粗略的指标，并且也没有更好的现成的方式。第二个问题是，如何权衡两者之间的关系。需要多少额外的金钱来抵消有教育需求的学生带来的消极影响呢？很明显，这种判断是不能基于教育生产功能的。任何结论都只是直觉判断。

公正地说，由于 NAM 的构建者们并不认为这是一种统一的质量模式，因此，对该模式的评价也应当采用符合该模式的方式。他们的意图是采用一种差异化资助的模式以保证公平。首先，即使学校继续控制招生，也要有动机或理由选择缺乏吸引力的学生。其次，支付额外的费用弥补学生的教育劣势。不幸的是，需求调节模式没有揭示学校该如何支配由贫困学生带来的额外资金。我们假设额外的资金会被均匀地分摊到学校人口和项目上，当然学校分配规则中并没有提及这一点。如果是那样的话，得到资助越多的孩子越吸引学校注意，但是没有规定这些钱一定要用到这些孩子的身上。相反，如果规定学校自己拿出经费，要求学校提供给每个孩子的资源和他们带来的资金比例相当，那么处于劣势的孩子就很难再吸引学校的注意了。

（3）成本调节模式（The Cost Adjustment Model，CAM）。这种模式不以钞票的形式提供教育，而是以商品、薪酬等形式。但是可以说，这些投入占每个学校的成本都不一样。这种陈述包含的因素太多，比如，在旧金山和在佩塔卢马建一座学校的成本是不一样的（因为天气、土地价值、故意损坏等原因）。奥克兰的生活成本比尤里卡的要高，所以教师的工资也肯定会更高。职业教育需要的设备使其比大学预科花费更多。中学的教学特殊性也意味着中学教育比小学低年级教育更昂贵。聘请同一个教师去城市贫民区教书的成本要比让他去其他地方更高。对于学校无法控制的因素，成本调节模式将调节教育券的价值。成本调节模式也许会被视为平等给予模式，购买的是平等教育投入，这也是教育机会均等的另外一个版本。

哪些成本差异会超出学校的控制范围？有些例子肯定没有足够强的说服力。比如，为什么中学提供的服务在小学"同样"可以得到，但花费却更高呢？问题的答案在于历史，而非自然。出于各种不确定的因素，社会习惯于把更多的钱投入到高年级层面。一种理由是，我们认为中学更加重要，虽然很多人极力主张这种消费模式是当前体制的罪魁祸首。他们认为，小学更加重要，因此我们应该把更多的资源分配给相对年幼的学生。广义地，实施成本调节模式是为了增加家庭补助金额，与官方批准的标准相一致。这没有舍弃 CAM 的平等主义主张。当所有的政策取向都考虑周全，虽然所得教育券标准不一样，但都试着给每一类学校提供公平的服务。如果将所有种类的学校向所有人开放，则意味着该体制保留了最原始的民主。

因为涉及价值观的问题以及相应的经费投入，成本调节模式将导致无穷无尽的政治博弈。一个教育派系的团队会站出来游说特定的资金调整政策，以彰显他们的特殊负担或特殊贡献。成本调整也引起了定义不明、监管不力等问题。如果一个孩子申请职业教育，得到了额外的拨款，那么怎样的教育有资格称为职业教育，怎样的学校是合格的职业学校呢？如果芝加哥是生活成本很高的地方，是不是应该把大量的资金均等地拨给那些选择网络课程的孩子们？最后，在某种程度上，成本调节模式忽视了学生之间重要的个人差异，它和统一资助模式一样视学生为投资对象。当然，通过融合需求调节模式和成本调节模式，没有什么可以阻碍个人差异的调节。对学生的不同分类也许会带来更高的教育成本。分类问题说到底是个人的价值观问题。很有可能会有人认为，我们应该把资源集中给那些学得最多、贡献也最多的学生。

（4）质量选择模式（The Quality Choice Model，QCM）。第四种财政模式的目的是提倡学校质量的多样性，而不是单一性。虽然我们在其他地方称之为家庭权力均衡（FPE）[1]，但本章是以质量选择模式的方式呈现的。在简单的概述里，质量选择模式允许参与的学校在规定的范围内收取它们期望的学费，每年从 800 美元到 2500 美元不等。每个家庭从标价不同的学校中选择一所既适合孩子、其学费又只占据一部分收入的学校。州政府会补贴剩下的学费，资助的数额基于家庭收入来分配。例如，一个贫困家庭每年可能只需要支付 200 美元，而这家学校的学费总金额是 1600 美元，剩下的 1400 美元由政府补上。相反，同一家学校，一户中产阶级家庭可能需要支付 800 美元，政府承担剩余的 400 美元。资助的设置，在某种重要意义上，让贫困家庭能够和富裕家庭一样轻松上得起昂贵的学校，甚至是任何学校。即使是极度贫穷的家庭也只需要支付很少一部分钱，权当为家庭择校出一份力，比如说，

---

[1]　Coons，Clune，and Sugarman，*Private Wealth and Public Education*，pp.256—268.

1000美元的学费只需承担10美元，2000美元的学费只需缴纳20美元，仅此而已。

有两个及以上孩子的家庭存在一个有趣的政策问题。也许，正如现有的学校财务制度真实显示的那样，不会对多子女的家庭强加额外的费用。如果家庭承担了其中一个孩子的应付学费份额，那么这家人在学校里的其他孩子就会以同样的学费水平得到全额的补贴。如果家庭希望把不同的孩子送去不同的学校，所有学费负担都是平均数额。

质量选择模式的运作方式类似于1977年联邦食品券计划，但是很多重要之处又存在不同。在食品券计划中，家庭把他们的钱兑成食品券，用以购买生活用品。他们可以选择买多少张食品券，但是他们购买的数量必须和家庭收入、规模成正比。在这些方面，质量选择模式与食品券有着惊人的相似之处。以家庭能力分配食品券并在不同的市场使用，这和我们之前划分教育经历的提议是相似的，家庭可以同时邀请多个独立的教师。

但是，两者有两个决定性的不同点。首先，食品券计划只针对穷人；其次，食品券的最大价值是只能提供政府认为必要的最低食品预算。这就是为什么大多数参与者会将所有允许他们购买的食品券都买回来。质量选择模式也是一种类似的项目，只是其中食品券所能获得的最大价值被提升到高质量的食品预算水平，所有或者近乎所有不同收入水平的家庭都能获得打折的食品券。

也许有人会觉得，应当减少对富人的食品资助；但我们要注意到，由于富人缴纳了税收，用于支持食品资助，所以，从净收入的角度来看，他们事实上并没有得到资助。质量选择模式同样如此。而且，即便我们假设，社会公众应该为教育选择埋单，以便使富人的孩子在学校上学时能够得到净补贴；但也要看到，即便是在这种情况下，大多数富人所得到的补贴也根本达不到他们当前从公共教育中获得的补贴。如今，如果一个家庭每年有40000美元的收入，有75000美元的家庭总资产，那该家庭的两个孩子在旧金山的公立学校每年可以得到近3000美元的净资助。但在质量选择模式系统中，这些家庭将首次直接根据家庭收入来支付孩子的学费。

这种扩大范围的食品券类似计划也许一开始会让人迷惑，以总收入水平划分财富标准，这种政府福利项目不符合美国人的申请习惯。此外，受传统影响，我们不愿在这样的项目中提供任何仅高于最低值的事物。然而，在教育中，社会对孩子的期望已普遍高于最低值，而且，社会对所有孩子的期望都是如此。究竟社会的期望有多高我们还很难说，因为学校的财政状况混乱不堪。但是，根据当前的情况，我们可以得出的一个可靠推论是，关于多少开支水平比较合适，已经形成许多意见了。如果教育可以反映所有这些意见，如果要让各个家庭有平等的入学机会，那么就需要根据家庭收入水平提供多种不同的学费资助。

质量选择模式呈现出复杂化是必然的，因为它的目标不是平衡学校消费、学校供给或学校质量，而只是平衡每个家庭选择低廉或昂贵学校的经济能力。它的目的是让家庭的选择只需考虑教育兴趣（相对于它所购买的其他教育价值）以及评估孩子将从一所特定的学校获得什么。质量选择模式在各种消费水平中强调这个选择权，把它作为一种国家应努力提供给家庭的"选择"元素。

教育质量的多样性往往被视为公共教育领域中的问题而不是其孜孜以求的目标。然而，这之所以成为难题，很大程度上是因为教育是被强加的，而非被选择的。在非自愿的体制中，公正可能需要质量的一致性。当有选择时，这种一致性存在的理由变得非常不充分。我们假设，对于应该花多少钱在孩子的教育上，不同家庭的喜好是多种多样的。一个允许表达这些差异的体制代表了它属于非常可贵的平等类型。其他模式舍弃了不同消费水平间选择的平等性，而选择了其他类型方式的平等。

最近，社会科学研究显示，成本和质量并非总是成正比。[①] 质量选择模式也存在这种情况。这鼓励家庭判断在学校以外所购教育的功效，并和其他的教育及服务作比较。这也令喜欢提供不同计划价位的供应者感到满意，并且可能刺激产生原本不能得到的教育选择。

在这一点上，在任何质量选择模式的讨论中，反对者们通常不相信贫困家庭会在教育上有足够的支出，担心他们的孩子会不可避免地聚集在最廉价的学校。这样的怀疑肯定只是他们自己的猜想，缺乏相关的数据支持。因为穷人从来都没有机会作出任何选择，更遑论一个与消费水平相当的选择。我们猜测，问题不在于穷人花费少，而是他们对教育的价值过分乐观，甚至消费过度。即使穷人偏爱低廉的学校，他们仍然有许多个人的期望。我们尚不清楚是否应该挫伤这些满怀抱负的家庭，因为他们宁愿牺牲自己也希望孩子能获得更广泛的机会。只有通过提供某一种形式的教育选择，这些期望才能

①　See, for example, Christopher Jencks et al., *Inequality* (New York, Basic Books, 1972).

成为现实。在任何情况下，现实是最理想的实验室。只有在教育选择体制下，社会才能够第一次真正了解某个阶层对教育投入的决心。

但是，从广义上看，如果家庭最终决定了孩子最感兴趣的教育方向，了解了那种教育所需的花费，那么不同消费水平（在某个最低值之上）的教育选择都必须得到保障。考虑到孩子的需求各异，质量选择模式避免了统一拨款和调节成本拨款的不现实假设，避免将孩子一概而论。我们认为，这种模式也优于需求调节拨款，后者使许多孩子对自己的需求概念抽象，却要作出集中决定。质量选择模式视孩子为家庭和咨询系统的重要个体，根据个人期望、需要和抱负选择合适的教育投资。

如果要实施质量调节模式，那就必须作出许多非常艰难的决定。这种模式似乎要求政府严格确定每一个参与家庭的收入状况，以便明确家庭所需承担的学费金额。大多数政府收入税项目（或联邦退税）可以行使这项职责，虽然一些人可能认为，收入税的定义不明确，难以用来确定教育资助，因为无法将所有的收入项目（包括福利）都计算在内，也许只能大概地算一下。然而，相关调整不会因为太困难而无法执行和监管，因为我们有办法简化质量调节模式计划。方法之一要求学校以多个等级收取学费——比如 1000 美元、1400 美元、1800 美元和 2200 美元，然后以相应收入等级将家庭分组。这需要公布一张简单的表格，显示每个收入阶级的家庭相应的学费支付义务。如此一来，官员们需要担心的就只是能否按照这种标准对待收入较高的家庭了。可能会有反对意见指出，处于分类边缘的家庭会不可避免地造成等级不明以及累进收费的减少，但是从整体来看，这些都只是小问题。

因为这是参与者家庭第一次通过公共系统直接支付学费，所以质量调节模式可能会显著地改变参与者和非参与者家庭之间教育负担的分配。这既是挑战，也是机遇，而且显然可能会引起许多立法影响。例如，通过调整家庭赖以推算收入税的附加扣除金（或贷款），通过改变按福利和社会保险项目分配的学生资助，参与者和非参与者这两个分开的阶层可能在当前的基础上重新估量家庭总体负担。虽然质量调节模式是四种模式中唯一要求家庭直接支付财政经费的，但在其他模式下也能征收以收入为衡量尺度的用户费。直接用于支付 UGM、NAM 或 CAM 的教育券可以给家庭在做出选择时带来巨大的心理安慰。

学费的选择多种多样，在决定合适的价位时，可能会遇到一些概念上的或者政策上的问题。首先，如果一个年收入 10000 美元的家庭从学费 1200 美元的学校转入 1600 美元的学校只须支付 25 美元，也许所有此类家庭都会选择高价位的学校；但如果是需要花费 375 美元，也许就不会有人选择更贵的学校了。在这两种情况下，正式的学校选择会变得毫无意义。因此，必须密切关注支付金额与补贴金额之间的关系。其次，必须设定利率，让补贴在不同收入阶层中变得有意义。一个年收入 16000 美元的家庭所交的学费是不是应该比年收入只有 8000 美元的家庭高一倍，甚至是两倍？如果家庭的学费被解释为可减免的联邦所得税，则不同收入阶层的收取费率也应考虑在内。请注意，如果学费是不可减免的，那就会成为逆向的收益共享，也就意味着在其他条件不变的情况下，家庭需要支付更多的联邦税，因为如今学校所得税是可减免的。

对一个家庭的关键考验在于它是否愿意为了教育牺牲其他的利益。如果教育完全是由私有资源购买的，那么贫穷家庭的偏好必然会比富裕家庭少。但是，真正的问题不是穷人的独立购买力有多大，而是如果按价位计算，会产生多种多样的教育支出，毕竟个体家庭财富是相对固定的。通过质量选择模式平衡教育购买力，对于愿意付出更多的家庭，社会就会认为他们有更强烈的偏好。也许很难确保教育购买力能够有效均衡，但我们的目标是明确的：根据家庭财富调整教育价位，使得教育购买力近似相等。这可以通过实验和监督来达到合理的精准度。

最后，当年长的孩子申请教育时，质量选择模式遇到了一个有趣且能有效应对的难题。早先我们强调，给予青少年相当大的教育独立权是很重要的。假设这是成立的，在质量选择模式体系下，孩子是否可以强迫他们的父母承担更大的家庭负担去选择昂贵的学校呢？我们认为这是不可以的。只有在家庭愿意承担的价位里，年长的孩子才可以做出选择。我们承认，这个财政权给予家长一次额外的机会，与孩子进行一场非正式的谈判，而最终会影响孩子的选择。这似乎是一场合理的交易。只有质量选择模式才能使家庭满意，才能让父母和孩子都赞同选择更昂贵的教育，而非均等教育。

我们不能简单认为上述 4 种财政模式均是排他性的，因而只能选择一种。事实上，从理论上讲，每一种模式都既有长处又有短处，每种模式都值得一试。除此以外，我们还可以比较教育选择计划中财政安排重要性的问题。例如，如果在质量选择模式实验中几乎所有的家庭都选择相同价位的学校，其结果就和统一资助模式实验接近。同样地，在需求调节模式试验中，贫困学生也许会相对平均地分布在参与的学校里。这样的结果是否会限制未来的统一资助模式（或质量选择模式）仍是一个难题。在统计意义上实证研究显著的审议，超过了我们的目的和能力。然而，任何实验的焦点都是清晰的，即发现家庭和孩子首选的教育模式。

不管是哪种财政模式，关注点必须针对三个财政问题，即资助转移、教育提供者之间的监管竞争以及是否有可能限制补助金给更少的孩子，而非所有的孩子。

（二）转学政策

可以允许家庭与学校就孩子的教育签订协议，期限不限，只要双方都同意即可。在这样的规则下，一个家庭可以提前几年把孩子的资助金交给一个教育机构。人们都知道类似的购买舞蹈课程的例子，他们有时会为了这样的协议而感到后悔。通常情况下，家庭在长期协议里很少占优势，而且会对孩子个人和计划整体都带来潜在的严重不利影响。我们认为，只要有充分的理由证明这所学校是令人不满意的，就可以弱化最初选择的学校的重要性，并且最大限度地将选择的自由权从学校转向家庭。这个政策的目标是通过家庭责任，比如父母就业，使资助转让得以实现。当然，当家庭决定转移孩子的时候，有义务及时告知学校。为了规避组织风险，某些新成立的学校，尤其是小型合作学校，应得到授权，以便能够与一部分家庭签订长期协议。但总的来说，无论是出于保护消费者还是国家利益的考虑，都应当允许学生流动，禁止长期的协议，即使在学年中也应允许家庭退出，并且带走一部分未消费的资金。

当前联邦政府有关私立职业院校的规定为这类自由转学政策指明了方向。[1] 联邦当局开始对辍学或从美容、会计学校转出的学生坚持宽松的学费退款政策。这一转变可以为模拟择校方案提供有益的指导方针。当然，该政策也可能会造成一种情况，即家庭联合他们的力量，威胁集体退出，进而迫使学校做出大量的政策改变，这也是学校所担忧的。我们通常赞成家庭使用他

---

[1] For the rules governing schools at which G.I. Bill benefits may be used, see 38 *Code of Federal Regulations* § § 21.4200 et seq.; for the rules relating to schools whose students are eligible for the federal-guaranteed student loan program, see 45 *Code of Federal Regulations* § § 177 et seq. The FTC has proposed regulations with respect to the advertising, disclosure, and tuition practices of proprietary vocational and home study schools. See 40 *Federal Register* 21048（May 15, 1975）.

们的经济力量向教育提供者施压。毫无疑问，统一的强大压力是有限的，一个企业家可能也会受到适当的施压，但是学校运营商和其他人一样，能够享受普通法的保护，免遭联合抵制和其他的贸易限制。有些州也会有相关的法定权利。[①] 我们猜想，这对教育提供者的保护是充分的。职业学校的管理经验也许很快就会确认或者反驳这一点。

四、对教育提供者相互间的竞争进行监管

即使不允许学校收取额外的学费，仍存在有待解决的问题：是否学校必须完全依靠从学生那儿收取的学费资助才能运营？学校是否可能利用外部的资金维持运转？"外部"也许包含多种财政支持，包括：（1）相关来源的收入，如入学者父母的自愿贡献、校友和学校下属团体（或者意识形态上的）之类支持者的馈赠；（2）无关的捐赠，如独立基金会或者联邦救助的补助金；（3）初始资产，如学校的实物产业和捐助，外加学校资产的收入如设备租金、捐款的利息或股息等。

我们非常担心外部资金是否会使得学校歧视贫困群体，这是有可能发生的。比如说，如果父母可以给予"馈赠"，学校就可能会控制招生。如若那样，即使计划明确禁止收取政府补贴额以外的学费，也可能转变成弗里德曼的方案，选择录取那些有条件捐款的学生。这种情况基本都能很轻易地被早先提及的录取政策扼杀。然而，贫困家庭还是有可能处于无法容忍的劣势，比如，学校可能会跟踪调查该校的学生，按照学生家庭是否是慷慨的馈赠者来分配资源。但如果能证明学生权利是得到充分保障的，包括保证抵制严重的分配不均，那就没必要禁止无关的捐赠。

有观点认为，应当对"外部"资金进行严格限制，因为在教育选择体制下，会形成一个特殊的教育市场，它有一些独特性。通常，倡导竞争的学问家们不会为竞争者之间的经济实力差异所困扰，至少在这些差异不会导致垄断的情况下。但是，教育资助体制并非自由经营理论下的传统市场，其功能的发挥在相当程度上受困于商品和服务的生产和垄断。择校计划的首要目的就是宣扬公平竞争的理念。比经济实力更重要的是教育提供者。如果一个孩子把补助金带去了学校 A，同时该学校还可以得到富足的宗教和政治团体的

---

①　John Coons，"Non-Commercial Purpose as a Sherman Act Defense," 56 *Northwestern University Law Review* 705（1962）.

捐助，而相比之下，学校 B 没有慷慨富有的赞助者，只能依靠学费维持运营，那么所谓的公平竞争是无法实现的。总之，我们提议的是一个公共财政体制。政府有可能建立一个基金会，这样一个基金会背后的金主在意识形态方面有着巨大的利益，它可能会建立起最有吸引力的项目和教育机构。在我们看来，这才是问题的关键所在。

根据这种观点，为了保证对那些并不富裕的学校及其学生和价值观的公平，应当根据家庭收入状况指定学校接收学生；各类捐款，不管是来自家长的公司、友善的教派，还是个人，都应拒绝。当然，也应该包括从政府到私立学校范围内的任何特殊外来收入。没有理由因为这些并不富裕的学校及其学生的表面信息而在经济上歧视他们。这需要特殊步骤确保参与的公立学校不会接受额外的政府资助。出于这个财政目的，每一个公立学校都应该像一个独立的非营利企业一样运转，包括面临破产。之前我们暗示过，从政府的角度而言，这样的独立是值得提倡的。

我们可以想象一下拒绝接受各类外部捐助之后的情况。这样的捐助有可能颠覆公平竞争的理念。首先，很难界定哪些是"有关"还是"无关"的捐款。即便是来自基金会的补助金，其中包括免税的基金会，也常会带来意识形态上的偏见。此外，如果基金会完全是出于中立的目的而捐款，这种情况通常只会出现在实验中。我们认为，这个观点同样适用于其他无关基金的来源——州政府和联邦政府。但是选择特定的学校参与实验似乎是毫无根据的，整个选择项目都是一场实验，新的可变因素的引入只会使其解释复杂化。将这样的补充资源融入基金整体或者计划评估似乎才是明智的做法。

限制学校的初始资产及其产物是必要的。否则，前期积累的财富会对学校的收入产生影响。这个问题的解决途径之一是在计划的一开始就对每个孩子的资产设置上限。然而如果只是事关现金和相当的捐赠金额，这是很容易理解的，也可能是很容易管理的，否则事情会变得复杂，因为现存的实物产业和有形资产会牵涉进来。当然，也可以禁止私立学校将任何有形资产带入项目中，同时要求公立学校向州政府支付除学费收入以外的工厂和资产的现值。因此，自带建筑的私立学校参与项目时会被要求以州政府属下公司的利率购买或者租赁这些建筑物，而且这样一所公司的收入不可以惠及学校。

如果要求有工厂的学校为此埋单，会被认为对公立学校尤其不公，对私立学校而言也非常不妥。首先，这样一个规则对新学校是有利的，它们不需要为了摆脱陈旧的设备而苦恼。其次，私立学校的赞助者为了建造学校苦了很多年，也掏了很多钱，得知需要再次为学校付钱时会备受打击，二次购买的收益又会如何？最后，公共教育家即使拥有大部分最好的工厂，也需要一段宽限期加以调整以适应空前激烈的竞争。允许他们着手处理不动产也许是一个合理的缓冲，同时也提高了他们的生存能力。因此，当这些拥有建筑物资产的学校在进入择校计划时，不需要对它们的资产进行审核。而且，对新学校构成的不利也不应该被高估。学校可以在不需要巨额启动成本的情况下组织、运营起来。其门面和住宅设施也要比现在城市学生居住的荒凉而高贵的建筑文物好得多。

　　一些选择计划的支持者会反对任何财富限制，即使是在实验中的也一样。[1] 对他们来说，有一个道理是不言而喻的，即我们在教育上投入得越多越好，只要所有家庭都可以平等进入参与的学校，同时和意识形态上的优势不相干。当然，在学校之外的衡量范畴中，财富是计算在内的，私立和公立的行动有界限差别，但又没什么不同点。而且，财富控制的反对者提出了实践上的异议，他们认为，家长同样以兼职志愿者的形式给学校带来了贡献，这不可以被监管，无论如何都可以而且应该被认可，因此也可以允许他们捐赠钱财。实施财富控制需要付出昂贵的代价，然而这个问题已经解决了，虽然这是一个难以解决的原则性问题，而且每个选择计划都必须面对。

五、系统改革方案抑或部分改革方案

　　在实验的地域范围内，大部分的讨论都是假设一个方案可以面向所有孩子，为大多数人所用，这占据孩子正规教育的大部分。事实并非如此。一个实验可能只是把孩子设定在某个特定的年龄段。

　　可以想象其他的范围限制，把选择计划视为解决特殊问题的途径之一。由于某些个体特征，资助可以局限于那些被公立学校排除在外的学生。如今在一些州，教育券被分配给那些有生理缺陷的孩子，因为公立学校无法给他们提供适当的教育。母语为非英语的孩子则另当别论。虽然这些孩子和家长们对学习英语很感兴趣，但是为大部分孩子设计的公立学校课程并没有很好地满足这项需求。当然，一部分资助可以用在那些父母所选的更为个人化的项目中，这也许可以弥补以上缺憾。相似地，该资助也可能只限于那些选择

---

[1] See Peter Berger and Richard Neuhaus, *To Empowers people: The Role of Mediating Structures in Public Policy*(Washington, D.C., American Enterprise Institute, 1977), p.23.

私立部门教育目标的孩子，因为与公立部门比，私立部门有更多的专业知识。职业培训就是很好的例子。

另外一种途径是把补贴给那些不管出于什么原因而失败的孩子。失败评价方式的差异将意味着项目方案的差异。比如说，如果一所公立学校的阅读平均分低于国家或当地平均分，或者比学生的实际水平还要低，那这所学校就要宣布教育"破产"，其财政收入要以资助转让给另一所学校的形式返还给学生家庭。① 这种方法也适用于学校的班级和年级之间。当然，不仅仅是阅读分数，还可以设立任何一种准则来触发这个特殊的"破产"状态；或者，以个人的标准衡量失败。如果一个学生的基础技能比他的同龄人落后一大截，家庭可以领取一笔资助，而且可以带着孩子去任何地方注册学习。但仍然有许多问题，比如，其他公立学校是否愿意接收这个学生？或者是否应当强制要求其他学校接收这个学生？这类部分自主是否能够帮助失败的孩子得到更好的教育？或者他们新到的学校是否会将避免失败视为首要任务。

一部分教育资助最终可能会用于支持补充当前公立学校体制的服务。比如，"学校券"可以用来资助课后、周末或暑期教育项目。② 这也许给了我们一个很好的理由，只将此类附加帮助提供给贫困者。与普通家庭相比，贫困家庭子女的一个重要差异在于他们对校外时间的利用。典型例子是，他们很少或者几乎没有机会接触音乐、艺术、舞蹈课程以及家庭教师或者夏令营，而这些都是富有家庭的孩子所拥有的。既然这些非校内经历也许可以解释穷人孩子和富人孩子之间的校内成就差异③，那么仅限给穷人孩子的额外教育似乎也是合情合理的。在这样的计划中，需要给每个贫困孩子提供统一数量的学校券，像食品券和质量选择模式那样，家庭会根据收入情况选择不同数额的学费。一个额外的学校资助计划具有政治优势，避免了与现有的教育机构的直接对抗；它的劣势则是对于改善大部分孩子的教育收效甚微。

---

① See Robert Singleton, "California: The Self-Determination in Education Act, 1968," in *Parents, Teachers and Children*, p.77.

② See Sugarman, "Family Choice: The Next Step in the Quest for Equal Educational Opportunity?" p.546.

③ See generally, Barbara Heyns, *Exposure and the Effects of Schooling* (Washington, D.C., National Institute of Education, 1977).

六、一种赋予优先权的模式？

这一部分，我们已经验证了大部分的主要政策问题，现在必须让选择方案得以实施。对特定解决方案，我们会带有不同的个人偏好。但是，正如任何一项任务都是有规则的，我们处理资助问题的时候，需要均衡各方家庭的实力，选择他们认为最好的方案。总的来说，这意味着要努力开拓更广泛的教育选择，而非仅限于当前公立学校的安排。

然而，这个广义的结论巧妙地解决了一个根本性问题。我们继续假设，有一个重要的家庭选择权，因其在实践上对大部分家庭而言是行不通的，因而被众多批评家否定。这一选择权利用了私立学校，而不参与奖学金制度。问题是，政府是否应该剥夺那些完全有能力负担得起学费的家庭的权利，不让他们参加政府资助的项目？是否应当剥夺富裕家庭的选择权？既然所有期望成为合格学校的教育机构都必须在国家控制和支持的体系内运转，那么家庭选择中优先购买教育的合意性、可用性和合宪性又该从何谈起？

虽然一些西方国家已经取消了私立的正规教育，美国的有些州也在20世纪尝试建立起公共教育的垄断地位，但无论在动机上还是在结构上，这些历史上的做法均不同于我们所倡导的家庭择校计划中的优先权。一项采纳优先权制度的教育政策，要想符合我们对家庭选择价值观的期待，并促进课程和教育风格的多样化，至少要有两个正当性：其一，社会应当赋予穷人以更强的能力，使他们有权与富人共同参与教育选择；而且，这项政策要有足够强的吸引力，使富人更愿意参与该项目而不是想要退出。其二，有可能得出的结论是，只有强迫所有人使用相同的体系，社会上层才会提供必要的支持来充分资助所有孩子的教育。这些目标和体系中的自由选择相当一致。所有已经描述过的、需要被添加进家庭择校模式的都是合法要求，因此每一个学龄孩子都应该上有资格领取资助金的教育机构。

但是，这种采纳优先权的制度也许并不起作用。富裕的家庭可能将他们的公共资助金用于兼职的正规教育，通过购买内容充实的正规、独立的教育增补其教育经历，这反而阻碍了这种有利制度体现其优越性。课后教育是否会挫败计划的核心目标的实现，很大程度上取决于是否对其强加约束。例如，规定教学的小时数，这可以减少富裕家庭购买"违禁"教育的机会。当然，如果政府不消除私人财富，就永远不可能排除这种机会的存在。当然，不应该这样期望。基本目标不可以阻碍私人行动，而只能尽可能地使上层阶级的精力和能力公平化，将他们的主要贡献集中于所有孩子都能享受得到的制度之内。

对于最近的、可预见的未来，优先权制度在政治上似乎是令人难以置信的。这是独立于传统主义者和改革者视野之外的。甚至可以大胆地说，优先购买权从来都不是选民的选择。很有可能的是，在明确反对将财富用于私人教育的州，大量的蓝领、白领和中产阶级团体最终会察觉到他们应该将富人家庭纳入所有人都可以进入的学校中。

合宪问题是一个非常有趣的问题，需要更加深入的分析，这里不再赘述。这个问题从根本上不同于1925年美国最高法院在"皮尔斯诉姐妹会案"中所面临的难题。[①] 要求孩子进入专门设计的没有选择、没有多样性、没有私立教育的体系是一回事；要求他进入有选择的、私立教育盛行的体系又是另外一回事。"皮尔斯诉姐妹会案"禁止政府要求孩子上公立学校。我们正在积极考虑的制度鼓励孩子们尽可能多地上私立学校。简言之，这里所认为的优先权式家庭选择制度趋向于实施而非抛弃皮尔斯案所代表的核心价值观。这一切都基于国家愿意认可学校，不论它们的意识形态、宗教倾向如何，都不会向它们提出要求以致其无力实现目标；具有强制性、意识形态专属的抢占式制度很显然是与皮尔斯的理念相违背的。真正的问题在于，"皮尔斯诉姐妹会案"是否要求给予家庭优先权，以使他们的孩子可以上其他孩子可能被拒绝进入的学校？这种共同利益，虽然是受宪法保护的，但一定不会像"皮尔斯诉姐妹会案"所强调的家庭利益那样受到强有力的保护。

---

① 268 U.S.510（1925）.

总结：发展趋向

一年之计在于春。

——罗伯特·布朗宁，《比芭之歌》

本章的总结主要包括三个要点。首先，可以看到，教育领域已经出现了小规模的家庭选择案例；这些"实验"暗示，教育选择是具有可行性的；不过，它们只是小范围的尝试，并没有告诉我们更大范围的实验效果如何。其次，在教育领域之外，社会对儿童生活的干预使得家庭越来越有必要在儿童的生活中拥有决定权；这种整体性的趋势使得教育政策变得无所适从。最后，我们提议，作为儿童主要保护者的家庭应当得到更多的支持，涉及儿童方方面面的政策都应当考虑到这一点。

一、正在运行的教育选择计划

政府支持教育选择的案例早已有之。这些多样化的项目经验证明，我们所提出的家庭择校计划并非荒诞不经。这些经验同时也表明，家庭择校计划可能会遇到许多问题，择校计划的设计者们应当在制定项目时事先考虑到这一点。事实上，这些经验也证明了我们一些提案的可行性。但是，不应该据此认为，既然已经有了这些尝试，我们的宏大改革方案就是多余的了。因为，这些尝试与我们的提议存在诸多差异。

在佛蒙特州和新罕布什尔州的某些地区，有一些历史非常悠久的公立学区，它们自身没有运营学校。[①] 这些学区为他们的学生提供学费，让其去其他地方上学，而不是运营自己的学校。有时候这只是和周边公立学校的一种契约性协议。但是，这些不运营学校的学区通常会为当地家庭所青睐的任何私

---

① Based on unpublished paper by Mary Jo Hollender, "Vermont Tuition System"(Dec.29, 1975).

立或公立学校的学费埋单。可以肯定的是，因为当地财政问题，这种做法似乎已经出现，并且在大部分地区保存了下来。然而，家庭选择的重要性不应该被淡化。

给予家庭自由选择空间的、不运营学校的学区通常聚集在州的特定区域。其中有一个学区位于佛蒙特州的圣约翰斯堡及其周边。镇上本来就有圣约翰斯堡学院（St.Johnsbury Academy），这是一所历史悠久、作为大学预科的私立学校。虽然小镇上的大部分家庭选择将他们的适龄中学生送来这所学校，但还是约有6%的家庭没有这么做。而且，20%的学院招收的是来自居住在周边学区的儿童；选择了这所学院的家庭，以学费的形式得到公共资助。在圣约翰斯堡，没有上这所学院的年轻人会使用公共经费去其他中学就读。承担这项业务的还有其他两所学校，分别是皮查姆学校（Peacham School）（一所小型"替代性"私立学校）和丹维尔高中（Danville High School）（传统公立学校）。这两所学校也吸引了来自当地得到资助的学生。有超过两百名丹维尔高中的学生得益于公共学费资助，大约占总人数的20%；几乎所有的皮查姆学校的学生得到了资助，大约有60名。参与这个"市场"的另外两所公立学校分别是蓝山联合高中（Blue Mountain Union High School）和黑兹尔联合高中（Hazel Union High School），前者300多名学生中大约有25%得到了学费资助，后者500多名学生中有7%得到了学费资助。有人指出，在选择的规模上，蓝山联合高中和黑兹尔联合高中介于丹维尔高中和皮查姆学校之间。在大圣约翰斯堡地区，并非所有的家庭都拥有教育选择权，但是那些家庭的决策过程显然是现实存在的。

我们这里讨论的情况涉及的是很小一部分儿童，他们居住在人口密集度相对较低的地区；与全国的情况相比，他们的同质性相对较强。这种选择模式面向中小学学生，得到了政府的支持，存在时间长，而且看起来运行良好，这种状况颇为鼓舞人心。鉴于美国的传统是将不运营学校的学区并入人口较多的大规模学区，这种情况的发展前景可能更加乐观。

为残障儿童提供的教育则属于另外一种教育选择传统。在许多州，这些儿童的父母们已经得到公立学校资源，允许他们从其选择的私营部门的提供者那里购买需要的教育，而不是为需要特殊教育的某些（通常是许多）儿童提供的公共教育。① 从一种角度而言，这种选择为许多有缺陷的儿童提供

---

① See, for example, California Education Code § 56031（1977）.

了很好的教育服务与保障。相比于公立学校准备提供的教育，用于私立教育的学费援助对这些家庭而言简直就是上帝的恩赐。但是，这个传统也存在一些不尽如人意的地方。官员们似乎频繁地受到一种愿望的驱使，即让公共体系甩掉这些有缺陷的儿童和他们的高价需求；反过来说，这意味着成为一名拥有教育券的学生是一种耻辱。而且，虽然不得不承认有缺陷的儿童教育不可避免地比常规教育花费更多，但是通常这些儿童拿到的补助金并不是实际应有的数额。除此之外，私立学校被允许收取任何额外的费用，结果导致那些来自贫穷家庭的缺陷儿童常常得不到想要的教育。① 由于这些理由和一些其他的原因，包括最近的教育声明，即许多有缺陷的儿童应该被安置在常规课堂中，导致这些选择项目逐渐成为一种摆设。但是这个传统是不会消亡的；就在最近，加利福尼亚州有一个家长组织，他们的孩子都在州立精神病院，要求使用"教育券"将他们的孩子送往私立机构。② 残障儿童的教育经验表明，一旦可以得到奖学金，私立学校可能会提供公立学校所不会提供的教育需求。不过，由于这种试验的范围非常有限，而我们所考虑的是一个具有普遍性的计划，因此其参考价值也许并不是很大。

1970 年，联邦官员提出通过实验项目尝试系统地了解家庭择校计划。经济机会局（Office of Economic Opportunity）与之后的国家教育研究所（National Institution of Education）的领导们怀揣着一份公共政策研究中心（Center for the Study of Public Policy）发布的提倡为小学生提供教育券的报告，尝试说服各地实施一个具体的选择方案——第十一章的需求调节模式（the Needs Adjustment Model）。不幸的是，虽然提供了大量的经济资助，但是他们对于自己设定的任务不具有充分的政治说服力，即无法说服所有的地方学校社区支持这项实验，包括教师工会、公立学校校长和公共教育董事会。结果，只有一个符合联邦项目领导要求的社区被选中作为实验区，即位于加州圣荷市（San Jose）、约有 15000 名学生的艾勒姆·洛克区

---

① For a sampling of the Litigation surrounding these vouchers, see Kruse v. Campbell, 431 F. Supp.180（E.D. Va. 1977）; McMillan v. Board of Education, 430 F.2d 1145（2nd Cir. 1970）. See generally Kirp and Yudof, *Educational Policy and the Law*, pp.710—717.

② See "Parents Seek State Vouchers for 'Outside' Mental Care," *San Francisco Chronicle*, Dec.9, 1976, p.39, col.1.

（Alum Rock）。①

　　洛克区是一个以墨西哥裔美国人为主、人口流动性强的社区。这里种族融合程度较好。4 年里，这个学区的联邦资助达到了每名学生 200 多美元，从幼儿园至八年级进行了大量的择校计划实验。学区中超过一半的学校都参与了进来，以学院的形式将那些公立学校大楼划分成许多"微型学校"（minischools）。一般而言，那些将他们的儿童送去参与学校的家庭，都有机会选择项目中的任何一所微型学校。这给家庭带来了大量的选择机会。比如，在该项目实施的第四年，13 座参与的大楼提供了 50 多所微型学校，当然，在某些特定的年级，儿童的选择并不多。结果，相当多的家庭选择将孩子送到了其他学校，而不是为他们指定的学校。随着项目的成熟，作出这种选择的规模变得相当大——第一年有 5% 的儿童，但是第二年、第三年达到了 15%。

　　一些微型学校明显比其他学校更受欢迎，到第三年的时候，许多学校独特的自我形象变得明显。地区官员们怀疑教师们在做"市场研究"——也就是故意探寻发现、满足用户的利益。因此，也许可以发现，超过一半的家庭选择了那些贴着非传统标签的微型学校。更有趣的是，许多家庭有两个孩子，他们本可以选择同一个项目，但却参加了不同的项目。据报道，在实验的鼎盛时期，家长对洛克区教育的满意度非常高（虽然在实验开始之前也相当高）。而且除了个别针对少数民族的双语言、双文化项目以外，没有出现种族隔离的迹象。实验的结果是收获了丰富的实践经验，如关于招生组织工作、校址预算、将有关选择告知家庭的技巧以及交通等方面。

---

① See generally, Sugarman, "Family Choice: The Next Step in the Quest for Equal Educational Opportunity？" pp.555—563; Joel Levin, "Alum Rock: Vouchers Pay Off," *15 Inequality in Education 57*（1973）; Alum Rock Union School District, "Transition Model Voucher Proposal," April 12, 1972, for the Office of Economic Opportunity; Rand Corporation, *Technical Analysis Plan, Evaluation of the OEO Elementary Education Voucher Demonstration: Technical Dissertation*（1972）; *Education Vouchers: The Experience at Alum Rock*（National Institute of Education, HEW, Dec. 1973）; Daniel Weiler, *A Public School Voucher Demonstration: The First Year at Alum Rock*（Santa Monica, Rand Corporation, 1974）; David Stern, Richard Delone, and Richard Murnane, "Evolution at Alum Rock"（review）, 1 *Review of Education* 309（1975）; Joel Levin, *Final Report on the Implementation of the Second Year of the Alum Rock Voucher Project*（Alum Rock, Calif., Alum Rock Sequoia Institute, undated）; Elliott Levinson, *The Alum Rock Voucher Demonstration: Three Years of Implementation*（Santa Monica, Rand Paper Series P-5631, April 1976）.

但是，洛克区并不完全是我们所计划的那种实验。第一，它不包含中学生。第二，家庭不能选择地区之外的公立学校。第三，实际上，教师拥有工作保证。如果微型学校不再受欢迎或不得不裁员，实验计划会提供保障，将这些教师转去其他的项目工作。因此，没有出现聘用不符合教师资质人员的情况，有效的问责制也被极力淡化。第四，不允许微型学校来者不拒、接收所有申请者，不鼓励受欢迎的项目扩大规模或创建分校。事实上，与去中心化的精神背道而驰的是，允许校长们在其管辖范围内保留大量的实权。因此，虽然组成微型学校的教师们享有前所未有的机会实现他们自己的教育理念，但是这些教师、学生和家长们从未掌握任何类似的管理控制权。

最后一点是，没有私立学校参与到实验之中。虽然学区在形式上向联邦政府承诺允许私立学校参与到计划中来，在学生中开展竞争，但是从来都没有真正实行过。一开始，学区摆明立场，州法律禁止私立学校参与。结果，大量的时间都被用来制定新的州立法，以得到合法解释支持私立学校参与。在此过程中，有一部分外面的教师加入计划，开始创建了一所参与项目的私立学校。然而，由于事先没有得到学区的支持或因为延期而出现阻碍，包括学区的拖延，最终这所私立学校也没能建起来。也许是因为这次不愉快的经历，或者因为不存在大量家庭或社会组织的支持，总之，从此再也没有出现过这样的私立学校。当然，学区领导也没有寻求私立学校参与该项目的打算。

我们赞赏联邦和洛克区的官员对进行实验作出的贡献。在许多方面，我们从这个大打折扣的计划中受到了鼓舞。若无其他事情发生，提供家庭择校将成为洛克区经营过程中长期不变的一部分。但是不包括学区以外的私立学校或公立学校，意味着参与的学校不会受到任何竞争影响：这样做的结果是阻碍了计划中更加开放的多样性。我们总结后认为，如果允许发展我们所想象的各种提议，新的实验一定要涉及更广的范围。

择校计划也涉及高等教育层面。比如，加利福尼亚州给许多在学术上取得卓越成果的学院式高中高年级学生提供州立奖学金。[1] 这笔奖学金也许会被用在私立机构的高等教育中。《退伍士兵权利法案》（G.I.Bill）是一个相似的更大的国家项目。[2] 根据该法案，特定的退伍军人可以享受学费补助和生活津贴，允许他们上自己选择的提供高等教育的私立学校或公立学校。但是，

---

[1]　California Education Code § 69530 et seq.（1977）.

[2]　38 U.S. Code 1620（1970）.

这些项目和我们所提出的在意义上区别很大，因为这些学生是典型的独立的成人，因此他们自己本身可以作出选择。对于大多数的法案受益者和如今大多数的大学而言，这无疑是很好的选择。因此，那些用于解决授予成人主权、与儿童一起或代表儿童作出选择的问题的策略，和这样的项目是不相关的。当然，这些高等教育的项目也彰显了社会的意愿，即提供公共资金用于一定范围的公立和私立学院——认可奖学金的接受者更重视的是这个教育机会，而不仅仅是地方州立大学或学院的开放。同时值得注意的是，通过对这些计划和相关事务（比如联邦政府提供的大学生津贴和贷款）的管理和观察，政府已经理解了一些道理，即对消费者（和财政部）的保护似乎可以和择校计划合理共存。这方面经验的典型代表，是最近关于信息公开的某些规定以及部分私立学校学费退税的案例。① 遗憾的是，迄今为止，关于是否应当坚持让公立教育机构完全公开信息、表明它们在培养学生为工作做好准备方面是否成功，联邦政府还没有考虑清楚。

二、儿童政策的选项

1976 年，在各种背景下，美国国会委员会讨论了联邦日托政策（Day-care Policy）。最后采取的最重要的项目是联邦资助家庭选择日托的方案——1976 年《税收改革法案》（*Tax Reform Act*）中的税收优惠条款。② 总之，这项法律规定，联邦政府将承担家庭日托费用的 20%，如果这笔费用得到兑现，儿童的父母（父亲或者母亲，如果他来自单亲家庭）就可以出去工作了。

这里不讨论是否联邦政府应该鼓励父母工作而不是抚养孩子，或者将津贴只给那些以儿童日托为业的人是否公平。实际上，我们只想聊几句关于这个计划的财政维度。相比于之前的税收减免方案更倾向于填补富人家庭的花费，20% 的补贴计划显然更偏向于穷人。③ 但是，很明显，这项新法律并不是权力均等的方案。相比于穷人家庭，富人家庭可以更轻易地利用每个月 400 美元的最大限度的补贴花费（即每个月 80 美元的税收优惠）。显然，穷人家庭没有能力和富人家庭一样轻易地将他们的孩子送去设施昂贵的日托所。最后，这项法律对那些太穷以致拖欠联邦收入税的人完全没有帮助。

---

① See Chapter 11，note 13.

② Internal Revenue Code § 44A.

③ Internal Revenue Code § 214.

但我们想要强调的是，该项目并不是一个用公共经费资助日托提供者的项目，而是一个资助家庭自己选择购买日托服务的项目。事实上，这项政策并没有限制提供日托服务的场所类型或工作者类型。比如，家庭可以聘用亲戚，也可以聘用邻居；日托的场所可以在自己家，也可以在其他地方。

这种以照顾儿童为指向的政策立场与 20 世纪社会福利法改革的方向是一致的，即政府提供公共经费，但依靠家庭来为儿童的利益着想。福利支出就是一个例子。19 世纪末，占主流的说法是实现救济院的制度化，让儿童生活在救济院中，因此被称为"院内救济"，通常的做法也都是如此；而其他替代性的选择是让儿童当学徒或托付给他们所居住的家庭的主人，将他们安置在寄养家庭中。① 但是，在 20 世纪初期，在 1909 年儿童白宫会议（White House Conference on Children）的推动下，流行的倡议开始转为"院外救济"，即根据条款规定，将资金发给有需要的家庭，这样儿童就可以留在自己家中。在接下来的 25 年里，几乎所有的州都实施了"母亲津贴"（Mothers' Pensions）项目；把现金提供给应受资助的母亲——主要是寡妇——那些失去丈夫的、贫穷的母亲，这样她们就可以在家中抚养孩子了。虽然这些项目的动机是部分财政的、更低成本的院外救济，但核心主题是儿童福利。随着联邦政府从破产中恢复过来，它实施了众所周知的抚养未成年儿童家庭援助项目（Aid to Families with Dependent Children，AFDC），这也是 1935 年《社会安全法案》（Social Security Act）的一部分。该项目赞同向有需要的儿童提供财政支持，只要他们和亲属、特别是单亲父母住在一起即可。② 不过，直到 20 世纪 60 年代，联邦的抚养未成年儿童家庭的援助资金才开始真正用于家庭寄养安置。③

最近几年，在强化家庭观念的口号下，关于抚养未成年儿童家庭援助计划普遍化的呼声越来越高，即让所有的贫困家庭都得到津贴，而不只是单亲家庭或者父亲失业的家庭。譬如，在当前项目的实行过程中，一个让政策制定者们担心的非常严重的问题是，在有些家庭，为了能够达到家庭补助计划

---

① See generally，Josephine Brown，*Public Relief*: 1929—1939（New York，Henry Holt，1940），and Winifred Bell，*Aid to Dependent Children*（New York，Columbia University Press，1965）.

② 42 U. S. Code § 607（1970）.

③ 42 U. S. Code § 608（1970）.

的条件，男人们会故意不去工作。①

在 20 世纪 60 年代，联邦所采取的有关贫困儿童培养和健康管理的主要政策，也越来越多地以家庭为中心。从 1935—1964 年，为保障穷人得到食物，联邦采取的策略是分配日用品。父母和儿童得到政府必须给予的东西。从 1964 年起（1970 年时资金增长），联邦政府通过采取食品券计划支持家庭选择。现在贫困家庭儿童的饮食更有可能是由父母做主决定的，而不是政府决定的。相似地，1965 年医疗补助计划——联邦援助计划为穷人提供医疗卫生服务资金——增加了家庭的选择。以前，穷人主要限于慈善医院提供的医疗卫生服务；现在，当他们的儿童生病或者受伤的时候，通过医疗补助计划就能将他们的孩子送去任何接收补助计划患者的公立或私立医院或医生处。

的确，严苛的家长式制度还没有完全成为过去式。尤其是当福利救济人员的名册不再满满当当的时候，受福利官僚主义影响，有了资助，受益儿童的母亲们通常会转变成专业的福利工作者们想要她成为的那种母亲。② 在任何情况下，食品券计划都没有给家庭选择留下充分的空间。该计划允许家庭得到最低食谱需求的满足，而且只有发生在购物效率高的时候。此外，还存在学校供应午餐的现象；这是一种给予儿童的直接帮助，即使没有迹象表明儿童因此更加营养良好，资金还是会被用于增加穷人的食品券分配或者直接提供现金津贴。最后，医疗补助计划受到了很多的选择限制——凭借医生们的能力，可以收取比医疗补助计划的报销更多的费用，如此一来就会有很多补助计划的患者被排除在外。③

甚至在日托所中，情况也很复杂。为抚养未成年儿童家庭援助计划服务的母亲，有资格从她们实际希望的任何日托安排的选择中得到补贴。④ 事实上，她们比承担收入税的上班族父母得到了更慷慨的待遇，因为政府承担了从事儿童福利工作的母亲全额的日托费用，而对于交税家庭则只承担了 20%。

---

① See, for example, Robert Taft, *Welfare Alternatives* (Washington D.C., Government Printing Office, Aug.1976), pp.13—14.

② See Wyman v. James, 400 U.S. 309 (1971). Compare Joel Handler and Ellen Hollingsworth, *The "Deserving" Poor* (Chicago, Markham, 1971).

③ See generally, Andy Schreider, "Proceedings of a Seminar on Alternative Futures for the Medicaid Program" (unpublished paper, Mar.30, 1977).

④ 42 U.S. Code § 602 (a)(7)(1970).

此外，政府承诺投入的资源也是相当多的。但是，最近联邦政府越来越鼓励从事福利工作的母亲将她们的孩子送去日托中心，同时将更多的资金投向了儿童日托管理。① 大多数的日托中心都是朝着公立学校机构的方向运营管理的。当然，我们没有理由预测日托的公共管理优势。总的来说，我们可以公正地总结出，儿童政策领域的家庭选择正在变得规范化。

三、家庭政策的未来

教育领域内外的这些例子都显示了选择试验的可管理性和财政可行性。仍然有所欠缺的是，立法者对更多家庭责任还没有强烈的意识，同样也缺乏立法的洞察力，导致选择鲜明地代表了政治选择权。我们所希望的是，在其他看得见的领域的成功选择，最后会促进政治体系正视支撑当前公共教育垄断的社会成本。如果社会仍然没有相对统一的方式处理家庭的自由和责任问题，那么目前世界上的学校就会越来越糟糕。我们想要得出的结论是，认真地开展教育选择的实验是不可避免的，而且，最近形势的发展也使这种可能性越来越大。国内的一些名人，比如州长米尔顿·夏普（Milton Shapp）、参议员丹尼尔·莫伊尼汉（Daniel P.Moynihan）、国会议员理查森·普莱尔（Richardson Preyer）都提出了规模宏大的计划，即以家庭择校为基础的教育改革。②

可以证实的是，公众热切希望让家庭承担更重要的角色，但是，他们对新政宏大改革的热情却在逐步消退。这是因为，他们对庞大的公共管理项目暂时失去了信心。在寻找一个新的社会支点的过程中，我们很难找到政府和家庭以外的替代物，因为我们所处的社会在很大程度上已经抵消了前工业文明中社会共同体强势干预的影响。③ 也许最终将会证实，社会重新发现家庭的重要性只是通向建设全能型政府的一小步。最后，也许许多人会更喜欢运行良好、管理统一的政府项目带来的安全性，而不愿意接受强化个人责任可能带来的挑战。

---

① See Title XX of the Social Security Act of 1935, as amended.

② See Milton Shapp, *The National Education Trust Fund* (Harrisburg, Governor's Office, 1976); Senate Bill 1570 (Sen. Moynihan, 1977); *National Educational Opportunities Act of 1975*, H.R. 10146 (numbered as originally introduced by Rep.Preyer).

③ Berger and Neuhaus, *To Empower People*: *The Role of Mediating Structures in Public Policy.*

这个计划是否会实行，受到家庭所得到的智力支持的质量影响。目前支持家庭择校的政治意义在于它提供了一段暂缓期——一个在历史上喘口气的机会——在这段时期里，作为一个负责任的政治团体，人们第一次认真地倾听家庭的心声。虽然这种状态仍在继续保持，但相比于当前官僚主义的不受信任，我们希望有更多承担着家庭责任的人可以让这种状态更加持久。

政府提出的有关儿童的计划质量还有很大的改善空间。回顾国会、各州政府与媒体关于各种提议的交换意见，比如日托计划，我们深深地被相关公共哲学运用于儿童问题时的乏力所震撼。这样的争论普遍缺乏坦率性和可理解性——政策旨在影响人们的自我参与。

因为年轻、缺少经验、缺乏与政策制定者交流的能力，儿童没有资格直接参与计划。更糟糕的是，他们的间接参与也是名存实亡的，因为通常没有人会与他们的利益完全绑在一起。父母作为个体能够对此所作的贡献也是极少的。而儿童的游说组织至少因为两个原因而显得微不足道：第一，儿童之间的需求不同，和他们的父母所理解的需求也不同。因此，鲜有父母（或其他人）会真正重视争取儿童的话语权。第二，家长们认为大多数儿童的利益是相似的，而家长所支持的真正有代表性的组织很少有效利用这些家庭资源，虽然这些资源本应该直接用在儿童身上。这些都导致争取儿童话语权的努力是徒劳的。[①]家庭从组织中获益，并不支持儿童游说；因此，事实上几乎没有人支持儿童的利益。

因此，政策制定者主要依赖问责制的两大信息来源：一是有想法但没有经济或社会利害关系的利他的志愿者；二是（或占大多数的）那些专业人士，他们的职业是帮助有需要的儿童，他们的经济和社会利益与儿童的成功程度息息相关。因此，这个问题主要包括的人物有教师工会、日托协会（Day-care Association）、医学协会（Medical Society）、社会福利联盟（Social Welfare League）以及其他的游说组织，这些团体声称帮助儿童的最佳方式是政府可以为每一个组织出售的任何服务埋单。虽然这些组织在政策方面有所差异，但是它们都很有默契地甚少提出增加家庭的权力，反而是更多地将家长自主视为问题而不是潜在的解决途径。

---

① Mancur Olson, *The Logic of Collective Action*（Cambridge, Mass., Harvard University Press, 1965）.

这些状况迫使立法者有义务在制定儿童政策时怀疑信息来源的可信度。这个原则超越了教育的范畴，在没有明确儿童最高利益的其他领域也是适用的；我们观察到，儿童利益的冲突和困惑是随处可见的。最起码，若不解决，就会让立法者承担风险。

不幸的是，在面对这种不确定性时，立法者和执行者会面临两大诱惑：一是在没有找到具有确定性的答案或达成共识的情况下，采纳某种具有实质性的做法；二是将决定权赋予他熟悉的专业人员，而不是他不了解的家庭。为了抵抗这些诱惑，必须帮助立法者了解，关于儿童利益的冲突、困惑和无知不但不是一场灾难，反而可以为他们提供丰富多元的意见参考。

基于这个理由，我们希望第二部分形成基本问题的方式所涉及的范围可以超出教育领域。特别是，儿童政策的发展应该缓慢推进、不断摸索。我们首先应持有这样的假设，即我们的信息来源尚不明确，儿童的愿望是多种多样的，我们预测干涉后果的技术和能力总体还不成熟。无论这个历经磨难的政策何时遇到了事实或价值的不确定性，这种谦逊的态度都应该有助于抵制影响专业判断的双重诱惑，即抵制统一的答案和未经思考的授权；而且应该将问题从什么是儿童的最高利益转向谁最有资格为儿童的利益作决定。真正的问题不是利益实质，而是利益管辖权，在这个问题上，没有任何一个假设仅仅因为某些专业人士对政策话语有支配权，就把重心偏向他们。

所需要的是可以理解的论据，即关于应该认可哪些群体享有权利；愿意的话，也可以称其为理论。当然，在这种情况下，社会虽然因为不确定性而陷入僵局，但仍然热心于为儿童服务。关于教育方面，我们在这里已经基于具体的有价值的前提和假设讨论过这个论据的纲要。在儿童的教育上，我们更倾向于让家庭或有家庭倾向的群体在专业人员的帮助下掌握恰当的核心权力。我们既没有发现、也想象不到一种关系，能够确保个体儿童的利益和需要可以得到最好的业余人士和专业关注的保障。

我们有理由认为，这个论证也适用于儿童生活的许多其他领域，而不仅仅是教育。是否真是这样的，还有待所有公正对待儿童的人的认真探究。如果在适当的时候涉及儿童的政治经济状况，那就一定要评估现代家庭代表儿童说话的能力。这是一个值得思考的问题。这种制度既有一些不健全的地方，也有许多功能上的障碍。如果这成了严重的麻烦，那么限制家庭对儿童的影响似乎才是理所当然的、积极有益的。但是，始终被束缚在一个已然失败的制度上显然是不公正的。

　　不过，对儿童而言，现代家庭在面临史无前例的新形势的同时也孕育着新的希望。当工业革命将儿童变成了一种负担，当医学技术使生育子女变成一种可以主动避免的事情，一种新的家庭经济也就随之形成了。虽然这些影响可能会威胁到家庭基本功能的发挥，但事实上，这也可能带来一种新的生活和新的职业生涯。如今，那些选择做父母的人所展现的，是世世代代养育儿童这项职业最为人所熟知和精通的品质，即准备做出牺牲。

下篇

使择校惠及所有家庭：
一个立法和政策改革的模板

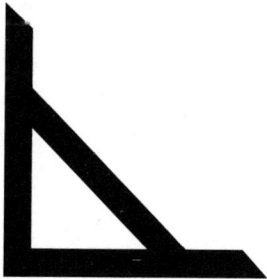

引 言

标准字典通常都将"公共"一词定义为"对所有人开放"。通过这一方式，美国已经建立了一套公共教育系统。但是，最好的公立学校通常只对那些有经济实力住在其附近的家庭开放，而私立学校的收费也必然将许多家庭拒之门外。其结果就是，富裕家庭拥有教育的选择权，而其余大多数家庭不得不去社区附近的州立学校。但是对美国而言，她应当建立一套真正面向所有家庭的学校系统，无论这些家庭处于社会哪一个阶层。

推行择校的立法提案首次出现在 20 世纪六七十年代。这些提案最初是作为"向贫困宣战"的武器而提出的，自然也就主要面向低收入家庭。然而，大约从 1980 年至今，一场全国性的政治理念转变已经将其重塑成了一场特殊的自由主义运动。在这些提案一次次被否决之后，其最初对贫困地区和城区学校的关注被重新提出。各个政治派别又一次认识到，择校机制在根本上应该是对那些贫困家庭及其孩子在教育上的一个救济途径。

在公立学校系统内部，择校机制正在快速发展。越来越多的州在批准建立特许学校。此外，很多学区现在允许家庭在其附近的部分或全部学校中进行选择，甚至已有近 20 个州开放了跨学区的择校。

我们这里关注的择校计划包括公立学校和私立学校。但同时我们也将从密尔沃基和克利夫兰的试点项目中吸取一些经验——这些试点项目仅为低收入家庭选择私立学校提供学费上的公共资助。公共支持在这些项目上的广泛扩展说明了它们在各地的政治可行性。[1]

目前，筹划关于公共资助择校项目的具体设计在很大程度上已经成为一项地方性工程。许多提议都始于思想的创新。这在一定程度上带来了有益的多样性，但同时也使得一些重要的尝试容易招致深思熟虑后的批评。显然，择校的主张者在起草法律或立法提案时，应该广泛借鉴那些正在实行的实践

---

[1] 全美国目前有超过 30 个面向穷人的私立奖学金项目。没有人会料想到，这些令人尊敬的善举的意义已经远远超越了满足一小部分人的择校需求。

经验。如果从 1967 年设计和推行择校计划模式以来，我们对自己那些被别人反复指出的错误始终保持缄默，那无疑是错上加错。

　　然而，在涉及技术层面之前，我们需要强调，政治上的成功有赖于通过对话使公众明晰把公共资金投入择校计划的政策合理性及其与每一个具体方案之间的联系。择校计划的实践希望有赖于思想开明的民众逐渐认同一套道德与社会上的前提基础，而这些与精心设计的政府政策密切联系。

第一章　择校的合理性前提

教育选择权的合理性基于两个普遍的前提：一是孩子自身的利益，二是公共利益。

一、孩子自身的利益

如果一个孩子在阅读、写作、计算等基本能力方面达到一定的水平，他在社会中取得成功的机会将大大增加。那么，择校是否会有利于实现上述结果呢？我们的答案先从一个简单的关于教师群体的事实说起。

在教师群体中，对于什么是最好的教学方法，一直存在着很大的专业分歧。很多教育者都知道如何去做。但很不幸，他们了解的内容往往大不相同，甚至相互冲突。由于这些专家们总是提出一些看似有理却又相互矛盾的主张，所以择校拥护者们就认为应当由父母从中做出选择，因为父母了解和关心自己的孩子，最有可能选出能为孩子带来积极效果的学校。学校一旦为获得家长的青睐而开始竞争，它们就会有强烈的动机去实现良好的教育效果。这一关于择校显而易见的观点正得到密尔沃基、克利夫兰、圣安东尼奥等地区择校研究的实证支持。这些研究也印证了一些早前的研究发现，即内城区天主教学校的贫困家庭儿童比公立学校的贫困家庭儿童进步快。当贫困家庭的家长为孩子选择了天主教学校后，他们的孩子看起来学到了更多的基本技能，或者说他们以更低的成本学到了同样多的东西。

在儿童品德发展方面，我们发现了择校带来的一个相似却更为微妙的情况。从社会的角度看，我们对构成美好生活的要素存在重大分歧。美国人广泛研究了许多哲学家、科学家和神学家的道德教育。但是，在这些相互冲突的观点中，哪些应该是一个民主社会需要提倡的呢？择校提倡者们认为，州政府不应该授权其任何机构从中做出挑选并强加给那些无法退出的家庭。州政府与其如何成为优秀的人开出一个单一的"药方"，还不如帮助每一个家庭把孩子送到符合他们自己观念的教育者那里。

二、公共利益

当他人的孩子受到良好教育时，我们每一个人都能由此受益。从实现社会公益的角度看，把中低收入家庭的孩子限制在州立学校的做法与赋予他们自主权（富人已长期享有）的做法，哪一个更好呢？择校主张者们认为，看不见的竞争之手更有利于推进社会公益的实现。与我们熟知的那个垄断性的学校系统相比，根据每个家庭的选择建立起的学校系统更有利于社会的高效运行。

对择校的这种信心是建立在长期的经验事实之上的。总体而言，市场对我们的社会发展起到了很好的作用。这不仅指商业和工业领域，而且包括那些贴近家庭的领域，比如高等教育。如果我们的国家不欢迎私立学院和大学，只是将高中毕业生按部就班地送进附近的州立学院或大学，那么没有人会认为这样的国家能繁荣昌盛。但我们的公立小学和中学确实就在按照这样的模式运作着。大多数人认为这种模式贻误了这个国家太多的青少年。

儿童个体在教育上的低水平学业并不是对社会公共利益的唯一威胁。考虑一下维护不同社会群体之间和谐的需要吧。可能这种和谐会部分地取决于学校在多大程度上成功传递了那些共同的民主理念，包括公民参与的必要性和尊重异议者的义务。有些人声称择校损害了这些目标，但是历史和现实的有力证据表明，一项设计良好的择校计划比现存系统更能培养凝聚力。强制从来不是实现相互尊重的最好途径。

当国家放任贫穷剥夺父母对儿童的教育支配权时，其实是给整个家庭上了一堂最坏的公民课。限制教育选择会招致不满，最终往往以敌对或冷漠的形式表达出来。相反，当儿童可以去父母为其选择的学校学习时，他们将更有可能成为更加积极、宽容和远离犯罪的公民。随着他们变得更加易于相处，我们的学校也会随之变得更加和谐。学校面向所有的家庭开放可以给社会和谐带来巨大的好处。

通过提出一系列关于择校计划设计的问题和解决方案（这些方案通常在细节上随具体情境而变化），我们致力于将这些家庭择校的普遍观点转化为具体的法律制度。

目前，大量的实践经验和快速发展的社会科学都支持上述结论，即公共奖学金资助父母做出的学校选择比当前强加在中低收入家庭的被动选择，更有效地满足了私人目的和公共目的。这些观点可见于很多的研究文献，其中一些是我们自己撰写的，但我们现在不是要给那些文献作补充，我们在此试图为改革者们面临的实践任务和政治任务提供最有用的调查意见。

第二章　谁应该获得奖学金

国家需要设立一些政府奖学金项目，以帮助家庭能够为自己的孩子选择学校。设立奖学金的第一步是起草具体的议案。而在项目设计中最重要的问题便是谁应该获得奖学金。

一、奖学金要面向所有的孩子吗

（一）富裕家庭的孩子是否应该被涵盖

一些人认为，既然富人家庭也纳税，那么他们就有权和其他家庭一样得到择校补贴。此外，如果奖学金能覆盖所有儿童，可能会有助于赢得那些与政界关系密切的家庭的支持。这就如同福利的普及有助于社会安定一样。

另外一些人认为根本没有必要向富裕家庭提供奖学金支持，因为他们已经可以负担得起自己孩子所需的学校教育。此外，将选择私立学校的补助扩展到所有家庭也具有一定的缺陷。如果奖学金扩展到所有的经济阶层，穷人家的孩子就必须为上期望中的学校与中上收入家庭的孩子竞争。这会引发公平问题。很多人担心，正如美国生活中很多方面一样，富人们往往会更有效地利用（或者说操纵）制度以使其更有利于自己的孩子，而留给穷人们的只是很少的、较差的机会。换句话说，尽管平等对待所有孩子可能会建立一个形式上公平的竞技场，而实际上，和目前公立学校的情况差不多，却都是不利于穷人的。

或许通过一些规章制度能够减轻这一明显的政治包袱，我们将在后文探讨这其中的一些问题。然而，这一策略也会带来新的难题，即有时会使择校支持者阵营被分裂，因为支持者们对那些规章制度的态度经常会发生冲突。

（二）密尔沃基和克利夫兰的经验

在 20 世纪 90 年代早期，密尔沃基形成了一个主要由美国非裔民主党人和主张自由市场的共和党人联盟。他们制定了一项有限定性的学校选择计划。

该计划为 1600 名内城区的孩子们（大多数依靠公共资助）提供了机会，使他们可以去上自己家长所选择的学校。在成千上万的申请者中，这些少数的幸运儿们得到了机会，可以去上预算较低的私立学校。尽管与公立学校的人均财政经费相比，孩子们的奖学金数额并不算多，但足以让那些私立学校为此相互竞争。这些学校的新学生通常都是来自单身母亲家庭，妈妈们早已对公立学校极其失望。现有的研究表明她们更加满意于这种私人学习环境。私立学校的孩子们是否能够在标准化测试中取得更高的成绩一直是争论的焦点问题。最新的研究发现，那些参与择校计划 3 年以上的学生已经取得显著的成绩。而且无论怎么说，他们比公立学校的学生花费了更少的州资源。

克利夫兰效仿了密尔沃基的做法，其计划第一年的名额限制为 3000 人，但报名人数同样远远超标。在后文我们会继续讨论这些方案的细节，而在这里要强调的是，它们的成功足以说明有限奖学金在政治上的优势，它帮助了那些现行体制下处于劣势的某个或某几个阶层。

二、关于目标群体的一些选项

如果州只能给一部分孩子提供奖学金，那么谁应该得到呢？关注那些生活贫困的孩子们无疑可以是一个选择，但绝不是唯一的选择。在详细讨论备选方案之前，我们建议先确定一些选择的标准。

第一，选择的类型应该指向那些能从择校中受益最大化的孩子。

第二，应该能够向公众说明受资助者是谁以及为什么是他们。

第三，应该可以清晰简单地让每个家庭明白他们的孩子是否符合获得奖学金的资格。

第四，奖学金的筛选过程既不能耗费太多，也不需要政府官僚介入太多。

第五，尽量避免让获得奖学金的孩子及其家长感到不必要的耻辱。

第六，选择标准不会引起不正当的行为动机。

（一）低收入家庭的孩子

低收入家庭的孩子是择校奖学金资助目标中争论最多却也最合情理的候选人。

优点：我们的社会在通过很多计划帮助穷人家的孩子，其中的原因也很好地为公众所理解。让这些孩子获得奖学金资助只是那些持续帮助的最新举措。当然，贫穷并不必然牵涉教育劣势。一些低收入家庭的孩子在学校的表现也很出色。然而，贫困与孩子获得新教育机会的需求联系密切。这一点非常重要，公众们都理解。如果让那些贫困家庭的孩子继续在当地的公立学校上学，他们的学业前景将很不乐观。那么对此最直接的回应，就是将奖学金集中到这些孩子身上，进而使他们获得选择学校的权力和新的希望。

此外，从行政管理的角度看，确认这些孩子的身份相对简单，至少他们与州或联邦的食品券计划或学校午餐补助计划的对象基本吻合。事实上，如果这样的话，这些孩子们也就不会为领取择校奖学金而感到耻辱。而如果其他孩子被同学知道受奖学金资助的话，可能就会感到耻辱。但是年幼的孩子通常不太会注意到同学是否受到资助，甚至那些获得资助的孩子也很可能对自己的处境毫无察觉。

任何定向于穷人家庭的奖学金计划都具有一个重要的财政优势。目前，大多数的穷人家庭孩子都在公立学校上学。即便奖学金面向所有的低收入家庭开放，目前私立学校中符合奖学金资格的孩子也是相对少数。纳税人对私立教育的现有负担也将很轻。即使私立学校的人均奖学金额度与公立学校人均经费持平，所增加的财政负担也是微不足道的。

当然，一些低收入家庭的孩子目前在指定的公立学校也过得不错，但这一情况与奖学金计划并不冲突。即便多数贫困家庭孩子会选择留在目前所在的公立学校，增加他们的选择权也没什么坏处。

缺点：仅将贫困人群作为奖学金的目标群体，很可能会使他们感到耻辱。除此之外，还有下列几个缺点：第一，家庭收入或许并不是评估扩大教育选择权需求的最好指标。后面我们很快就会探讨确定奖学金目标群体的替代性标准。第二，为了使孩子一直享受奖学金，有些家庭可能会希望保持贫穷状态。（我们将在后面的章节讨论奖学金发放时长时解决这个问题。）第三，有些家庭或许会采用欺诈的手段伪装成穷人以获取奖学金资格。然而，正如在食品券等项目中可以通过身份验证进行资格监督审查一样，州也可以通过这种方式使奖学金计划中的这种欺诈减到最少。退一步看，如果不拘泥于字面意义，那些由于重视孩子教育而去装穷的家庭极有可能是认同这一计划的精神实质的。

以贫困为标准决定奖学金资格的最后一个缺点在于会招来意识形态上的反对意见，即被认为是给予穷人的另一项福利。事实上，向穷人孩子提供奖学金是为了打破贫困的循环。然而，一些吹毛求疵的人总能将任何扶助穷人的计划看作是鼓励新的依赖。幸运的是，即便在保守派和自由论者中间，也很少存在这样的荒谬顾虑。共和党议员最近正在努力向哥伦比亚学区的穷人孩子提供公共奖学金。现在，那些反对奖学金只向穷人开放的人认为奖学金应对所有人开放。这些激进分子通常认为择校奖学金计划只有两种政策选择，要么是穷人，要么是所有人。我们这里想要强调指出还有许多其他的选择方法，接下来就开始逐个讨论。

（二）学业表现差的孩子

孩子的学业表现水平也许可以用来决定获得奖学金的资格。

优点：显然，孩子个体的低学业水平被广泛用来说明当前学校教育的问题。允许这类孩子获得选择权具有相当高的呼声。而且我们可以发现，与低收入家庭孩子一样，目前低学业表现水平的儿童也大多分布在公立学校。

缺点：或许最麻烦的是，给予后进生奖学金可能会阻碍他们取得学业进步。因为与此相联系，如果获得奖学金的后进生在新的学校取得了学业上的优秀表现，那么他们是否就会失去继续获得奖学金的资格？（我们在后面会讨论。）如果被其他同学知道自己在之前的学校是差生，也可能会让这些受奖学金资助的儿童感到羞辱。教师对他们的期望值也会受到负面影响。

孩子在测试中表现差或者不及格是否是一个真问题尚不确定。失败并不是绝对的。孩子们的表现也可能会像被期待的一样好。批评者们的关注点似乎更接近于孩子们能力范围之内的优异表现，但这又是由什么决定的呢？

低学业表现的定义必须明确。目前只有两种成本较低且简单易行的判定标准：一是学生在标准化测试中的分数；二是学校对于学生需要留级的专业判断。后一种标准存在很多问题，主要包括：（1）留级的学生很少；（2）不同学校和学区之间升级的标准差异非常大；（3）可能会促使原来学校的教师让不合格的孩子也升级。

标准化测试的成绩或许是一项更能令人满意的标准，但是后面我们会发现测试分数也不能清晰准确地反映孩子的学业成果和学校的教学质量。根据测试机制，在判定孩子学业失败之前得让他们先参加一个基准测试或者入学条件评估。那么这就意味着奖学金只能从二年级开始。对于那些依赖奖学金生存的小学来说，这项制度非常讨厌。

最后，高学业表现只是择校计划所倡导的众多目标之一。标准化测试成绩很好的低收入家庭孩子仍然可能厌恶他们正在就读的学校，然而却无能为力。而相比之下，富裕家庭的孩子即便测试成绩不好也仍有很多补救途径。

（三）身处风险中的儿童

在有些州，某些类型的儿童会被认定为"身处风险中的儿童"。这一概念的界定大概包括具有吸毒、酗酒、长期逃学或退学、怀孕、流浪等情形的孩子，还包括其他需要社会特别关注的弱势儿童。这些界定都可以被用来决定择校体制中的奖学金获取资格。

优点：使用这一标准最强有力的论据在于这些孩子在某种程度上处于最糟糕的境地。赋予他们选择学校的权力可能会影响到他们成年后是获得个人实现还是受困于悲惨境遇和社交障碍。那些反对公然以家庭收入决定奖学金资格的人或许会支持这一择校方案，即把这些具有不幸经历的特定青少年作为资助对象。（即便如此，低收入家庭儿童中的大多数也能获得奖学金资格。）此外，很多地方已经尝试了这样的做法。在明尼阿波利斯市（Minneapolis）就有一些为此类孩子设立的专门学校。这些学校通常由获得这类特殊儿童教育公共基金的非营利组织管理。该项目已经取得了一定的公共影响力，通过了一些独立评估。那些接触到该项目的人士普遍认为项目运作良好，因为它给那些在传统学校无法取得成功的孩子提供了最后的机会。

缺点：这一标准存在两个最大不足：一是覆盖面窄；二是辨识的模糊性。"身处风险"是一个模糊的范畴，公众对于这一概念应该包括哪些人有着较大的理解差异。"风险"是指成年之后的彻底失败吗？如果是，这又和儿童早期的学业表现有多大关系？举个例子，对于一个学习成绩已达到基准水平的16岁的怀孕少女，我们是否就不给她择校的权利了呢？如果"风险"更多是指学业方面的，或者说是指会成为一个受教育严重不足的成年人，那么又会怎样呢？资助对象必须是那些辍学或者学业表现低于基准水平两级的孩子吗？所有这些问题都再次指向对学业失败的定义。

作为一个实践问题，"身处风险"这一概念的操作化需要选择和明确一套指标。但是公众仍然可能会对一些指标的缺失有所抱怨，即便这样的奖学金计划会逐渐扩展到公众认为合适的任何人群。

一个更大的潜在问题是这类"身处风险之中"的孩子在实际生活中的数量很少。一方面，限定性条件有助于项目快速启动；但另一方面，项目覆盖面的有限性又会减少它所能获得的政治支持。从更根本上来说，除非这一概念的内涵被扩展，否则就不可能把大量的青少年纳入择校计划的资助范围。此外，采用这一标准的择校计划通常会忽略小学生，这会使问题更加恶化。

最后，这类项目还必须面对另一个艰难的抉择，即一个受资助的孩子脱离前述风险境地后能否继续享受资助。这在后文会继续讨论。

（四）残障儿童 / 特殊教育儿童

20世纪70年代之前，当联邦资金和项目首次涉及残障儿童教育时，很多州将这些儿童逐出了公立学校课堂。有些州为这些孩子提供了教育券，让他们可以去上那些有能力应对他们残障缺陷的私立学校。甚至到今天，一些很严重的案例也依然在通过这种途径解决。这就意味着，各种残障儿童构成了择校计划的一个潜在目标群体。

优点：以部分或全部残障儿童为奖学金资助目标的做法具有一个便利，那就是联邦和州的相关项目已经确定了这部分人群。今天，每一名残障儿童都有权选择一项能满足自身具体特殊需要的个别教育计划（IEP）。而实际上，即便在同一管辖区域，这些孩子所得到的公共教育质量和资助也存在很大的好坏差异。因此，许多家庭很乐意有更多的选择权。现在，很多家长可以通过个别教育计划（IEP）本身为自己的孩子获取由公共资金赞助的私立教育。然而，也会有一些家长对学区内政府指定学校的个别教育计划（IEP）不满意并且拒绝接受，于是他们不得不聘请律师通过诉讼的方式获得公共经费资助去上他们满意的私立学校。通过给予所有这类孩子奖学金资格，择校计划可以确保父母们不会因烦琐的申请程序而有压迫感。如果他们不喜欢地方政府官员在个别教育计划（IEP）中推荐的学校，他们可以安排自己的孩子去别的学校。相比父辈，现在这些孩子已经获得了相当多的政治同情，他们或许可以成为择校计划最为关注的目标群体。

缺点：尽管给残障儿童学校选择权看起来简单易行，但这一策略也面临一些严苛的政治问题。该领域的领导层对此也是意见不一。一些管理公立学校的官员担心这一做法会鼓励家长们选择现有的私立学校，而不是尽量在公立学校中寻找选项。另一些人担心这一计划会导致私立教育机构的专门化。他们认为这与父母权力结合在一起会破坏融合运动或回归主流运动。这种风险的发生即便可能，也是极不确定的。很多普通私立学校多年来一直在自发地践行着回归主流的思想。借助择校补贴，更多的残障儿童将可以进入这些学校。当然，很多家长又强烈反对回归主流，他们更愿意为孩子选择保护性的、专门性的环境。显然，主流化并非唯一的公共价值。真正正确的选择是要经过试错检验的。并不是所有的特殊教育儿童都适合同一种模式。家长们认为自己应该有纠错的自由。

第二个问题是确定严重残障儿童的类别范围。那些全聋或者患有严重精神障碍的儿童自然应该得到奖学金。然而，很多目前正在接受特教服务的儿童所遭受的残障程度较轻，现行体系下他们一般每周可以获得两个或三个小时的特教服务，主要包括语言治疗或者阅读指导。残障程度的差别会影响到任何择校计划的设计制定。尽管可以为不同程度的残障设定不同的奖学金标准，但这很可能不是大多数支持以残障儿童为择校计划目标群体的人士所想要的。另一方面，如果那些轻微残障的儿童（尽管可以界定）被排除在奖学金对象范围之外，该计划就将非常小众化。目前，那些具有实际残疾的儿童约占全体儿童总数的 2%，而其中大约只有 1/6 被认定为残疾人。

最后，如果择校计划要起步于一定的目标群体，那么人们或许期望它能多关注那些反映社会中最重要的教育和政治问题的群体。我们的特殊教育系统尽管存在着很多不足，但它不对民主文化构成威胁，真正的潜在威胁在于内城贫民区的困境。当然，在当地条件允许的情况下，择校计划方案也可以同时兼顾这两个群体。

（五）失败学校的学生

在加州和其他一些地方，已经出现了为失败学校的学生提供奖学金资格的立法提案。学校的失败可以通过测试成绩的平均值、年增长值、毕业率等相关指标来测量。

优点：该观点认为儿童不必非得去失败学校上学。如果一个学校办得很差，家长有权为孩子选择放弃和离开。这种常识性的理念有相当大的政治吸引力。此外，还有一个原因，即希望借此可以强烈刺激那些失败学校去努力改进办学质量，毕竟任何学校也都不愿意被贴上"失败学校"的标签。这一标准下的奖学金资格将非常清晰，至少所选的标准可以用分数等量化。

缺点：使用原始的测试成绩作为学校排名的绝对标准，这一做法可能是很不公平的，或者说不能准确反映学校的绩效。事实上，一些学生成绩相当高的学校可能并没有给学生教授多少东西，学生的成绩可能更多的是他们在校外学习的反映。在其他一些学校，学生的低成绩可能只是其入学前水平本来就比较低的反映。很多人认为，根据学生的低学业成绩而给学校贴上失败的标签是不公平的，因为很多情况是学校无法控制的。

衡量一个学校教育是否有效的最好指标是学生的学业增量。然而，通过一套测试系统去测量这部分增量却比较费时。事实上，有些人甚至怀疑是否存在这样精巧的测量方法，认为在教育问题上很难追踪因果关系。但是，即使我们不能确定学生表现差是否应该归咎于学校，但给予那些在低水平学校的孩子以选择权还是说得过去的。

如果对把测试成绩作为唯一标准的做法存有争议，我们还可以在既有计划中增加一个替代性做法。在有些学区，教育行政部门正在干预那些长期失败的学校，并对其进行重建。目前已经指定了相当数量的学校并开始实施了。这些学校的学生有权选择退学，而不是在重新调整中碰运气。当然，这存在一个常见的强烈的风险反应，即学区也许会把择校当成一个威胁，进而停止确定失败学校。

针对失败学校的择校计划还存在另外一个问题，即如何安排这些学校中那些通过自己努力取得较好学业成绩的学生。他们中的很多人可能来自中产家庭，已经可以负担去其他学校上学的费用。有些评论家认为将奖学金扩展到中产家庭的做法不合情理。（或许可以增加一个贫困家庭的条件，从而将这类情况排除在外。当然，这必然会有点儿小复杂。）

（六）贫困学区的孩子

近年来，许多学区因陷入财政困境而不得不对外正式宣布破产。这种情况可以被用来确定一些应该获得奖学金资格的孩子。

优点：如果一个学区经营不善，濒临破产，那么家长们就不必把孩子送到该学区的学校上学。借助这一途径可以很容易地辨识哪些孩子有资格成为奖学金资助对象。学区的破产与前述讨论的目标确定标准有着相当强的关联性。

缺点：迄今为止，学区破产的情况很少发生，所以对于任何仅以此为依据的择校计划，其目标群体将极为小众，只有极少数家庭可能受益。（当然，学区破产也可以只作为获得奖学金申请资格的众多充分条件之一。）一个更重要的问题在于学区破产与最需要择校的学生之间是否存在一致性，对此至少还有待进一步的探讨。换句话说，破产对于教育职责的负面影响在一定程度上只是一种直觉结论。最后，人们担心，如果破产可以启动择校机制，那么可能会导致学区对破产的滥用（要么太频繁，要么很少发生）。

（七）高犯罪率学校的孩子

奖学金也应面向那些在危险学校上学的孩子。每所学校都存在一定的犯罪率，因此可以根据其危险程度或者绝对安全指数进行排名。

优点：民意调查显示，很多家庭对于我们公立学校的犯罪率尤其失望。给这些学校的孩子发放奖学金资格的理由是不言而喻的。父母们不应该送自己的孩子去不安全的学校。如果建立一套统一的、官方的不安全学校认定机制，那么就会激发所有的校长和教师努力避免自己的学校被列入名单。最后，发生在学校的犯罪与劣等教育具有直接关联，因而为这些孩子提供一条出路不仅具有实际功效性，也具有政治吸引力。

缺点：想要获取统计学上关于校园犯罪率的有效信息是十分困难的。问题不是人们忽略了辨识哪些学校存在危险，最大的难题在于认定哪些事件应该被计算在内。（例如，大厅里的斗殴？携带武器的攻击？持有违禁药品？涉及刑事指控的事件？）尽管我们可能也会对相关行为的意见达成一致，但现实是许多犯罪事件可能并不为警察甚至校长所察觉。更糟糕的是，如果犯罪率的高低可以决定孩子们能否获得奖学金资格，那么学校毁灭证据的动机就可能会增加。

一个替代性的做法或许是可以根据学校所在区域的犯罪率来审定奖学金资格。每一所学校邮政编码范围内或者临近区域内的杀人犯罪率（或许也可以包含其他犯罪类型）当然都应被计算在内。但是，仅仅是上下学必经一个危险区域也许并不足以作为获得奖学金的依据。估计许多人会反对这一做法的适切性，例如，他们可能会声称他们的学校是周围暴力街区之中唯一安全的避风港。

（八）实施择校计划学区的孩子

与其在州的层面决定奖学金的目标群体，倒不如把权力交给学区的选民们或者当地各学校的董事会，甚至可以将决定权放到学校层面，可以让教师、在校学生的家长、已被录取的学生的家长等人投票决定。或许还可以采用先到先得的原则（例如第一批有 25 个学区参加择校计划），新的学区也可以继续加入，直到一定数量的学区加入后，使得全州获得奖学金资格的孩子达到一定的比例。

优点：去中心化途径通常具有美国地方治理风格的优点。对于那些倾向于使决策更贴近社会受众的人来说，这种方式很有吸引力。它鼓励在不同区域尝试不同的方案，因为这样可以避免将单一模式强加于整个社会时发生的风险。这一策略同时倾向于聚焦对择校计划可能最渴望、最需要的地方。此外，地方化的选择路径能更少地使社区中其他那些更愿意保持现状的人们感到威胁。这些人也许会支持择校计划在失败学校、贫困儿童社区等地方实施，但同时也会反对在他们的学校强制推行改革。

缺点：有些人，甚至包括美国人，认为地方化的选择会导致混乱。他们在政治直觉上就会反对择校决策的去中心化。他们还担心，在实践中，最赞成择校计划的学区并不是那些可以使该计划发挥最大效能的地方，而是那些由组织有序、精力充沛、已经凭借其经济地位拥有了选择权的人代言的地方。（这也许和民意调查的结果相悖，但理性不是唯一的考量因素。）在任何情况下，那些从全州范围看最需要择校计划的孩子很可能就会沦为地方政治的牺牲品。当然，州层面上也会根据前面探讨过的那些标准为择校计划确定一些候选地区，然后将事情交给社区自行投票解决。

回顾所有这些备选项，我们不认为任何一项就是清晰、正确的答案。对于一项具有特定目的的奖学金计划，哪个或哪几个群体应该成为资助对象？关于这些可能性的调查，我们的目的仅仅在于提出一些思考的维度。从历史的角度看，我们的偏好一直以来都聚焦于为贫困家庭的孩子提供机会。在后面的章节中，我们会不时地探讨解决这一框架下所面临的很多问题。我们可以看到将择校补贴扩展到更多群体时的累计效益。最后，很多读者也许会得出结论，认为最好的计划就是应该向全体儿童开放奖学金。在任何情况下，确定谁有资格获得奖学金只是很多重要项目设计上的第一步。

三、获得的奖学金资格可以持续多久

对于一名之前已经获得奖学金资格或者资助的儿童，当他不再具备某些最初申请奖学金的条件时，一项周全的奖学金计划应该保障他可以继续愉快地选择学校。比如说，我们可以假定一位儿童获得奖学金资格是因为之前的学校整体质量太差，但是如果现在这个学校的测试成绩提高了呢？那又该怎么办？这位儿童的奖学金资格应该被州撤销吗？如果不撤销，他／她可以继续享受奖学金直到高中毕业吗？如果其家庭搬迁到本州其他地方又该怎么办呢？在择校计划起草中，这是一个被普遍忽视的难题。

一方面，如果奖学金资格基于之前学校的低质量，那么当这一合理性基础不复存在时，为什么他／她还可以继续享受奖学金？另一方面，在很多情况下，撤销其奖学金似乎过于严苛。试想，一名儿童基于自己很差的学业表现

（其家庭认为这是之前学校的责任）而获得了奖学金资格，然后转学到一所新学校，并且成绩越来越好，那么如果现在他／她因为成绩提高而丢了奖学金，未免会让很多人感到匪夷所思。

如果奖学金资格的延续是基于之前学校的其他特征，那么问题看起来可能会有所不同。试想，如果之前那些衰败或者破产或者不安全的学校实施了变革，学生们就会少一些理由拒绝返回之前的学校。然而，撤销奖学金仍然至少会在两方面使人烦恼：第一，在任何孩子进入了其中意的学校之后，再强行将其送回之前已经逃离的学校是一个很大的伤害。（还有一种貌似有理的说法，即原来学校的老师可能会对孩子之前的退学心存芥蒂。）第二，经过一段时间，学校很可能会在相关方面有所波动，使其学生时而符合奖学金要求时而不符合。对于那些已经选择退出的孩子而言，这种反复波动极具破坏性。简言之，强迫学生回归其厌恶的学校显然是错误的做法。对于那些获得奖学金资格的孩子，至少应该保证奖学金资格的可延续性。

对基于危险处境、家庭贫困等学生个体特征的奖学金资格，也存在同样的情形。这些孩子后来有可能脱离了最初使其获得奖学金资格的那些情形，或者至少看上去是这样。例如，一个女孩不再处于怀孕状态或者不再酗酒了，她的兄弟看起来可能已经克服了残障，她母亲找到了工作，家庭收入超过了奖学金资格要求的上限。但是这些情况可能都是暂时性的。在很多情况下，把这样的孩子送回原来的学校可能会导致之前的问题复发。失去奖学金的威胁可能会促使孩子及其家庭保持以往的状态，比如不工作，继续吸毒，被动忍受可治愈的残障。

一个大致折中的做法也许是允许孩子在失去资格条件后可以延续享受奖学金资助若干年。这里的若干年应当是明确的，比如说 3 年。或者也可以根据其获得奖学金初始条件的不同而有所区别。或者也可以根据其获得奖学金时所处的年级而定，保障其小学阶段或者中学阶段的连续性。

后一种想法会带来一个更加普遍的连续性问题：如果一个儿童在三年级时因某种条件在其学校中获得了奖学金，那么当他／她正常完成了小学学业后怎么办？更确切地说，如果该校是九年制或十二年制学校，他／她的七年级该怎么办？如果在享受奖学金期间，他／她的家庭搬到一个新地方，并且可以上所属学区的新小学，但是如果这个新小学起初又不给他／她奖学金怎么办？

对于这些情形，延续奖学金有两个显而易见的好处：一是有利于孩子和家庭（他们会认为自己做了一个好的选择）；二是避免重新确定资格所需的行政成本。但是另一方面，这可能会招致其他家庭的妒忌，认为他/她凭运气而得到了太多好处。毕竟，大多数孩子在搬家后或升入高中学业（甚至初中学业）时都要换学校。

坦白说，人们对于最佳解决方案总是会有不同意见。那些强烈支持择校的人倾向于将奖学金目标选择视为一个权宜的开局之计，他们认为经过一段时间后大家就会发现择校是对所有人有利的。他们可能还会支持所有获得奖学金资格的人可以延续其资格直到高中毕业。另一些人主张奖学金资格只能延续到所在学段（例如小学）结束，在下一个学段开始时应该重新进行资格确定。

这里有一个示例条款，其中包含了奖学金资格的确定和期限。需要说明的是，这是按照州宪法修正案形式起草的，而非法律规定。

低收入家庭的孩子和严重残障儿童具有获得奖学金的资格。在任何时候，低收入家庭的孩子是指其家庭收入在全体学龄儿童的家庭中处于后15%—20%，或者在过去三年中因满足上述标准而获得奖学金的儿童。在这一范围内，立法应该计算出此类儿童的大约数量。为了方便起见，可以借助于现有家庭平均收入确定资格的项目来确定。严重残障儿童意味着儿童的残障程度已经极大地阻碍其接受普通儿童可以接受的教育，或者正在接受特殊教育服务，或者其教育成本已经显著高于特殊教育的平均成本。

下面是对同一问题的不同宪法处理：

州教育委员会应根据学校整体质量对公立学校系统内的所有学校每年进行一次排序。排序考量的因素主要包括标准化测试成绩、成绩提高的幅度、旷课率以及州教育委员认为合适的其他因素。排名结果应当在互联网上向公众公开。连续两年排名后10%的学校将被认定为"连续不合格学校"。此类学校中的所有学生或者将被指定到此类学校的所有学龄儿童，都有资格获得奖学金。一旦使用奖学金的学生在参加择校计划的学校注册，其奖学金资格就应该延续到读完原来学校能提供的最高年级的教育。

第三章　哪些学校可以参与

假设择校计划已经确定了应当面向哪些孩子，接下来的问题便是他们可以选择在哪些学校使用奖学金。当前，富裕家庭的孩子可以选择在组织、教学、课程等方面具有显著多样化的私立学校。对于这些学校，有的州管理比较严格，有的则比较松散，但是都确保其达到了教育、健康、公民权利等方面的最低标准。如果一所私立学校不达标，那么在这里上学就不能实现义务教育法律法规中规定的家长们的职责，他们就会为自己的孩子另择学校。不管一名孩子在入学择校计划中选择哪所学校，是公立还是私立，它都必须符合义务教育法律法规的要求。

然而，有些政策制定者往往把私立学校全都排除在公共财政资助的奖学金项目之外。他们仅支持在公立学校内部实施择校计划。如此一来，孩子们获得的奖学金就只能在公立的特许学校、替代性学校或者磁石学校使用。这种政策可能也会允许奖学金跨学区在不同的地方使用。事实上，如果政策可行，整个公立学校部门都可以按照这种择校的原则重新组织起来。在下一章我们会专门讨论这种方式下的择校计划。

择校计划的另一种相反的思路是奖学金只能在合格的私立学校中使用，而公立学校内的择校可以采取其他的资助方式和组织方式。这一点也将在后文依次讨论。当然，也可以设想一套公私混合的体系。事实上，这也是我们主张的做法，将在本章最后一部分探讨。

一、仅限公立学校范围内的择校

设想一下，为了这场择校运动，一个新加入的州开始重新建立并资助一套完全由公立法人机构运行的学校系统。该系统不再采用传统的模式将权力下放给以科层形式组织起来的学区和社区学校系统，而是采用另外一种完全不同的方式——建立大量独立的面向所有孩子的公立学校，其招生不考虑申请入学孩子的居住地；其中任何一所学校的生存取决于它是否能够吸引"顾客"；州政府不会帮助那些没有学生选择的学校，也不会强迫任何孩子去那些学校；就像购物一样，家长们拿着州政府资助的奖学金，可以支付任何一所公立学校的教育费用。这样一来，那些受欢迎的学校就会越办越好，并发展壮大，而那些办得很差的学校终将消失。

事实上，我们上面所描述的正是最全面的特许学校计划。特许学校都是公立学校，但它们的创办者和教师实质上都独立于学区等机构，尽管其建立可能需要学区批准，可能也会从学区获得资助。本学区之外的学生也可以到本学区内的特许学校入学。特许学校对自己的预算和人事都有很大的自主权，不会像学区普通学校那样受到官僚当局的控制。全国目前大约有超过 1000 所这样的学校。太平洋研究院出版的另一本同类书籍（《扩展特许学校》，太平洋研究院，1999）中对此有详细介绍。在此，我们仅指出一些与这种有趣的、极其不同的新的组织形式相关的问题。

围绕特许学校的立法必须回答一些重要的问题。其中最重要的可能就是谁有权批准特许学校。有些州仅将这种权力赋予学区，而有的州则授权给州立机关，如州教育部和公立大学部。可以预测，在那些地方学区掌握特许批准权的州，试图或者想要获取特许权的群体可能会遇到体制性的阻碍。申请通常会被拒绝，或者被设置层层障碍，一拖再拖，并且学校的最初规划设计也可能被扭曲，这些都会严重耗费创办者们的热情和精力。地方学校委员会通常都具有反对特许学校的政治动机。在教师工会的不断游说下，这些委员会反对引入竞争，即便是在公立部门内部的竞争。这也很好理解，因为很多人受视野局限，并不清楚哪种类型的学校运作最有利于孩子和社区。

对这一问题，立法或许可以改变学区审批特许学校的标准。立法机关或许应当明确一个假设，即任何申请都是合格的，除非学区发现了具体的证据表明要建立的学校不能服务其学生的利益。（加利福尼亚州 1998 年据此修改其特许学校法。）学区委员会可以而且应当制止那些严重偏离常规的学校计划，例如种族学校、培训巫术的学校、教授恐怖主义的学校等。到目前为止，还没有出现此类极端特许学校的申请。

作为替代性选择，立法可以授权其他公共机构审核特许学校。这其中包括可以建立一个专门的州机构来办理特许学校申请。亚利桑那州已经采用了这种方式，而且迄今为止，审批结果看似更加中立，对潜在的学校举办者也更具鼓励性。在这样一个开放邀请性的体制下，现行教育系统外部的个人和组织会对获得特许学校举办权具有一个理性的期待，只要他们：（1）拥有一套合理的教育计划；（2）显示出一定的财务责任能力；（3）明确了招生对象

（或者至少证明很可能会吸引相当数量的学生）。

目前，很多追求特许地位的申请者仅仅是想给现有传统学校转换一种新形式。但是，当传统学校内只有部分教师（而不是全部教师）支持这一转型时，转型就会变得困难起来。尤其是当一些在学孩子的家长也愿意维持现状时，困难更会加剧。面对这种僵持不下的局面，一个可能的解决方案便是在一个新地方建立一所新特许学校。但是特许申请的发起人往往更想继续控制现有的学校设施。另一个可能的解决方案是通过投票的方式让包括意见双方在内的绝大多数（比如60%）人来决定转型。在学校设施允许的情况下，通常最好的方案是在同一栋建筑里建立两所特许学校，其中一所学校继续现行办学模式。

那些目前不提供正式教育的各种政府机构也可以自己建立并运行特许学校。市政府也许会有兴趣在购物中心、制造区和写字楼内建立这样的学校。一个充满活力的城市管理机构也许会借此吸引企业家前去投资。大学或许也想建立一所特许学校作为它的实验学校或者师范生培训中心。博物馆也是，它或许可以在这个公共市场中发现一个商机。

最后，对于一个大力提倡在公立系统内择校的人来说，只要其特许申请达到私立学校同等最低标准都不应该被拒绝。这里只存在一种重要的例外。我们认为，从宪法的角度考虑，宗教学校不应成为特许学校。但另一方面，我们后面会讨论到，奖学金很可能也会被合法地提供给那些想要上宗教学校的孩子，实际上这种情况已经出现了。

特许学校立法要解决的第二个基本问题是谁来提供资金以及确定提供的金额。目前，特许学校倾向于获得生均培养经费，这实际上大概相当于州政府学生奖学金的金额。有些州是直接提供资金，有些州则是通过学区提供。各州的人均支付额度也有所不同。一般来说，该金额接近常规公立学校现在的运行开支（这事实上会给承租设施的特许学校带来特殊的问题）。这些财务问题我们下面再讨论。

第三个基本问题在于，是否要为同一个州的所有特许学校设定一些统一的标准。最典型的两个考虑就是对招生政策和学费的控制。我们后面还会再讨论这些问题。这里只是想指出，今天的特许学校一般都被要求面向全体入学申请者。如果申请者人数太多，学校必须以随机派位的形式选择，或者采用先到先得的原则。一般来说不能收费。

除非公立学校全部转型成为特许学校，否则特许学校运动对整个公立教育系统的影响很可能会持续增强。然而，这种哲学驱动的特许学校及其部分实现也给社区学校、磁石学校以及其他传统学校的运行带来了难题。非特许学校的招生规则应该怎样呢？很多传统学校的校长认为，如果特许学校可以从他们那里抢走学生，那么也应允许他们从外部招收学生。事实上，一些面临激烈竞争的学区已经开始打招生广告了。相反，如果允许或要求传统学校向外来者敞开大门，那么是否允许它们：

第一，对居住在学校附近的孩子给予政策倾斜（即仅向外来者提供剩余学位）？

第二，在所有申请者中进行挑选？

第三，拒绝某些申请者？

很多传统公立学校与所在地的社区生活关系密切，如果让附近居民给外来者腾出空位，一定会招致很多干扰和抱怨。其实，取消社区学校也不是不可想象的。在剑桥、马萨诸塞和布法罗、纽约等城市，所有的公立学校都可被选择，对居住在学校附近的孩子并无任何偏好。有些家庭或许选择了最近的学校，但并不是因为上述偏好，尤其是在那些重视种族平等的地方。

只要择校计划仅仅被作为地方学区和社区学校强制入学安排的一种补充，就会在儿童跨学区流动时产生一个重要的财务问题。应该由哪个地方为跨区流动支付学费？也就是说，转出地是否要向转入地付费？或者说，只要转出地失去一个学生就要失去一份州补助？此外，如果两地生均经费差距较大（这种情况事实上很普遍），情况又该如何呢？我们后面会解决这个问题。

最后，我们要指出，尽管这里的讨论明确认为所有儿童都有资格参加任何公立学校择校计划，并且所有的公立学校都必须面向所有的申请者，但这并不是唯一形式。例如，我们很容易想到那些仅限某一区域内的公立择校计划（比如替代性学校计划或者磁石学校计划）。这些学校可能仅面向处于风险中的孩子（比如明尼阿波利斯学区做的那样）。多年来，一些大型的公立学校系统已经运行了一批特殊学校，但仅面向那些具有学术天分且其家庭同意其在特殊学校上学的孩子。纽约布朗克斯科学学校、波士顿拉丁学校、三藩市洛厄尔高中都是杰出的案例。事实上，在美国，政府运营了很多非常专门的精英学校。

下面是一个关于公立学校选择的条款示例：

　　学区、社区学院、博物馆、公立大学，各市县都可以建立适用州奖学金的特许学校。每一所学校都应该是非营利公立法人, 其治理形式应在成立时由组织者以规定的形式固定下来。此外, 特许学校必须依法运行, 法律对其限制不应超过对私立学校的限制, 包括设置课程的自由、制定合理纪律的自由、设置雇佣条件的自由。它必须遵守普通法和成文法的规定, 包括破产法。

提请读者注意: 本书主要聚焦于奖学金 (或者叫 "教育券")。它通常给家庭提供用以支付学校 (公立或私立) 的教育费用。在财务上, 学校的组织运行主要依靠奖学金的兑付。因此, 我们在后面谈到 "特许" 学校时, 除非特别说明, 否则都是指这类公立学校。很多家庭不愿意接受官僚当局安排的 "免费" 学校, 也不愿选择不能兑付奖学金的其他公立学校, 那么他们就可以选择这类学校来使用州奖学金。从技术上讲, 目前没有公立学校兑付奖学金。那么, 读者必须明白, 本书中 "特许" 一词是一种简化了的理想类型。在公共领域, 正在朝着这一方向发展的个体解放和去管制化运动正在成为趋势。方便起见, 我们或许可以把 "特许学校" 看作以私立学校形式运行的公立学校。

二、仅适用于私立学校的奖学金计划

现在我们换一种假设, 即奖学金只适用于合格的私立学校。有些择校主张者认为, 这是资助择校计划的一套自然合理的体系。他们中的很多人想把孩子送往私立学校, 但是又不愿意自己承担费用。另外, 一些运营私立学校或者想要运行私立学校的人, 希望他们的顾客能为他们带来与公立学校数量相当的政府补贴。还有一些自以为旁观者的人认为, 私立学校法人没有资格获得公立学校享受的财政支持, 而那些运营公立学校的人如果想要转型, 建立一套以奖学金为基础的资助体系, 那就让他们进行改革。

要制定一个面向前述目标人群的、仅适用于私立学校的奖学金计划是很容易的。很可能这一计划的受益者将是那些内城区的孩子们。在很多城市的内城区, 长期以来存在着相当数量的、办得很好的私立学校 (其中多数是宗教学校)。大多数这些私立学校是依靠非常低廉的收费生存下来的。有些可以从教会或者基金会那里获得一点儿补贴。这些学校的学生以少数族裔为主。一般而言, 这些学校的毕业率和测试成绩都高于附近招收同类学生的公立学校。他们的毕业生大都成为了比较成功的经济建设者和公民。最重要的是,这些学校目前存在着不少空置的学位（或者说随时可以提供的学位）。例如在加州，只要能在资金上按照其当前人均成本进行资助，现有内城区的私立学校就可以增加 25000 个孩子的学位。一旦人们弄清楚了该项目的运行方式，并提供足够的奖学金支持，那么就会建立一些新的学校，并增加更多的学位。

当然，这一观点的前提是法律和政策支持宗教学校的加入。下面就讨论在州和联邦层面潜在的法律障碍。从政策的角度看，大多数择校主张者认为家庭有权力在宗教学校与非宗教学校之间进行选择。这是克利夫兰市择校计划的最初决定，后来在密尔沃基市也得到了政治上的支持。（为了回避关于政教分离方面的法律问题，密尔沃基市最初的计划是将宗教学校排除在外。）

将宗教学校包括在内，就不可避免地产生了政治问题。不管资助宗教教育是否合法，一定会有人持反对意见。因此，这样做可能会给择校计划的实施带来额外的政治障碍。由于宗教学校在私立学校中占大多数，将其排除在外也可以减轻此类奖学金计划的财政负担。但同时，把宗教学校纳入进来可能又会获得很大一部分选民的支持。

需要再次重申的是，将宗教学校排除在外将切断现有学位供给的最重要来源。由此产生的负担将落到那些低收入家庭身上，因为他们原本是想使用奖学金将孩子送到宗教学校的，甚至他们的动机可能还是非宗教性的。有这种需求的家庭数量很大，但是这些宗教学校目前实际招到的学生却很少。这多少是一个悖论，对于政策制定者具有一定的启示。由于其教育的世俗性一面，很多非天主教的、内城区的、非洲裔的孩子到这些学校上学。此外，正如之后将要讨论的那样，允许奖学金在私立学校中使用的同时又将宗教学校排除在外，可能不仅有失公允，甚至还是非法行为。从某种意义上说，这种政治策略既复杂化又自相矛盾。如果把宗教学校纳入进来，一些反对者就会从宗教和州的立场方面整体性地攻击择校计划；如果不纳入，另一些人又会认为将奖学金计划限定在非宗教学校范围，这样的主旨很容易在民意调查中败北，因为它失去了与宗教学校关系密切的那部分人的支持。

无论宗教学校是否被纳入，还需要面对一个管理问题，即州是否可以按照公立学校的方式对参与奖学金计划的私立学校提出一些限制呢？或者说，既然涉及了公共资金，那么这些学校是否应该服从一些额外的限制呢？比如说，是否应该对他们的招生和开除学生的政策有所限制？课程呢？需要掌控其师资队伍素质吗？还有他们的收费政策如何（有些收费额度高于奖学金标准）？我们后面再来讨论这些问题。

我们后面还要讨论奖学金数额的问题，此处我们仅需要注意数额与学位供给的关系。如果奖学金数额相对较小，而且也不允许学校额外收费，那么可能新学校的数量会比较少。如果奖学金数额小的同时允许高收费，那么低收入家庭很可能就会因价格原因被挡在多数新学校门外。很多私立学校在向富人收取高学费的同时也对穷人家庭提供打折优惠（比如，建立自己的奖学金项目）。这种方式也许可以运行成功，但是可以预见其微弱的效果。

最后，我们要强调，仅适用于私立学校的奖学金计划还要面对一个特殊的政治问题，尤其当它还要面向所有家庭开放时。大多数人还是希望公立学校能够改进办学质量，并不希望它消亡。但是如果没有赋予公立学校系统法定资格，使其能够做出有效反应，而仅仅是将其推向完全竞争的环境，那就无异于要处决它。尤其是在所有儿童都可以获得奖学金的情况下，政策设计者一定要保证公私两类学校在同样的规则和范围内竞争。这里并不要求所有的公立学校都必须通过法律的途径转型到以奖学金为基础的择校系统中。很多保持其传统形式的公立学校也很有竞争力。但是，公立学校必须有一定的灵活性，能够重新组织从而满足公众需求。从这个角度考虑，我们认为学校选择最好是一个受州奖学金资助的公私混合系统。

三、公私混合的奖学金适用系统

市场经济的主张者有时声称州政府根本就不应该运营学校。然而，如果一个市场不能提供顾客需要的产品，它的存在也是多余的。我们相信，在一套基于奖学金的择校体系中，很多家庭仍然会偏好公立学校。事实上，多数家庭很可能还是想继续留在当地的公立学校。这就是为什么他们始终要反对那些时不时冒出来要求卖掉所有公立学校的要求，那样会降低公立学校在奖学金资助系统中的地位。

但是基于前面讨论过的原因，保持现有公立学校系统结构不变也是不明智的。关键在于授权学区（或者其他公共部门机构）建立独立的学校，其法律地位为享受补贴的非营利法人，其运行应该遵守学区设定的管理条件。学区对其施加的控制可松可紧；为其设定的教育任务也可以狭义化；或者也可以赋予学校设定和改变自身目标以及达成目标路径的自由余地。

换句话说，这些公立学校（这里可称为特许学校）仅在一定程度上受到资助它的公共机构的控制，而同时可以像私立学校一样运营。有些学区会以这种形式分配教育资助，而另外的学区却没有一点儿改变。可以肯定的是，在那些有自由特许学校法律的州，学区已经拥有了上述讨论的很多权力，但在大多数州还需要重大的改革。

然而，由于目前关于特许学校的经验有限，在尚未面临私立学校（可以适用奖学金计划）实际或潜在竞争的情况下，还不清楚公立学校的官员是否愿意使用这种新的管理结构。此外，也不是所有想运营公立备选校的人都能从学区获得特许权。即便审批机构换成政府部门，很可能也还是一样无法获得。对于这样一个处于起步阶段的公共事业领域，必须以奖学金的方式引入私立学校参与才能使其激活。

有些学者们反对私立学校的参与（Paul Hill，Lawrence Pierce，James Guthrie，《彻底改造公共教育：特许何以改变美国学校》，芝加哥大学，1997）。他们表达了对公立择校计划的倾向性支持，即学区应该把它们的学校全部转型为特许学校。尽管这在一定程度上会增加选择，但却存在两个缺陷：一是指令性的重构会打乱地方公立学校的现有结构安排，然而还有很多家庭倾向于保持现状；二是在授权审批过程中，有些申请者或遭到拒绝，但只要允许它改造成私立学校一样的组织形式，它就能吸引很多家庭。前面三位作者限制私立学校参与择校计划，其依据在于他们认为只有公共部门和公立学校能确保社区远离那些不受欢迎的办学者，这些办学者在更包容的体系中很可能会让办得不好的私立学校关门。从表面上看，这种认为学区委员会和政府垄断能保护我们免受自身伤害的观念未免有些浪漫。学区委员会发放特许权的历史由来已久，这使我们更倾向于引入私立学校。只要对市场进行适当规范，市场就可以使教育远离荒唐和偏执的政府垄断。

在一个混合系统里，对公立特许学校的资助方式并不一定要与私立学校完全相同。但是，平等对待二者具有如下好处：第一，有利于保证竞争起点一样；第二，对特许学校适用奖学金可以简化和促进对学区外公立学校（无论其是传统形式还是特许形式）的选择；第三，适当的州奖学金资助有利于消除以往和当前仍存在于不同学区公立学校之间财政差距上的不公平；最后，在公立特许学校适用的基于奖学金的财政资助方式或许也适用于宗教学校。

除了财政上的平等对待，还应该保证特许学校在设立和运营上有一个公平的环境。在课程设置、人事雇佣、学生纪律等方面，特许学校应该享受与目前私立学校均等的自主权。授权地方学区和政府机构落实特许学校的自主权，这有利于保护这些学校和创办者免受各种政治力量的不断干涉。在那些通过州宪法修改提案实现这一目的的州，择校计划可以受到宪法的隔离保护，使公立学校和私立学校的自主权日后都能免受法律和政策的干扰。这里举一个宪法条款作为示例：

平等对待参与择校计划的公立学校和私立学校

除了此处的具体规定，参与择校计划的公立学校和私立学校都应该依法运营，法律对其限制的程度不应严于本提案通过之日（或者更早的一个时间点）对私立学校的限制。

总之，一项在公立学校和私立学校都可兑付的奖学金计划可以缔造一套教育体系，兼具以下四种各具特色的管理体制：

第一，转型后在一定程度上更便于转学生进入的传统公立学校。

第二，靠奖学金支持运行的公立特许学校。

第三，受奖学金资助的私立学校。

第四，不受奖学金资助的私立学校。这些学校都没有参加奖学金计划，有的是因为质量不能达到计划的要求，有的就是为了保持整体上的独立。

第四章 奖学金的额度

这里有两个关键性问题：一是奖学金额度应该设多少？二是对于不同阶层的获得者，奖学金数额是否应该有所不同？这些都是很复杂的问题，其答案既取决于地方择校计划倡导者的目标，又受到与奖学金额度密切相关的其他计划内容的影响。

一、为何小额度不好

假设某州公立学校系统的生均经费是6500美元，并且其中至少有5000美元实际上直接拨给了学校，而同州的私立学校生均收费一般为3000—4000美元，那么这种情况下奖学金额度如果仅为生均500—1000美元，就显得非常之少了。如果奖学金的资助对象为目前在公立学校就读的穷人孩子，那么他们将没有几个能上得起私立学校。这样一来，他们要么不得不去寻求私人性质的奖学金作为补偿，要么私立学校不得不大量减免自己的维持性收费。在这种情况下，私立学校的这个选项可能（也一定）仅被少部分目标群体获得。此外，即便是在公立学校系统内，如此之少的奖学金额度也不会使任何一所学校接受任何一个孩子。

如果直接提供给每个孩子500—1000美元，同时也允许学校另行额外收费，那么问题将会更加糟糕。对于相当一部分中产阶级家庭来说，这个额度的奖学金意味着他们自己还要再支付一笔费用才能将孩子送到私立学校。从一定程度上说，如果批准且实际执行这样的方案，那么它很可能将加剧教育领域的社会经济分层。低收入家庭将无法负担其中的差额。

500—1000美元统一额度的主要受惠者将是那些已经在私立学校就读的孩子。这笔奖学金要么被用来减轻他们家庭的学费负担，要么被学校用来增加收入，要么二者兼而得之。此外，也很少再有新学校被兴办。总的来说，额度如此之少的奖学金对择校计划的推广作用被最小化了。

奖学金额度问题与公立和私立学校系统都有关。除非特许学校可获得的奖学金额度非常接近传统公立学校的生均成本，否则对特许学校的建立将是一个很大的阻碍。

关于奖学金额度的确定，不应该错误地参照目前内城区天主教学校和一些新的小型基督教学校的低廉收费。前者的校舍是早就被买下来的，不用再付租金，也可以从教会得到一些补贴，其宗教信念也使得其教师愿意接受低于市场水平的工资，而基督教学校的办学设施都是临时性的，教师也常由家长兼任。对于择校计划，如果有人要兴办新的学校，他们不具备这些相当明显的成本优势。即便在法律上允许参与计划的学校额外收费，其所面对的低收入家庭也无法负担如此大的学费差额。此外，内城区孩子教育所需的成本通常还要高于普通教育的平均水平，这在目前的公立学校教育中已经被证明。以最小成本获得较大收益的企图很可能是一个错误的导向。

二、为何大额度的奖学金有效且适当

参加择校计划的学校为了竞争，很可能不需要向传统公立学校的开支看齐。这是他们的政治主张中很重要也很有说服力的一部分，即私立部门更有效率。择校计划的主张者想要支持该观点，不仅需要保证孩子们在私立学校能学到更多的东西，而且还要保证这些学校可以用较少的钱办出较好的效果。

一个缜密的统一的奖学金计划会把奖学金额度设定在公立学校生均成本的80%—90%。当然，这里的生均成本需要考虑孩子所处的不同年龄阶段和环境。这一比例大概也适用于特许学校。如果择校计划目标明确（比如面向穷人），那么小额奖学金也许没有坏处，甚至还能填充内城区私立学校现有的空余学位。但是，即便目标对象明确，如果希望包括穷人在内更多的人参与，那么奖学金的额度就必须足够大。

三、是否应该允许学校在奖学金之外另行收费

到目前为止，对特许学校运动已经普遍达成共识，即学校不应在奖学金之外再收取学费。根据奖学金计划，参与计划的公立学校基本只能以直接资助作为经费来源。他们可以从基金会募资，通过义卖经营募资，或通过其他类似方式获得资金。但是，他们不能向学生家庭收费。

根据是否可以额外收费，私立学校择校运动分为两派：一派想要吸引高收费精英学校参加，以使其能更大范围地向家庭开放。这一派观点声称，限制家长额外支出教育费用是不明智也不切实际的做法，因为他们完全可以在课外时间也这样做。另一派强调同场公平竞争的理念，认为私立学校不应该

额外收费，因为这会让他们比公立学校获得更多的资金，同时也招收更多的富裕家庭孩子。这一派想要把孩子的校内开支和校外开支区别开来。他们强调州不应该加剧社会阶层的分化。他们也希望通过限制额外收费，所有家庭能够在政治上团结起来，并推动学校开支合理化，使教育的支持者越来越多。

　　两派的观点都有一定的合理性。一方面，在一个统一的奖学金计划中，如果不加限制地允许学校额外大量收费，总归是不公平的。任何学校都会通过价格手段把穷人孩子拒之门外。如此，该计划对于低收入家庭就会成为一个鸡肋似的机会。另一方面，开支水平是谁也说不准的事，应该交给市场去决定。

　　但是有一件事是清楚的。如果允许学校额外收费，但不包括穷人家庭，那么有必要给予低收入家庭孩子一定的入学权利保障。否则，学校将会不太愿意接收他们。可以有很多规定来保证这一点。例如要求学校接收所有入学申请者，在申请人数超过拟录取名额时采用随机方式挑选。事实上，目前很多特许学校就是这样做的。或者专门拿出一定比例（如 20%）的学位面向穷人孩子。在后面关于入学录取部分我们还会详细探讨这一重要问题及相关内容。

四、是否应该给教育贫困的儿童提供大额度奖学金

　　某些儿童是否应该获得比其他人更高的奖学金？根据现行法律法规，同等条件下，公立学校环境下有两类儿童实质上花费了更多的钱：一类是残疾儿童；一类是低收入家庭的儿童。联邦项目和各州项目都承认这两类儿童通常有额外的需求。所以，如果这些儿童要在参与择校项目的公立学校上学，应该给他们补贴那些额外的费用。这一点看似公平合理。①

　　同样的逻辑也适用于私立学校的那些儿童。他们的额外需求仍然让他们的教师备受挑战。即便假设这些学校不能另行收取学费，仍然应该允许它们从这些贫困儿童身上得到更高额的奖学金（见下文），这也会让这类儿童更受

---

①　允许补助金的兑付形式变化，意味着奖学金的兑付形式可能为州的个人所得税抵免。用学费抵免税收仅对那些收入还不错的家庭有益。然而，从理论上讲，高收入群体的抵扣额度会逐步减少，而与此同时，对于包括可以获得最高奖学金额度的最穷困家庭在内的低收入群体而言，奖学金的实际价值却是在增加的。这样的政策制定难度相当大，而且税收抵免当然会造成联邦政府的税收份额减少。

欢迎。

　　如果我们改变假设，允许参与择校项目的私立学校另行收取学费，在继续考虑奖学金数额的问题时，情况变得愈加复杂也愈加有趣。在一所需要向所有儿童收取附加学费的学校，要考虑到公平对待残疾儿童的问题。贫困家庭的残疾儿童易受冲击，更需要保护，但是至少有部分残疾儿童的家庭能够很好地负担扣除奖学金后的费用。那么，一种方案是将奖学金分成两部分：第一部分是面向所有儿童提供的标准奖学金，无论残疾儿童或非残疾儿童都可享有。这笔钱用于支付学校的正常学费。与其他非贫困家庭儿童一样，残疾儿童家庭还需为孩子接受的常规服务支付额外的学费。第二部分是补充奖学金，用以支付儿童所需的特殊服务费用。在这些学校，贫困儿童家庭负担的常规服务费将被减到最少甚至被免除，同时还可以获得补充奖学金来支付特殊服务费用。

　　请注意：在择校方案中，对政府来说，确保学校将补充奖学金用在其获得者身上并不是那么重要。因为只要被赋予了选择权，家庭就可以自我保护。家长们有能力去选择那些将补充性资助用于满足他们需求的学校。对某些类型的残疾儿童来说，他们的家庭对这一问题的决断更容易，因为家长们很清楚自己的孩子具体需要哪些额外服务。对很多情况都需要一定的细微评估。

　　对严重残疾的儿童提供额外费用的政策被广泛认为公平合理，但是对于那些轻度（开支较少）残疾儿童来说，情况却不是这样。大多数残疾儿童会得到相对较少的服务——一周几次的言语和听力辅助、物理治疗、阅读训练等。对于这些没有特殊服务的需求，项目参与学校可能会被期望以其正常的职业责任感来满足，而不需要更高额的奖学金了。然而这是一个复杂的政治问题。为残疾儿童游说的议员会抗议减少目前提供给那些轻微困难者的任何救济金。

　　市场将需要新的服务供应商来为那些需要昂贵服务的残障儿童提供服务，而这些企业家需要更大的财政激励以判断其投资的合理性。显然，这不仅对于这类有特殊需求的儿童群体很重要，而且对那些内城区儿童（大多数来自低收入家庭）来说也是如此。首先，对内城区的儿童不仅需要经常格外关注，而且其教师工资必须反映生活费用水平。要吸引优秀教师很可能还需要提供更高的工资。不管教师对工作的整体投入如何，经验丰富的教师倾向于教授那些家庭富裕、学业表现更好、更易教导的儿童。吸引他们回归到更有挑战性的教师角色或许将花费更多的钱。确切地说，择校的最大优势是择校赋予教师更大的自由，使教师从官僚机构的监管和层层汇报要求中解放出来。但是如果想要那些创办新学校的人关注到内城区儿童，我们可能需要给予他们更多的财政激励。

当然，选择意味着周边地区有更多的入学渠道。一些人认为，如果低收入家庭的儿童能够去较远的学校上学，必须给予他们交通补助。目前，当他们强迫儿童去离家较远的学校上学时，公立学校通常提供免费校车接送。但是如果儿童自愿去较远学校上学的话，谁应承担费用？一种解决方案是给低收入家庭的儿童提供一种可以覆盖其离家一定距离交通费用 80% 的奖学金。对许多儿童来说，或许可以通过学生月票的简单形式实施这一方案。但对较年幼的儿童及公共交通系统不够完善的社区来说，这一方案会暴露更多的复杂问题。至少在普遍性的奖学金方案中，完全让家庭来支付儿童去学校的费用或许对贫困家庭不公平。以下是解决这些问题的条款示例：

单独调整奖学金

立法机关应该调整个人奖学金的数值以大体反映如下因素：给低收入家庭的儿童补助合理的交通费用，与年级水平相关的支出差异，公立学校内严重残疾的儿童所特有的支出差异。立法机关可以因其他合理的教育目标而调整奖学金的实际额度，只要使相似教育环境的儿童获得同等的奖学金即可。

五、投资成本

目前，公立学校通常有两类不同的预算：一类是经常性支出；一类是建造新学校校舍及重大整修的经费。媒体通常只是披露了公立学校内每名学生在经常性支出方面的花费水平。显然，采用这种标准来确立奖学金的数额是错误的做法。根据择校计划，新的投资商必然会投资基础设施。

如果根据以上两类预算确定奖学金数额，那么剩下的主要问题就是融资渠道。一些学校可能用它们收到的奖学金来支付租赁学校场地以及设施的费用。然而，如果它们想要建造或购买某项设施，通常需要贷款人的资助。实力雄厚的企业家或许在借款方面毫无困难，但是社区团体、教师团体及其他类似团体经常需要帮助。一种可能的选择是州政府机构在适当的情况下担保贷款。这些贷款有条件限制，即如果学校解散，政府机构可以合理性地提出将校舍出售或租赁给择校计划中的其他投资商。

另一种解决方法是给最佳投资团体以优先机会，允许他们租赁或购买目前不使用的公立学校校舍。过去，许多城市的公立学校当局最不愿意将空荡荡的学校出租给他们的竞争对手——私立学校。这一局面应该被扭转。

六、是否应该把奖学金数额限制在学校当前的学费范围内

许多情况下，奖学金数额可能高于目前学校所收取的学费。如果所有的学生均可获得奖学金，可能所有的这些学校会提高学费，至少提高到奖学金的水平。但是假如只有部分儿童（比如说低收入家庭的儿童）有资格获得奖学金，许多无奖学金学生所在的学校或许会将学费保持在当前水平。在设想的择校项目中，或许最明智的做法是将奖学金的基础数额（不包含满足特殊需求的额外部分或交通费用）限制为学校的学费数额。以下是条款示例：

> 在任何情况下，奖学金的数额不应超过儿童在学校的正常学费，前提条件是参与的学校可以获得奖学金的额外部分，即低收入家庭的儿童的交通费用补助和残疾儿童教育费用补助金。

一些人支持将奖学金的兑现价值限定为两大类，即学校的学费和学校的实际花费。这在很人程度上补偿了私立学校，主要是目前收费低廉的教会学校。这些学校通常以收费低于成本的方式向学生提供补助。也就是说，这些学校将得到奖学金最高额度的补偿。尽管我们担心决策"成本"将变得烦琐且有争议，但公正给我们以力量来坚持这一立场。

第五章　哪级政府应该支付奖学金？
　　　　何时拨付？拨付给谁？

一、传统学校财政引发的问题

目前在许多州，特许学校是由它们的发起地区资助的。可以用同样的方法筹集奖学金，但是这一方法将带来严重问题。

大多数州用地方财产税和州级税收为公立教育提供基金。由于一些地区的人均财产值远远高于其他地区，对于这些地区来说，为其学校筹资就容易得多。为均衡这些税收不平衡的情况，各州通常不成比例地给贫困地区拨付一定份额的款项。但这些均衡化的努力很少成功实施。尽管30年来的教育财政立法一直体现着贫困地区的利益，但几乎所有州的富裕地区的生均支出相较其承担的低税率而言，却是更多的。

大多数奖学金规划者认为，除了合理的成本差异之外，奖学金的价值不应有地区变化。我们认为这一观点是明智的。州或许希望内城区等一些地区的奖学金数额高一些，因为这些地区的教育成本本身就比较高。这类差异应是例外而不是规定。

我们假定将统一的奖学金额度确定为全州范围内平均每名学生开支的85%，那么在一些地区，这一数额可能远远不够实际的开支，而在另一些地区可能又高于实际开支。从某种意义上来说，制定统一的奖学金额度是好事，因为这将会消除诉讼解决不了的不平等。

但是根据这种安排，一些异常情况又会以新形式重新浮现。首先，假定当地必须提供（统一数额的）奖学金，同时假定一个学生一直在该地区上学，那么该地区就一直得拨付该学生应得的资助。根据这一政策，一些地区在筹集统一的奖学金数额时，财政上的负担远远重于其他地区。肯定会有些人抱怨说，这样会使那些放弃了公立学校的学生与仍在公立学校上学的学生相比，花费更多的钱。此外，在那些有相当比例本地居民参与择校计划的地方，仍将这些儿童束缚在当地财政上就显得不合情理。择校方案的全部意义在于打破居住地区与就读学校之间的关联。

　　另一方面，如果由州政府提供奖学金资助，它将面临一个类似的困难，即如果一名择校学生不再被计入原学区注册人数，那么州就可以不为他／她向学区支付一份均衡化资金份额，但是节省的这些钱可能会不够向该学生提供一份奖学金，也就是说不够他／她在公立学校开支的80%—90%。

　　或许州政府可以向儿童的居住地区收费，收取它在每名学生上平均开支的一定份额。该份额会反映出该地区的支出水平。例如，A地区在每名学生上花费5000美元，B地区花费7000美元，州内的平均支出是6000美元。奖学金数额是州内平均水平的85%，即5100美元。州可以向每一地区征收85%的费用，即A地区需为每名择校生支付给州4250美元，B地区为5950美元。按照传统的学校筹资的用途，学生仍归属于该地区。实际上就是，州政府将均衡化补偿款拨付给学区，然后再收回，但是在收回时，不仅收回了州政府援助金，而且收回了学生在财产税收益上的部分份额。州可以直接从州资助的均衡化拨款中扣留出要向学区征收的奖学金，除非从某学区的学校转学的人数非常之多。

　　如果每一地区参与到择校计划的学生数量相同，州就正好能够用这些收费资助择校计划。当然，这种情况不可能存在。高转学率的学区会将他们原本可以从州获得的均衡化拨款耗尽。学生的转学动机受到当地教学质量和消费水平的影响而各不相同。在消费水平较低的地区，学生申请奖学金的动机更强，但这在影响父母决策方面起的作用是微乎其微的。这些都不能调整目前各学区的税率差异。简言之，只要公立学校财政中仍有潜在的不均衡，资金的问题就会一直存在。

二、节省下的钱归谁

　　如果奖学金数额为现成本的85%，那么当儿童从传统公立学校转学至新选择的学校时，节余下来的15%的成本经费就成了原学区的额外收入。学区可以将这笔钱花在其他留下来的学生身上。许多学区坚称，如果将学区的固定开销及经济规模等因素考虑进去，就谈不上什么额外收入了。例如，为了维持同等办学质量，留住了九成学生的某学区可能需要九成以上的现行生均开支。

　　一些经济学家提出了相反意见。他们声称，即便在相当短的运营过程中，几乎所有的公立学校成本都是变化的，而且学区也因其巨大体量而承受着规模与经济的问题。他们无须保留因奖学金计划可能产生的15%的结余。如果是这样的话，学区可能会选择将 15% 的结余交给当地的纳税人，但是在许多人看来，讨好那些只是住在当地又不得人心的纳税者的做法不公平且自相矛盾。从这些异常现象中，我们得出结论，州应该获得从传统公立学校转学至奖学金计划学校而产生的结余。

三、谁承担新受资助学生的费用

上一部分主要讨论了因学生从传统公立学校转学至奖学金计划学校而产生的奖学金结余问题。如果奖学金计划是面向已经在私立学校上学的学生，包括 / 或是在没有奖学金计划的情况下，以后也会上私立学校的那些学生，则会出现相反的问题。项目需要资助的学生太多，所以出现了这个问题：谁来支付这笔钱？

一种解决方法是将这部分职责归于学区。事实上，学区之前是占了便宜的，因为对于那些有权在当地公立学校占有席位却自己选择了私立学校的学生，学区并未向他们支付学费，而这些学生也没有坚决要求自己的权利。那么现在，当这些学生向公共资金资助的教育体制提出诉求时，学区必须予以兑现。但是这一解决方法可能很难实施，不仅因为现有的私立学校所背负的政治负担，而且正如本章开始提到的，一些学区的地理位置优于其他学区，所以它们能够支付这些新费用。当然，学区从州获得的均衡化补贴拨款也可以用于帮助新受资助的学生获得奖学金，但是帮助学区分担责任的做法也可能导致学区对其投入的生均教育成本估值的降低，以便得到更多的州均衡补贴。这一新职责一般会对贫困地区较为不利。

当然，州可以为新受资助的学生提供奖学金。但是如我们之前所料，州可能随之要求得到因从公立学校转学而产生的所有奖学金结余。事实上，州可能希望目前在私立学校上学的学生分期分批地加入择校项目，试图用因公共学校转学积累的结余资助大多数或所有这类学生。

四、奖学金如何发放，何时发放

择校计划的拥护者坚持认为奖学金应该直接发放给家庭。他们时常建议奖学金应该附带一份特别的且有象征意义的书面材料。这会向家庭表明他们负责掌管奖学金，他们有选择权，可以独立将这笔专项资金送往他们所选择的学校。这一正式形式也弥补了法律方面的漏洞。

但是这并不意味着家庭可以得到现金。确切地说，发放奖学金的方式与联邦政府资助大学生的奖学金和贷款的方式相同，奖学金兑换现金的权力应该交由参与的学校。奖学金可以被看作是教育方面的食品券。家庭将奖学金券交给学校，学校去银行兑换现金，银行再从政府处兑现奖学金。

我们或许不想让参与学校在学期开始招收学生时就兑现全年的奖学金。一年当中搬家到新的居住地的家庭通常会让他们的孩子转学。同时，一年之内，如果家长们对学校不满意要给孩子转学时，他们有权保留多少奖学金也未确定。从学校的角度看，他们在某种程度上指望从招收的学生身上得到这笔钱，所以很少有私立学校会退款给学期中转学的儿童。也不能让参与学校等到学期末才拿到这笔钱，因为他们需要这笔钱支付工资、租金及公共设施费用。

鉴于这些考虑，应该让参与学校能够按月或者按季度兑现一定份额的奖学金。家长们可以在学年内给孩子转学一次，按比例支付奖学金。出于不可控因素，若家庭不得不多次搬家，保险资金提供了家庭和学校所需要的额外费用。如果儿童在此期间上的学校（不管公立或私立）无法兑现奖学金，则需要按比例分配财政责任，根据学生在这些不达标学校的年花费减少其奖学金额度。

而且，这种现收现付制也有助于处理参与学校在一年内破产的问题。如果迄今为止学校只是收到了奖学金的一部分，奖学金的持有者还可以在别的地方使用它的余额。如果中意的参与学校招生名额已满，从破产学校逃离的学生仍然可以在传统公立学校上学。州政府可以选择如何调整这一政策，以保护儿童受教育的权利。此处问题的关键是，必须接收学生作为一种特征不应在整体上阻碍择校计划。公共体制已经为类似的情况做出了调整，比如流动儿童的教育问题。

与之相关的一个问题是家庭是否应该把奖学金分给两个或多个支付给为他们提供教育的机构，每个机构只提供儿童的部分教育（例如，早上去数学／理科学校上学，下午做其他事情）。尽管这一做法最终看起来合理，但一开始就鼓励这种做法可能会使问题复杂化。目前，最好限制家庭一次选一所学校。因此，政府只为每名儿童提供一次择校上学的机会。将来，如果有更高的机动性要求，也可以让家庭自己安排其中意的教学团队。我们预言教育自由有朝一日定会实现，并对此持大力支持的态度。

五、旨在控制成本的逐步扩招策略

如果要给那些之前已经在私立学校上学的孩子也提供奖学金，择校项目就会比传统体制花费更多。虽然如此，如果这些儿童所需要的奖学金总额加上项目的其他相关费用少于他 / 她们在传统公立学校上学原本所需的费用，那么该项目整体上就会有结余。85% 的奖学金额度正是为了保证这样的结余。事实上，每一个不在传统公立学校上学的孩子都贡献了一部分奖学金。如果转学生足够多，新项目不但能接收更多的儿童，而且成本会更低。

择校项目可能还有一个节约成本的重要渠道。这个国家许多地方的人口数量即将发生重大的变化。如果这些地区没有奖学金计划，为了容纳数量迅速增多的学龄儿童，就得建造许多新的公立学校。但是在某种程度上，这些地方的私立部门已经有足够的学位容纳这些儿童，并且这些私立机构发展的成本可能较低，大概比公立学校低 15%。这是进一步节省成本的一个重要机遇。

如果州希望制订一项初期成本为零的通用择校计划，那么该计划必须立即产生结余，并且能延缓新的开支。如此一来，该计划无论如何都要限制去私立学校上学的资格数量。实现此目标的一个简单策略就是在制订奖学金方案时，将之前已经在私立学校上学的儿童排除在外。然而，这一做法会引发许多不公平。这些家庭在享受公共服务时，已经节省了纳税人的钱。其中许多人很不幸地将其孩子提早一年转到了私立学校。而且，用这种方法产生的结余只是过渡性的。一段时间之后，那些在私立学校上学的孩子将毕业，取而代之的是有奖学金资格的孩子。

另外，可以要求儿童必须在公立学校注册才能获得奖学金。然而，这一规定是否明智也值得怀疑。许多家庭可能为赢得奖学金，仅仅将送孩子去公立幼儿园入学当作一种策略，只要满足了规定的要求，就计划给儿童转学。那么是应该要求他们在公立学校待一星期呢？或者一年呢？还是更长时间？除了等候期外，是否应该增加其他申请奖学金计划的条件？同时，如果公立学校已被确定是一所不合格的学校，那么强迫儿童去那儿上学似乎很残忍。另一方面，如果反之，规定儿童获得奖学金的条件是没有通过考试，那么或许公立权威机构应该有机会跟儿童一起在奖学金生效之前取得进步。请注意，如果奖学金计划统一性地要求在公立学校上学一年，则实际上增加了公立教育的成本，即计划选择私立学校的家庭为了奖学金资格会暂时屈居在当地的公立体系下，直到满足获得奖学金的条件为止。私立学校也会根据这一规定做出调整，从一、二年级或是从家庭完成必要"放逐"的当年开始增加他们的招生名额。如此一来，前景窘迫。

在考虑这些策略时，我们想起了提供奖学金机会的初衷是面向低收入家庭的财政利益。这建立在两大现实的基础上：一是关注目前公立学校中低收入家庭的儿童，另一现实是如今大多数私立学校收取的学费相对较低。我们列举一个案例来考虑一下。在私立小学一年的平均学费少于 3000 美元的情况下，假设该地区 5% 的贫困儿童现在已经在私立学校上学，再假设 15%—20% 的低收入家庭的儿童会申请奖学金。那么根据这些假设，当 85% 的奖学金额度超过私立学校的学费水平时，就可以给所有的低收入家庭的儿童提供奖学金。这一计划会立即产生结余，给已经在私立学校注册的低收入家庭的儿童支付奖学金也绰绰有余。

另一策略是奖学金的资格数量不超过 5 万个（或者说一年新增 5000 个）。更完善的版本是制定一个公式，限制那些已经在私立学校注册并可获得奖学金的人数。例如，每 3 名学生一组，从公立学校转学到私立学校而获得奖学金的每组学生会给当前公立学校的学生带来一份奖学金。

或许可以限制当前所有公立学校学生的奖学金资格，在随后几年再扩大到所有学龄期的儿童。这一方法在处理州的新住户时引发了棘手的问题。给新住户提供奖学金而将已经在私立学校上学的老住户排除在外，这将引发政治性难题。由于新住户每年都在私立学校上学（或是在这方面有细微差别），也许可以让新住户先等待一年，分期分批给他们提供奖学金。还有另一种可能性是先给那些已经在私立学校上学的人提供一份缩减的奖励，再分期分批增加奖学金的数额。

当然，坚持择校计划不给纳税人增添新费用的想法或许在政治上既无必要也不明智。许多人认为旧体制赋予那些拒绝支付私立学校学生奖学金的纳税人一份不当的意外之财。另一些人认为目前在小学教育和中学教育的公共支出少得可怜，担心择校计划会抽走公立教育的资金。然而，这些潜在的反对者或许注意到扩大财政支持可以使私立学校的用户与公立学校的用户成为政治盟友，而不是天然的对手。以税收资助教育的总体人数将会增加。当然，改革者必须预料到这可能遭到所谓纳税人群体的反对，他们的影响或许让新体制必须做到收支平衡或至少严格限制新费用的数额。

以下是分阶段批准奖学金资格的试样条款：第一，为目前在公立学校上学的低收入家庭的儿童和残疾儿童提供奖学金；第二，为在私立学校上学的低收入家庭的儿童和残疾儿童提供奖学金；第三，为公立学校的所有其他儿童提供奖学金；第四，为私立学校的所有其他儿童提供奖学金。

　　奖学金资格：（1）截至某一时间点，从第一学年开始，在公立学校接受中小学教育的每位低收入居民或是严重残疾的儿童或是在那个时间点以后达到入学年龄的儿童均有资格获得奖学金；（2）从第二学年开始，其他所有学龄儿童、低收入家庭的儿童和严重残疾的儿童均有资格获得奖学金；（3）截至某一时间点，从第三学年开始，在公立学校接受中小学教育的其他所有该地住户或是在那个时间点以后达到入学年龄的儿童均有资格获得奖学金；（4）从第四学年开始，所有居住此地的学龄儿童均有资格获得奖学金。

第六章　宪法问题

许多反对者谴责择校方案不符合宪法规定。他们反对私立学校加入择校计划，尤其是私立教会学校的加入，声称私立教会学校的教学内容违背了美国宪法第一修正案中禁止确立国教的精神。出于上述原因，即使家庭可能在教会学校使用奖学金，美国最高法院目前也不是不可能驳回起草好的择校计划。事实上，一些学者认为第一修正案中的宗教自由条款要求所择学校应包括教会学校。另一方面，至少在一些州内，州宪法可能给择校的倡导者带来了重重阻碍。

一、联邦宪法问题

（一）确立国教条款

第一修正案规定："国会不得制定任何关于确立国教或是关于禁止宗教自由条款的决律……"

几十年前，根据美国宪法第十四修正案，美国最高法院判定这两项宗教条款对州政府同样有约束力。20世纪70年代早期，最高法院宣布各州那些旨在为私立学校或是送孩子去私立学校的家庭提供经济援助的计划都是无效的。事实上，纽约立法实践中的一个关键决策就是提供小额奖学金给非公立学校的学生。立法项目有其世俗目的，尽管最高法院愿意接受这一点，但它断定立法项目的首要作用是推动国教的确立，并以此为依据驳回了计划。

当时，纽约的大部分私立学校都是天主教学校，这就使得提案项目很难不刺激新学校的建立或是许多学生从公立学校转学到私立学校。很明显，择校计划或是给天主教会学校的学生家长提供了经济救助，或是允许现有的天主教会学校提高学费，或是两项都做。但无论哪种方式，法官们都认为择校项目有效地推动了纳税人资助一些孩子接受了宗教教育。强迫非天主教徒资助天主教学校教育的想法似乎完全违背了我们长久以来遵循的教会与州政府相脱离的传统。

　　择校计划的拥护者们指出,不管家庭是否选择教会学校,任何选择让孩子在私立学校入学的家庭均可获益,因为择校计划并非偏爱某种宗教或是宗教本身。他们同时强调,公立学校资助也是强制性的,而且纽约的学校经费配置给予选择教会学校的那些人的财政支持相对较少。

　　最高法院关注择校计划的实际效果而不仅仅是它的官方术语。最高法院的意见回避了假定其是否存有宗教意图的动机问题,然而法官们或许非常清楚地意识到择校计划的政治拥护者们主要就是想给天主教学校提供经济救助。当然,帮助天主教学校继续开放有充分且实际的世俗理由,也应当准许社团在无须支付公立学校高昂费用的情况下教育这些孩子。但是,这些孩子同时接受宗教教育,这使得最高法院认为择校计划是对宗教的强制性财政支持。

　　如今,情况迥然不同了。第一,为涵盖私立学校的择校计划筹集公共资金的活动不再由教会学校来组织和主宰。事实上,一些教会学校的杰出团体(其中最重要的是原教旨派基督教学校)反对此项改革。第二,目前的择校并非想要维持现状或是挽救某类特别的机构。第三,现在两类机构都在推动择校的进行。特许学校和私立择校被看作是相互补充的选择。大多数包含私立学校的择校计划同时也包括公立学校选择(事实上,这或许是现存公立学校选择项目的延伸)。第四,与过去相比,天主教学校在私立学校领域占据的份额比过去小得多。大多数私立机构的增长包括了其他各类教会学校,主要是原教旨派基督教学校,但它却不是唯一的教会学校。但是非教会学校也很多,如果学校奖学金的金额够高,我们有充分理由相信许多奖学金将在响应择校计划而新建的非教会学校中使用。

　　以上四点可能让最高法院以一种区别于之前审视陈旧的纽约项目的态度去审视重新精心起草的奖学金计划。此外,最高法院已经改变了它对宪法第一修正案的解读。

　　许多人认为第一修正案中的确立宗教条款竖起了一道高墙,将教会与州政府隔离开来,但是如今与高墙的隐喻暗含相比,最高法院的观点更加通融。或许与过去20年相比,公立学校中的官方祷告活动一样不被容忍,但是无宗教意图和对宗教表面中立的政府行为更加得到肯定,尤其是当人们从宗教自由中获益时。

　　这一新方式在20世纪80年代初见端倪。最高法院维护了明尼苏达州法律的规定,即不管孩子在公立学校还是在私立学校上学,都准许在税收方面减掉孩子在中小学教育费用上的部分。虽然那些在教会学校上学的人得到了税收利益的大部分，但最高法院认为，相比对慈善捐赠行为减免个人所得税，这一条款同样不会令人不快，因为条款的主要受益者是宗教机构的捐赠者。

不久以后，华盛顿州为一位想要在基督教学院上学并成为牧师的盲人提供了助学金，这一做法得到了最高法院的支持。鉴于补助金是资助教育选择通用项目的一部分，主流意见认为这一判决合理。当然，此案例涉及高等教育的补助金，最高法院曾经认定高等教育在本质上不同于初等教育。20世纪六七十年代，最高法院强调大学预科班的年轻人更容易受教化，并注意到教会中小学的课程似乎比教会学院和大学更有感染力。然而，在过去的几十年中，最高法院似乎已经漠视了这一鲜明的年龄差异。最近，最高法院支持公共资金为盲人儿童提供手语老师及矫正教育费用，这些都是在教会学校的开支。在每一个个案中，所提供的援助都被视为择校项目的一部分。该项目旨在援助所有聋哑人及教育方面处于劣势地位的年轻人。最高法院强调教会学校只是进行资助教育的众多场所之一。

当然，当公众支付矫正教育或是手语助教的费用时，这为宗教教育腾出了资金。这一做法可能在旧的宪法解读下招致严重后果。但是最高法院不再将这一明显的财政影响作为宣布资助不合法的依据。

简言之，最高法院似乎奉行的是中立或非歧视的观点。对政府来说，花钱让人去教堂或是给主日学校提供宗教教育的资金仍然是违反宪法的行为，而允许学生教会俱乐部使用向其他学生俱乐部开放的学校设施却符合宪法规定，尽管这样有利于私下里自愿祈祷的人对公共财产的使用。

然而，由于最高法院并没有明确推翻之前纽约案例涉及低数额奖学金的决策，择校计划的倡导者在起草他们的方案时应采取慎重的态度。具体地说：

第一，应该是家庭或是儿童获益（即使获益可能指定给学校）。

第二，择校计划应该限于公立和私立部门的学校，并且在条款中尽可能使用接近当地宪法和实践的术语。

第三，奖学金的数额应该够大，但是或许不能高于传统公立学校里同等世俗教育的全部费用；奖学金的数额最好覆盖学校世俗教学的生均实际支出，尽管这增加了计算的复杂性。

第四，尽管可能不必要求奖学金所面向的受众群体，比如针对低收入家庭的儿童设置奖学金，但是它的这种聚焦特性会更容易让最高法院支持该项目。我们这样说的原因不仅在于择校计划的非宗教目标显而易见，而且那些已经在教会学校上学且能受益于择校计划的人相对较少。

（二）宗教自由条款

Stephen Arons 争辩说，当拒绝为到私立学校寻求宗教教育的家庭提供奖学金时，州侵犯了这些人在第一修正案中的权利。如他所述，在政府的控制下，传统公立学校的财政配置偏爱于非宗教的教育，因此对宗教有所歧视。Michael Rebell 主张对公立教育持谨慎宗教异议的家庭应该得到一份去私立学校的奖学金。

尽管这两种主张都有道德约束力，但目前最高法院仍然可能只支持州政府资助公立学校的决议。因此，我们确实也认为最高法院会支持州政府资助仅在公立院校实施择校项目的决定。

此决定可能在实际效果方面向宗教自由条款妥协。然而，最高法院也改变了它之前教条的观点，这次只是以含蓄的方式否定了那些以宪法权利为依据的择校资助主张。过去，当一个中立的项目与个人的宗教信仰产生分歧时，最高法院有时要求州政府包容那些信仰。例如，当基督复临安息日会的教友因为其个人的宗教信仰不能在周六工作时，最高法院认为不能因为其不接受周六的工作而拒绝给予其失业救济金。近几年来，最高法院已经退出调停，建议由立法解决个人向中立准则所寻求的任何调解。

另一方面，最近最高法院认为如果公立学校或公立大学同意赞助学生俱乐部或开放其设施给不同的公共活动，则不能将宗教俱乐部或宗教活动排除在外。简言之，不允许公共机构沿用对那些想要参加宗教活动的人有明确歧视的规章。根据这一决议，William Clune 声称如果州给私立学校学生提供奖学金，它就不能限制仅在非教会学校使用那些奖学金。从这个角度看，根据所确立的宗教条款，区别对待私立学校用户是不合理的，且违背了宗教自由条款。如果这一分析符合公认准则，它将对州宪法在这一领域的作用有着极其重要的意义。如果立法机关决定将择校扩展到所有的私立学校，根据联邦宪法，州宪法将教会学校排除在外的做法则是违法行为。

二、州宪法问题

Frank Kemerer 最近写的一篇文章调查了 50 个州的相关宪法规定、法院判决和检察长意见。Kemerer 教授得出如下结论：有 14 个州很可能根据其州宪法将那些扩展吸纳包括教会学校在内的私立学校的择校计划认定为合法；有 17 个州可能认定为不合法；余下的 19 个州，答案还不确定。对于主张择校计划应包括教会学校的人来说，这一分析意味着，通过说服力强的宣传，可能多达 33 个州会赞成一份精心起草的计划，但是如果想让宗教选择在余下的 17 个州内通过审核，可能就需要改变司法解释或是州宪法修正案。

（一）限制性的州

似乎只有密歇根州宪法明确禁止在所有非公立学校使用学费凭证。它看起来对立法制定此处探讨的公私立学校混合奖学金计划是禁止的。

许多州设有禁止援助教会学校的"布莱恩条款"，但在广义条件下是否禁止在这些学校使用奖学金还不确定。19 世纪 70 年代，国会议员 James Blaine 提出"美国宪法修正案"，明确禁止各州允许任何教会组织支配税收。这一修正案的目的是阻止州政府向天主教学校提供财政援助。该修正案在众议院通过但却在参议院遭到否决。该运动在州的层面上颇有成效。截至 1900 年，超过 30 个州将"布莱恩条款"加入到自己的宪法中。

"布莱恩修正案"的最强版本明确禁止直接和间接的援助。其他版本禁止提供支援或救济金。一些人将此修正案应用于不在政府官员独立管辖的任何学校，而不仅是宗教派系的学校。一些州的条款颇为多样化，彼此似乎有重叠。

根据有些（并非全部）"布莱恩条款"的规定，类似州奖学金这样的"间接"援助显然存在风险。州法官对宪法语言的解读绝不是无据可查，通常要查阅超过 100 年的案件判读。在有些州，相关的司法裁决到现在已经非常陈旧；在其他州，那些裁决还比较时新。

州法庭的分歧有一部分涉及在诠释本州法律时联邦法律的影响权重。一些州的法官在解释本州宪法条款（无论是否采用语言表述）时主要援引美国最高法院就联邦宪法第一修正案解释的基本要义。反之，另一些州的法官强调本州宪法条款与第一修正案无关，以使其更具限制性。第一类州政府的决策早于美国最高法院政策变化的出台，或许目前也已经在减少其州宪法中的禁令。那些持不同信念的其他州则不太可能受最高法院政策变化的影响。

不管州政府的宪法措辞和对它的解读如何，高等法院都有可能仅仅将如今公私择校计划的实际意义与之前的提案相区别。这一差异或许证明，回避已有的先例去寻求解决方法是合乎情理的。例如，曾经驳回了教科书援助方案的法庭可能当时得出结论认为，方案的唯一作用是帮助那些已经在私立学校的学生，因此即使把课本赠予学生或直接借给学生，也无疑意味着公共财政支持主要归于教会的私立教育。相比之下，同一法庭也可能认为我们所讨论的这种择校方案主要是注重改善我们目前的公立学校，并促进新学校的建立，援助现有教会学校的学生只是附带的。

（二）自由州

尽管许多设有"布莱恩修正案"的州在择校计划上仍是乌云遮顶，但是还应记住 Kemerer 教授的其他发现。支持广泛择校的奖学金计划在大约 1/3 或半数以上的州完全符合宪法规定。

虽然如此，在起草立法提案时仍然要小心谨慎。某些特征有可能会让法庭根据自己的宪法轻易地通过某项方案。择校计划的反对者会质疑将奖学金用于私立教会学校的任何计划。正如密尔沃基州计划的原始版本一样，即使奖学金计划只涉及私立非教会学校，也有可能遭到抨击。无论如何，我们认为，那些致力于教育选择而不考虑自身宗教信仰的人都会赞成教会学校有资格参与到择校项目中。

（三）加利福尼亚州

加利福尼亚州有许多可能与择校项目相关的宪法条款。

加利福尼亚州宪法条款第十六条第三款规定："任何不归本州统一管辖的机构不应从州财政中得到任何资金。"

加利福尼亚州宪法条款第九条第八款规定："任何教派学校或宗派学校，以及不在公共学校政府官员统一管控下的任何学校不应获得公共资金的支持。"

加利福尼亚州宪法条款第十六条第五款禁止州"动用任何公共基金援助、支持或维持任何有宗教意图或是任何由宗教教派掌管的学校和学院"。

尽管措辞笼统且似乎听起来很不利于择校计划，但这些条款中的第一个，即第十六条第三款或许不是一个问题。事实上，加利福尼亚州最高法院认为，这一条款对公共目的是例外的。公共资金或许会分给个人或是有直接且实质公共目标的私立机构，非州立实体（nonstate entity）只能因公共目标而附带地从中受益。而且，州最高法院明确表示，通常由立法机关裁决某一项目是否为公共目标服务。显然，加利福尼亚儿童的教育是一项公共目标。

然而，尽管另外两项条款与第十六条第三款的措辞相似，最高法院却并未解读出类似的公共目标。与第一项条款不同，第十六条第五款和第九条第八款重点强调禁止援助教派学校。第九条第八款同时也覆盖了非教派私立学校。尽管另外两项条款并没有包含关于直接和间接获益的措辞，但它们的确提到了"支持"。

似乎一度认为，如果某项法律提倡择校计划授予奖学金给儿童而不是直接将资金划给学校，就应该赞成这项法律。例如，1978 年，上诉法院（中级法院）用第九条第八款废除了提供州资金经费以帮助私立院校和大学保留医学系的教育法规条款。这一案例涉及将资金直接拨给斯坦福大学。然而，最高法院明确声明，如果所拨款项直接拨给学生或是以学生的名义直接给学校，就不适用第九条就八款的法规。事实上，最高法院斥责该判决没有按照规定程序进行。

但是 1981 年，加利福尼亚州最高法院驳回了儿童福利论。根据第九条第八款和第十六条第五款的规定，出借公立学校教科书给非公立学校学生，这项已通过立法的计划被认定为无效。这一立场非常强硬，因为美国最高法院在面临对第一修正案的质疑时曾经支持过一项类似的项目。加利福尼亚州最高法院并未受到美国最高法庭论证的影响，仍然坚持判决：这两项州宪法条款决不能仅仅因为给儿童提供书籍而被废除。

我们怀疑加利福尼亚州最高法院如今是否仍然坚持教科书出借案例中的坚定方针。一方面，这一判例似乎会否定所谓的加州助学金项目，因为加州正在通过该项目为私立学院和大学的年轻人提供奖学金，而且该项目很明显要给那些不在州统一管辖下的学校提供资金。对这两项州宪法条款的强化版解读似乎也会否定州资助残疾儿童在私立学校入学的安排。

因此，我们认为加州最高法院 1981 年的案例应该仅适用于这样一个事实：为主要在教会小学上学的儿童提供公共利益。这种解读至少允许将加州的税收主要提供给私立的非宗教教育。

然而另一方面，有许多方法可以挽救内容更广泛的加州奖学金计划。首先，目前的加州最高法院可能废弃了它在 1981 年的判决，尤其是鉴于美国最高法院最近在援助宗教案例中转变了立场。第二，加州法官可能领悟到此处讨论的择校计划与法院之前所废弃的教科书出借案例的意图完全不同。在已禁止的项目中，所有的收益都归于已经在私立学校上学的儿童，教会学校获益的份额最大。项目面向的受益人不是社会阶层的弱势群体，没有幸运的儿童群体受助逃离劣等公立学校。我们可以理解法院为何谴责此类计划是用纳税人的钱去资助宗教教育。

　　相比之下，宽泛的奖学金方案会允许许多儿童逃离公立学校，从而促进了真实且良性的竞争刺激。而且，如果奖学金计划包括特许学校，那么收益不会集中在现有的教会学校用户身上。如果奖学金仅限于低收入家庭或其他一些目标群体，那这一点就更加明显。而且，有实用价值的奖学金会促进新私立学校的发展，其中许多新私立学校不会是教会学校。通过这项计划，或许会说服加州最高法院将项目中的教会学校仅视为利益的附带者。第三，加州人可以通过一项立法提案或全民公决去明确说明该计划不应被州宪法第九条或第十六条驳回。

　　我们的法律蓝图中有一个决定性的难题。假设加州选民或是他们的立法机关接受了一项将奖学金限制在非教会私立学校使用的计划（密尔沃基市的最初计划正是这种情况。威斯康星州相关法案后来将择校计划覆盖了教会学校。尽管这种扩展在法庭上遭到抨击，1988 年威斯康星州最高法院仍支持了这一扩展后的计划），那么这一方案将引发联邦宪法问题，这一点我们之前在讨论美国宪法关于宗教自由条款时也提出过，即联邦宪法可能不允许各州以这种方式限制他们的计划。

　　如果择校计划诉诸联邦宪法问题，那么对其拥护者们来说，这既是威胁也是机遇。机遇指的是如果私立学校选项得到公众资金资助，那么择校计划可能就不会遭到缩减，不会将那类明显对相当多的家庭非常重要的选择排除。威胁指的是包含教会学校的要求可能会妨碍私立学校奖学金计划的整体通过。有些选民仅支持不包括教会学校的择校计划。不管法庭如何说明宪法的要求或许可，这些市民都试图寻求一堵高墙，将教堂与各州隔开。如果他们在投票中获胜，人们可以期待看到择校有所发展，但仅限于特许学校渐增的扩张体制。这将使教会学校和它们的使用者处于进退两难的境地。除了他们，几乎所有人的选择都将得到公共资金的支持。在这种情况下，教会学校可能失去很大一部分学生，那些主要因其卓越的世俗教育而选择教会学校的人最有可能离开教会学校。作为传统公立教育新的替代性选择，获得了奖学金补助的特许学校对这类家庭同样具有吸引力。

第七章　给参与择校计划的学校所设置的具体标准

如果给择校辩护的首要理由之一，是其能够让家庭为他们的孩子选择他们认为最好的教育，那么参与择校项目的学校必须在公共管理之外保持独立，否则会损害每所学校所珍视的身份。对于私立学校，这意味着不应向其在诸如课程设置、教师聘用政策、学生条例及设施等事务上强加新的规章。州应该对那些目前在所有私立学校所使用的规定感到满意，并允许这些学校在州支持的竞争中兴旺发达。然而，这并不意味着对参与到奖学金公共资助计划的私立学校没有任何新的限制或责任。

在考虑恰当的监管模式时，我们一定会问参与的公立学校同样的问题，即公立特许学校是否享有与其他参与学校同样的自主权？我们的答案是肯定的，原因还是因为特许学校的特性很重要。我们认为，除了关于宗教的宪法限制外，参与项目的公立学校创始人应该有权建立具有私立部门自由度的学校。特许学校的一些公共创始人或许不想放弃对个体学校的全部（或是一大部分）控制，但是新体系必须让创始人自己去做出决定。这种半自治是特许学校运动的主要原因，包容的体系使学校从州教育法规的众多束缚中解脱出来。

一、个体学校的法律形式

（一）非营利组织

目前，所有参与项目的学校都是以非营利企业形式组织起来的。大多数州现有的非营利组织法律都承认私立和公立的非营利组织，而且许多私立学校已经取得了合法地位。在许多州，创建奖学金计划的法规可能需要相应地修订管理非营利组织的法律。

（二）条款和条例明确规定的管理形式

不管是建立公立学校还是私立学校，其公司实体的创始人有两大职责，即他们必须对学校的办学定位和管理模式做出决断。两者都必须以学校章程和法律的形式呈现出来。例如，在规划学校的办学定位时，创始人可以确定为建立一所重视科学和数学的高中。至于管理，这位创始人必须决定公司理事会人员，应该给予哪些人权力去贯彻办学定位且这些权力能执行多久。例如，目前特许学校通常得到的特许可续签一段时间，比如 5 年。因此同样地，学区或是大学的创始人可以限制首届理事会的任期时间，或是限制租让其学校设施给学校管理者的周期。以下是管理模式的一些例子：

1. 由学区董事会成员和 / 或行政官员控制的理事会

创建特许学校的学区应该知晓其权力，并善于运用，以使学校真正享有自主权。可能需要从学区自己的董事会中挑选或是由学区董事会任命学校理事会 2/3 的成员。创始人因此获得了对学校的完全掌控，但却存在扼杀一所学校创造性的风险，因为这种创造性以不紧密依附母体为特征。此处的决策程序类似于大型工业公司通过创建子公司而分权的模式。例如通用汽车公司可能对其销售油漆的特定子公司保持严密控制，相反也可能赋予土星汽车品牌以很大程度的自主权。

2. 一个构成广泛的理事会

相反，一个选任的学区董事会可能会将单独的学校交到一个代表不同教育利益和教育观点的公司理事会手中。理事会中或许会为学区行政机构保留一两个席位，而剩余大部分将由教师、校长、家长和儿童投票选举产生。至少在高中，一些家庭乐于授权给学生。此外，学校理事会最好包括相关公共机构的成员（例如，市图书管理员）或是在选举中代表全区的候选人。

3. 一个由家长或教师构成的理事会

另一种变动设想由那些在学校背后出谋划策的最佳人选组成理事会。这些人可能是家长团体或教师团体。根据许可公立学校和私立学校都可参加的奖学金计划，家长和教师是那些渴望启动特许学校的典型。他们通常在与当地学区的谈判中占着有利地位。如果学区拒绝以他们提议的管理形式和教育形式去成立学校，他们则会寻求其他的公共赞助商（例如，城市或大学）或者公司成立私立学校加入择校计划。

4. 私立学校

那些参与的私立学校也要在最初的理事会上作出服务于谁、任期长短及改选换届机制等重要决策。不管具体任务是什么，这对任何非营利机构的组织者来说都是常见的琐事。经验显示，这种类型的法律结构很灵活。理事会的一种极端形式是创始人个人特征的集中表现，另一种极端形式是由与学校事业有着各种情感关联的无私的杰出人物组成（这是私立学院和大学董事会的准则）。在这二者之间有许多其他的变化形式。

二、外观及位置

一份州奖学金相当于必须花费在已获批准的教育项目上的一笔资金。这笔资金不应在一个地方消费。事实上，儿童的学校完全不用非得有一个固定的地点。至少从理论上来讲，儿童甚至可以待在家里参与一个电子课堂。这种可能性对大多数儿童来说或许还无法实现（至少在不远的将来还无法实现）。在现阶段，将奖学金弄成由州提供的一种专用信用卡在政治上是鲁莽的。教师与儿童间直接的面对面的自然联系是教育的主流形式，也应该一直是这样。然而，我们想要强调本质上基于契约的择校体系其潜在的不稳定性。为了说明这一点，以下列举一些学校的外在形式。在择校体制下，这些外在形式可以出现在更多的传统竞争者中。

（一）大型学校教学楼中的小型学校

现有的学校教学楼通常足够大，可容纳许多小型学校。教学楼本身是由州或私人所有，可以将教室出租给许多公立和私立的学校。相比之下，他们可以合用或分配公用区域（比如操场、体育馆或图书馆）的使用时间。在白天，教学楼同样可以为在私立或公立托儿所的学龄前儿童服务。教师个体也可以固定地在正常放学后进行一两个小时的语言或数学教学。同样的理念也可以被引入到由公立学校和私立学校共同或单独拥有的一组邻近建筑（校园）中。

（二）教师住所内的学校教育

一所学校由一位中间人和一群教师组成，教师们胜任各学科教学，并在不同时间在附近的住所处授课。中间人将单个的儿童与有着互补性才能的教师连接起来，这样儿童可以在一天的学习过程中与不同的同学围坐在不同老师家里的餐厅桌子旁。

（三）工作单位附近的学校

在市区的写字楼或者大型工厂旁边，企业主或是业务承租者可能为满足员工需求建立一所学校。学校同样可以兼做托儿所或是在家长下班前作为大一些的儿童进行课外活动的场所。同样，购物中心的开发商和其业务客户可能留出设施给一所学校（或多所学校）以服务于他们员工的孩子。经常光顾商场的顾客的孩子或许也可以在那里登记入学。

（四）流动的农场工人学校

由于农户得遵循收获周期，他们的孩子通常要遭受种种教育厄运。一些孩子被留下跟远房亲戚待在一起。其他一些孩子被暂时合并到夫勒斯诺市的班级，而这里的课程与他们昨天在洛迪市的课程并不同步。仍有其他孩子被尴尬地隔离在马德拉市的一间空房间里达一两周，并被托付给一个陌生人，让其做他们的教师。科技很早以前就对这种问题提供了解决方法：机动化的教室配备特有的教师和连续的配套的课程设置。流动儿童可以同时拥有家庭和体面的教育。美国农场工人联合会、国家、全国教育协会、教堂、农场主或是家庭自身都可以创办这类流动学校。

三、学校参与的权利

在这部分，我们讨论一下学校如何获取并保留兑换所招收学生奖学金的资格。学校应该做些什么才能使局面对自己有利？谁可以质疑学校的资格？通过何种程序质疑？

（一）兑换奖学金的初始权利

是否应该期待某个州政府机构支持私立学校具备参与择校计划的资格？在许多州，私立学校只需要通知指定的州政府机构他们已经开始运转并满足州法律所要求的全部条件，就有资格教育儿童并授予学历证书。如果后来有投诉说该校仅教授世界语或者教授了犯罪行为，州可能就要干预了。州会告知家庭，在这所学校上学不符合义务教育法的标准，学校官员和家长都可能受到诸如疏于照顾和虐待儿童之类的法律起诉。这一方式也可以决定学校兑换奖学金的资格。体制或许也可以迂回地用其他方式决定，也可以让一些州官员来审批私立学校的奖学金兑换资格。

聘用州监督员处理投诉可能比阻碍投诉的方式要明智得多。学校的渎职行为正是市场最擅长揭露的问题。心存不满的家长会乐于挺身而出，要求惩罚这些学校；也可以依赖其他学校去传播这些行为不端的竞争者的坏消息。此外，理智且适度的条例可以加强这一保护。我们将简要描述一个具有问题披露功能的机制，它可以在不扼杀法案的前提下增加系统地发现违规者的机会。首先，我们给出下面一个条款示例，它确定和宪法化了一个奖学金兑换资格的管理机制：

参与学校的初始资格

在学生书面声明他们对私立学校（在一定时期内）教师聘用、课程设置及学校设施满意后，项目参与学校就有权利兑换他们从学生那里收到的州奖学金。除此之外，在奖学金项目的管理规定中，不应该给参与学校强加其他要求，2/3 的两院立法议员投赞成票正式通过的关于健康与安全的要求除外。

（二）资格持续的权利

如果学校因其失败或不当行为而遭到质疑，两个相互制约的考量因素就会开始发挥作用：一个很重要的方面是能够废除办学很差的学校的办学资格；另一方面也很重要，即保障合法学校不受过分热情的监管的影响。由于在许多州负责落实这些规定的政府官员并不拥护家长选择权，所以很多人认为最好有一定的程序对学校的权利进行保护。例如：

学校持续参与择校的权利

在通告和充分的辩护上诉后，除非有实质性的证据表明有（本章节中提到的）违规行为，否则任何学校不应失去兑换奖学金的资格。

更详尽的法律法规版本明确了初始听证会和随后的上诉是否应早于行政或司法主体。传统的解决方法是先召开行政听证会，接着是司法审查。在司法审查中法庭被告知：要么（a）重新开始，召开法庭听证会；要么（b）审查之前行政听证会的记录是否包含确切证据，支持其决议。考虑到可能出现的突发状况，立法也可能会包括特殊条款。根据这些特殊条款，州政府官员可以在合理怀疑有严重违规的时候得到紧急的临时性强制令，尤其是对那些危害健康的违规情况。对那些较小的或情节较轻的违规，监管体系或许会处以罚款或其他处罚，而不是彻底取消其资格。

（三）认证的必要性

私立学校或许会试图得到一个或更多半官方机构的认可。许多私立学校的确也获得了这种认可。这些半官方机构审查完学校后，会授予或拒绝授予学校认证标志。这种认证并非法律要求，而只是学校的专业优势或者甚至是商业优势的需要。然而，正如前文所述，州可以要求将这种认证看作是学校加入择校计划的先决条件。事实上，州可以授权一些公立机构来履行这一职能。在某些州，可能在政治上必须要这样做。如果那样的话，择校拥护者们会倾向于州层面的机构，或许可以是州长任命的机构。这样可以保护该机构不受特殊利益的损害。在这种形势下的理想做法是由大学一类的多家机构承担认证工作。目前的新学校在运行一段时间以前，通常无法获得完全认证（即便是非官方认证），因此各州或许会将认证要求推迟到学校运行几年（比如说 3 年）之后，在此之前学校可以先运行并兑换奖学金，但是 3 年后如果还要继续得到兑换奖学金的资格，学校就必须获得合格认证。

我们再次认为所有以上做法都不够明智。我们担心这种温和型的认证会给各种小型创新型教育公司设置不必要的障碍，它们应该获得吸引家庭的机会。它们是有代表性且值得去尝试的，但是太不合常规，因此不会立即得到认可。由于这些教育公司通常规模较小，上述做法会增加它们在办学过程中的财务困难。

市场会完成大多数的工作。主动获得认证的学校会在家庭申请入学时告知这一事实，以此确立自己在市场上的价值。就政府而言，有无自发的认证可以看作一个判断依据，进而决定对学校继续兑换奖学金的资格进行多大程度的审查。

（四）诈骗或违约的私人诉讼

管理择校的一项间接手段是家庭对于所受损害的私人诉讼。默示合同或明示合同通常以书面的形式将家庭与学校彼此绑定。如果学校违反了某项承诺，它将以赔偿金的形式对所造成的损害负责。因自己的孩子还不识字而向法庭提出上诉的家庭很可能不会胜诉。如果学校有错，也很难知道学校有多少过错。同样，也不容易说明学校向家庭承诺了何种具体学习效果（当然，如果学校的确作过承诺，没有达到承诺的结果就能成为法律诉讼的强有力证据）。但是家长也许能够证明学校误导了他们一些重要事情，或是在某些重要方面虐待了他们的孩子。如果惩罚性赔偿可用到法律救济中，则家庭作为潜力军，可以将极端违法行为降低为微不足道的因素。为了达到保护学校和家庭的理智平衡，必须谨慎地起草这类法律。

诉讼的民事权利

家长和儿童应该具有司法行为，以挽救因学校违反本节中的职责以及违反家长和学校之间的契约而造成的损害。在因不法行为或违约而故意造成严重伤害的案例中，法官或陪审团可以根据普通法处以惩罚性赔偿。

四、课程设置

（一）共识

家长和教育者在课程设置的某些方面存在较多共识。然而，这种共识只涉及儿童所要达到的技能而不是达到这些技能的方法。大家一致认为学习读、写、算或许还有计算机技能很重要，同时也一致认为有必要学习英语语言、美国和西方历史等具体知识。大多数人也认为儿童应该了解我们政府的运行方式。通常在管理私立学校课程设置的现行州法律中都可以见到这样的要求。问题是各州是否满足于对私立学校使用上述规定，或是还想制定更加详尽的规定。例如，是否应通知每所学校教授资本主义体制的优越性？或者进化论是已确定了的科学事实？择校拥护者们通常的做法是坚决抵制给加入奖学金计划的私立学校强加任何额外的课程要求。我们同意这种看法，并将其良性影响扩展到特许学校。

对于私立学校来说，当前要求教授基础知识的规定（如在加利福尼亚）通常只是要求课程设置包括具体科目。例如，法条可能会明确规定应该教授数学、历史、英语、公民学或诸如此类的科目。一些人建议重新起草这一规定，确定每一学科的最少教学时长并规定教学内容。我们认为这种做法太刻板，强迫学校以矫揉造作的方式运作无益于教育的成功。而且，许多学校可能想要重点突出一种综合课程。这种课程可以同时教授多种学科，而不是传统的主题式教学。对于给学校强加具体日程表或学期制度的建议，我们持同样的观点。对于教学天数做一个大致规定就足够了，但如果天数过多，就可能显得管控性太强。为了保护学校设置课程的自主性，以下给出一个可能的立法形式：

> **课程等**
>
> 参与项目的学校必须满足那些适用于私立学校的教育法规就某一科目（包括数学、英语、自然科学等相关学科）的要求。除此之外，不应向其强加额外要求。

（二）许可的否定规则

另一方面，某些否定性规范是我们教育文化的一大部分，在不伤害合法的家庭价值或学校的前提下，也可以将其包括在择校计划中。它们甚至可能还会发挥积极的教育影响。其中最重要的便是那些对于种族、少数族群、妇女及宗教等方面贬抑的普遍禁止。以下是为了实现这一理念而制定的条款示例：

> **教学禁令**
>
> 任何学校，若教授与种族、少数民族、有色人种、民族血统、宗教或性别等相关的优劣论或基于此怂恿仇恨任何人或群体，就不能获得兑换奖学金的资格。

学校也可以对上述问题进行处理。严禁的内容包括对个人或群体的歧视。歧视和仇恨都不会自我声明，但诉讼中一般都可以被准确辨识。也有些案例是确凿无疑的，例如奉行白人优等论的学校或者纳粹学校。根据联邦宪法第一修正案，我们认为，作为政府择校项目的附属条款，上述条款是符合宪法规定的。它是否会在实践中清除一切偏执？当然不能，但是它会向选民再次保证驱逐某些极端学校，并赋予官员权力禁止那些学校加入择校项目。

（三）未来管理中存在的风险

最后，保护参与学校的课程在未来不受控制也是必需的。如果择校计划成为各州宪法的一部分，这将会是最完善且最可靠的保护。参与项目的公立学校也需要获得课程自主权。就关于课程的各州条例而言，它们应该（如果它们的创始人希望）得到与私立学校同样的自主权。当然，宗教内容除外。

五、学生的测试

让所有学生参加学业成绩测试可以实现很多社会目标。测试可以成为父母评估教育质量的一个重要信息来源。甚至孩子在进入所选学校学习之后，很多家庭仍然想获得关于孩子学业进步的信息。然而，如果家庭的目标是唯一的目标，那么这样的测试制度也许就没有那么重要了。因为，根据家长们对测试的关注程度，市场会使那些不进行测试的学校处于一定的竞争劣势，从而实现良性的调节作用。不过，我们仍然会经常听到公众为择校体制下测试的必要性进行辩护。一些人声称各州应该把学习成绩测试当作一种广泛的激励手段，促使学校加强重要领域的教学。根据某些计划，测试结果会决定学生是否继续保留奖学金的资格或是学校是否保留兑换奖学金的资格。测试的种种目的可能有重叠，但是择校方案应该力图让这些目的得以清晰地区分，因为它们可能互相矛盾。保守的拥护者可能想让家庭得到学校成就的信息，但是他可能不希望学校的课程自主权受到一套测试系统的影响。

测试可以从多方面衡量学生的学习效果。某些测试的意图是想要了解情况，比如上完四年级后，学生是否具备某些技能和了解某些事情。这些测试想要确定每一名儿童是否已经掌握了相应内容，甚至检验其落后或超过标准的程度。还有一些测试旨在将同年入学的儿童进行比较，以确定某个儿童在集体中排名是前 25% 还是后 10%。测试成绩可以用来研究和比较许多不同类型的儿童。例如，改革者可能想要了解，与贫困单亲家庭的孩子相比或是与父母都是大学教授的孩子相比，中产阶级家庭出身的玛丽和她的同伴们的学业表现如何。还有另一种测试方式是衡量玛丽在具体的一段时间内，例如在过去一年内学到了多少东西。这种有附加值的测试关注的是儿童从一开始的得分到一段时间后得分的差异。测试数据可以提交给学生个人或是在班级、年级、学校整体通报。

坦白地说，不同的测试不仅能满足不同的目标，而且也会在判断学生或学校是否成功的问题上得出截然不同的结论。某些学校在促进低收入家庭儿童知识增长方面卓有成效，但其测试的平均分数却远远低于富裕郊区儿童的分数。郊区学生的高分数也许主要反映了这些学生入学时的学业成就，或许学校其实教了他们很少的东西。

标准化测试同样具有争议性。某些人认为，许多测试含有一些对某些种族或少数民族成员或是女性不公平的问题。也有人抱怨说对工作或大学很重要的测试会强迫教师为考试而教学。这类测试不可能完全评估出我们想让孩子学到的所有东西，它可能会降低学校对其他有价值的学习内容的关注。同时，当学校官员了解到测试结果的重要性时，就会经常向应试教学妥协。然而，通过让局外人组织考务以维持测试安全的做法又是非常昂贵的。同时，或许根本就不可能测出单个儿童或全体学生的学习成绩增值部分究竟有多少是在学校努力取得的，因为这中间还涉及要去除学生在家自学的效果、周末学习的成果以及入学前的成绩等。然而总的来说，我们认为，如果使用恰当，测试也还是有价值的。

如前所述，奖学金资格本身可以以测试结果为依据，这在原则上可以说明个体的低学业成就或者学校教育的不成功。根据这一政策，决定采用何种测试将会是一个极其重要的问题。如果学校想要继续在奖学金计划中获得兑换奖学金的权力，就必须达到某些测试基准。即便在今天，各州关于特许学校的某些法规也会要求学生的测试成绩达到最低分数线，以保留学校的特许资格。这里存在一些风险。首先，如果这类测试对最低学业绩效水平应该达到何种程度没有形成共识，其对学校课程设置的最终影响程度将远超于学校创始人或是家庭的期许。其次，我们需要确定，对于那些在教育最顽劣学生方面取得合理进步的学校，测试机制不会给予其不公平的处罚。当测试和成绩仅作为帮助家长做决策的工具时，便最恰当地发挥了其重要性。

某些择校支持者们认为每所学校应该自主选择其学生要参加的测试。他们宣称，毕竟选择意味着多样化，应该尊重学校自己的教学目标。根据这种方法，学校选择的测试将成为家长决定让孩子是否去注册的考量之一。另一方面，某些测试的结果可能对家长并无益处，对学校而言则会更多地使人困惑而不是提供帮助。或许更重要的是，如果每所学校都有自己的界定，那么确定哪类学校的学生测试成绩最好的研究则会陷入困境。一定要做同等条件的比较。而且，非常重要的一点就是，应对仍在传统公立学校的学生采用同一测试机制，因为家长们需要一个连贯的评价标准去衡量市场上所有的学校。

我们下面给出的关于测试要求的示例条款指定了一个已有的机构（一个假定的州学校董事会）负责测试系统的开发。在其他特定的州，可能指定另一机构或是建立一个新机构。我们已经说过，这一机制的目的是衡量教育进展，大概评估可归功于学校的成绩变化。如果需要，也可以将这一评估更加明确化。许多人也坚持测试应包括绝对成就的测量，因为那是长久以来的一个规范做法。

学生测试

为了加强家长及社会的问责，州教育委员要求每所学校注册的所有学生，不管学生获得公立资助还是兑换州奖学金，都参加州范围内统一的测试，以评估个体在教育上的进步。这类测试应该由独立的团体负责出题、实施和评分。每所学校在每一年级测试的综合成绩都应该向公众发布。个人成绩应该包括百分位成绩，且只对儿童及其家长提供。

六、教师的教育、测试及资格证书

各州给那些获得某种认可的个人颁发了资格证书。这些证书证明持有人有资格在公立学校担任教师工作，并在实习期后获得终身职位。没有资格证书的老师也经常受雇于公立学校，但是他们受任的职位通常是暂时的而非终身制的。人们通常是通过上师范大学获得学士学位或是完成一个为期一年或两年的研究生项目（有时候直通硕士学位）而获得他们的教师资格证书。最近几年来，一些州的立法机关因为担心教师队伍的水准，甚至要求其老教师参加全州范围内的考试，将通过考试看作是继续保留工作和/或保留教师资格身份的条件。尽管据说这些测试要求不高，但是仍有许多教师没有通过（一些人提出上诉，试图使考试无效）。

在加州和许多其他州，私立学校教师不需持证上岗，尽管许多人的确有教师资格证。许多私立学校聘用的教师没有教师资格证，一些学校的教师全都或是几乎全都没有教师资格证。私立学校经常聘用一些优秀的应届毕业生，尤其是在技术学科领域，比如科学与数学领域。这些领域很难找到完全满足条件的有教师资格证的教师。私立学校还经常从社区邀请兼职专业人士教授专业课程。目前还没有现成的方式来确定教师资格证的重要程度。

对创设择校系统的那些人来说，问题在于是否应该要求参与学校的教师（或是学校教师中的一部分）持有教师证书并/或通过全州范围内的教师考试。

（一）认证的教育要求

人们从师范大学和研究生认证课程中学到有用的东西，其中的教学实习经历可能格外宝贵。然而，是否因此就应该要求未来的教师们都完成这类科班教育呢？显然，许多人没参加过这类教育也能成为优秀教师。在学院和大学的教师中，仅有很少一部分人具有这种教育背景。那些在其他行业曾取得成功且乐于将教学当作事业的人中，绝大部分也没有受过这类教育，除非他们不得不花一年时间不情愿地接受那种教育。许多聪颖的年轻大学毕业生也有同样的感受。他们想去内城区的学校教几年学，但在教育学院再学习一年的要求却对他们的想法构成了阻碍。

如果不要求教师去教师培训机构学习，参与择校计划的学校是否会降低标准，聘用能力稍显逊色的人？我们对此有疑问。可能许多学校仍会聘用通过认证的教师，正如虽然没有法定的要求，学院和大学仍然坚持认为其教师应该拥有博士学位（或是与博士学位同等的学力）。然而，和高等教育中的情形一样，根据择校计划，市场压力会推动学校培训那些入选的教师。如果要求学校公开其全体教师的教育背景，家长们就会自己做出判断。家长们对这类正规教师培训的重视程度，会给其聘用学校带来相应的竞争优势。这与目前公立学校的做法有着重大的区别。后者要求教师资格认证的做法被视为一种对所招收学生的不太可靠的保护，或是一项给教育学教授创造就业机会的项目。

（二）认证的测试要求

在考察八年级学生是否掌握基础学科知识的专业测试中，如果一名教师多次不合格，我们就应该感到担忧了。但的确，正是这样一个测试，目前有相当数量的教师令人遗憾地没有通过。当然，这样的考试并不能直接衡量参加测试的教师有多优秀，而且某些人认为教小学低年级的教师不需要多高的学术能力（尽管许多人的意见与此相反）。但无论如何，各州测试教师是否具有最少知识储备已经显得非常重要和必要了，尤其是考虑到长期以来考入师范大学的那些学生在学术天分上的衰退。

在择校计划中，关于教师测试最明智的管理体制或许应类似于我们前面提到的关于其是否接受正规教育项目的建议。测试对个体教师而言应该是强制性的，但对学校来说可以酌情决定。也就是说，有远大抱负的教师要在职前以及职后定期参加测试，而学校既可以无视其测试结果，也可以把通过测试作为一个雇佣条件。但是无论如何，学校必须公布其教师中分别有多少人通过和未通过测试（不必公布教师姓名），然后家庭可以自己决定这些测试结果的影响。许多家长会倾向于让通过测试的教师（也有例外）教他们的孩子。如果一所学校有很大一部分教师测试不合格，许多家庭可能就不愿意冒险把自己的孩子交给这些教师。以下是两条可选的条款：

教师资格认证

在项目参与学校中，学术科目的教师必须参加公立学校教师必须参加的所有教师能力考试。每所参与学校都应公布其通过和没通过这类考试的教师占全体教师数量的比例。同时，参与学校还应该公布其教师的教育背景，包括他们是否获得了州教师资格认证。

教师资格认证

在项目参与学校中，应有不少于3/4的学术科目教师既通过了资格认证，也通过了公立学校教师应参加的一切教师能力考试。

（三）聘用限制

许多州的教育法规包含一份很长的人员名单，上面都是由于行为不端记录而被禁止从事教学的人。尽管某些州根据犯罪与教学职位的相关程度加以区分，但有重罪前科的人一定是此类名单的头号对象。具有性侵犯罪和猥亵儿童罪前科的人也都被排除在外。在参与择校计划的学校中，使用这类限制不仅在政治上是明智的，就政策本身而言也是好的。

聘用限制

项目参与学校不应聘用曾经犯过以下罪行的个人：（1）任何重罪犯；（2）任何涉及猥亵或淫荡行为的犯罪；或者（3）任何涉及性骚扰或其他虐待儿童的犯罪。任何一所项目参与学校的所有者都不应包括上述这些人。然而，如果根据诉讼和其他正当理由，州教育委员会可以在这些规定之外，允许那些明显证明已平反昭雪的特殊案例存在。

七、公平对待所招收的学生

此处讨论的主题是学校对其学生的责任问题。通常情况下，大多数学生将会在其选择的学校学习一段时间。我们会在后面的章节单独讨论入学资格的问题。

（一）学校对于学术标准的执行

在学生被取消学籍、升入高年级、录入某些班级的先决条件以及其他涉及是否掌握知识和技能的问题上，是否应该对参与学校的权力加以限制？我们都很清楚，一直有人在抱怨降低了的学业标准、社会推广及据说会降低公立学校质量的相关实践。某些择校批评者们声称，给予学校财政奖励会使办学者进一步让学业成绩贬值，在实践中给低学业表现的学生颁发学历证书，这是一种变相的受贿。另一些人则相反，他们担心学校会对学习成绩中等偏下的儿童强加某些严苛的规定。不管怎样，一些批评家会以不同的方式降低学校的自主权。

与此相反，我们认为学校在这方面需要很多自主权。对标准的掌控与学校的定位密切相关。同时，这些标准将会构成一个特征，帮助潜在客户对学校进行评判。随之而来的是，在大多数情况下，只要学生的家庭掌握了需要的信息，我们应该就能够指望他们来监督学校的表现。

显然，家庭在决定送孩子去某所学校之前，应该对其孩子是否能够达到学校最低标准作出判断。同样，学校自主招收学生时，也应公布它对学生的期望。然而，如果法律强迫学校接收任何申请入学的学生（只要名额允许），或如果强迫学校给低收入家庭的儿童保留名额（见下文入学资格的讨论），协调学校与家庭之间的期望就会变得很复杂。学生在学校不及格可能变得更常见，学校可能有更多的不实理由声称开除那些它不满意的学生。

在试图用文字记下儿童与学校在学术标准上的相互权利与义务时，我们强调两项家庭和学校应该都能够接受的理性条款：

第一，如果儿童不够勤奋，他或她的学习达不到学校公布的标准，学校在适当警告几次后，可以开除该儿童。

第二，如果儿童学习勤奋，并且已经取得了与其天分相应的适度进步，学校就应该继续让儿童留在学校，尽管不必非得升入高年级。

以下是两种途径：

学术标准

除非学生没有取得实质性的学业收获，或者不愿付出努力去达到学校公布的标准，项目参与学校不得开除学生。

学术标准

除非在很长一段时间内达不到学校所公布的标准且没有任何进步的可能性，学生一旦注册，可以继续留在项目参与学校。

我们也认为，法律和市场都会要求学校提前公布其学术标准。此外，我们还认为法律应该规定，除了努力帮助学生达到学业标准，学校在开除学生之前还应该提出几次明确的警告。然而，对于这一正当程序要求的程式化，我们还是有些犹豫，因为很难抽象地描述这类多样化的关系。私人关系领域的现行法律视这一问题为契约问题，内容包括学校负有用合理的专业努力去避免开除学生的默示义务。也许那更多的是法律体系应该试图用文字记载的问题。

（二）学校对于行为标准的执行

择校计划经常声称，恢复教育者惩戒学生的权力是一种美德。被公立学校录取的儿童可能觉得自己不会因过失而损失什么。相反，一个遵从自己意愿和其父母决定而选择某一学校的儿童通常希望能留下来，并遵守学校的合理行为规范，以避免留级或是被开除。这是普遍认同的观念，而且我们对私立学校生活的了解也证实了这一点。从学校的角度看，维持某种氛围至关重要。这有利于保持其特性，并让终究会自由离校的顾客满意。因此，一份精心起草的择校计划会鼓励学校清楚地声明其行为规范，以便在需要惩戒的时候有正当的理由。同时，法律应该坚持一套非正式但有效的程序，学生可以据此真正为自己辩护并让有能力的成熟律师为他的案件辩护。

学校纪律

在合理告知并遵循程序的情况下，学校可以设置并施行一套行为规范和纪律，可以开除那些违反学校相关规范的、有严重或惯常不端行为的学生。

假设允许私立的教会学校参与择校计划，就会涉及一个更有趣的问题，即学校在宗教行为方面可以规定哪些行为方式。我们来看以下三个备选方案：

第一，学校既可以规定特定的宗教信仰，也可以要求进行宗教宣誓以及所期望的其他宗教活动。

第二，学校可以要求学习它倡导的信念，并掌握课程中所呈现的相关内容，但是学校不可以强行要求表达信仰。

第三，学校不可以要求持异议者宣称信奉或学习和理解某一宗教。

当然，这一问题日益重要，以至于学校失去了对其招生政策的掌握（后文讨论）。让那些非信徒们进入学校，不但大大增加了在学校内部进行宗教问题争论的可能性，也增加了校方对其失去核心身份的担忧。考虑到双方的利益，我们的示例条款选择了中间路线。

宗教行为

参与学校可以要求掌握包括宗教内容的课程，但是不应强迫学生宣称信奉某一信仰或参加仪式或象征信仰的其他行为。

对于我们的建议，反对的理由之一是家庭在给儿童办理入学登记时，已经充分意识到学校的宗教使命。如果家庭反对必需的信仰宣誓，它应该另选学校。然而，正如内城区天主教学校长期经验所显示的那样，家长们有时候是出于各种功利性的原因而选择教会学校，而不是因为全身心地皈依信仰。而且，天主教学校的经验也大致表明，学校的信仰教学可以在不要求儿童和 / 或家长潜在地假意服从的情况下进行。只安排儿童学习一些宗教知识，并且在仪式期间仅要求其恭敬就座，这就足够了，不必强求那些暧昧的"阿门"。

如果宗教教育的使命本身被界定为要求学生及家长积极参与礼拜等活动，我们的解决方案就会难以实施。在这一点上，理性的头脑也会有意见分歧，我们强烈要求改革者遵从当地的政治现状和他自己的良知。

八、信息披露和用户信息

如果买家得不到关于可行方案的充足信息或是他们受了虚假宣传的误导，市场就不能履行其预期的功能。由于不能仅仅通过一项类似实物测量的方式来评估教育质量，选择学校的问题变得尤其困难。如今，择校的家庭的确设法得到了一些关于学校的有用信息，但是一般都是通过咨询在学学生的家长。学校赢得美名、失去信誉、重获盛名，这些信息都可通过买卖而得知。无论如何，我们认为，一个不能强制执行特定信息披露或者成功保护家庭远离虚假信息的统一择校计划是不可行的。

（一）泄露虚假信息

首先，州的职责是严禁虚假信息或误导类信息，并惩治那些对传播此类信息负有责任的人，尤其是那些故意散播此类信息的人。州法律可以规定制造关于学校资源、教师资格、毕业记录等虚假信息的行为是违法的。惩罚结果可能是向那些违法者或学校征收一美元的罚款，或是在极端恶劣的案子中判处他们入狱。惩戒的第二层包括学校丧失兑换奖学金的资格，这是一种经济惩罚的形式。我们的示例条款包括所有这些惩罚形式，但是同时出于保护学生的需要，也不会过于仓促地终止其所在学校兑换奖学金的权利。

虚假信息

项目参与学校不应蓄意提供涉及自身的虚假信息或误导性信息。对于学校或个人可能出现的与教唆学生或奖学金兑现相关的欺诈行为，立法机关应该制定民事及刑事处罚条文。在公告及抗辩机会之后，除非有明确且有力的证据表明学校确实违反了上述规定，任何学校不应被剥夺奖学金兑现的资格。由任何职能机构发起的撤销奖学金兑现资格的程序都应该交由司法程序复审。如果法庭确定学校继续营运最符合学生的利益，面对学校申请继续办学，法庭可以在做出最终判决之前暂时搁置撤销学校办学资格的命令。

对欺诈案例中的惩罚性损害赔偿，我们也考虑了私人诉讼的实用性。这是家庭对抗学校违规及履行自身职责的另一件可能用到的武器。

（二）具体的信息要求

法律应该规定学校需要向家长提供哪些信息或是提供什么样的信息会有失去兑换奖学金资格的风险。我们先讨论在几个方面貌似必须公布的信息：

1. 课程设置

学校应该向家庭保证其课程满足州的所有规定。除此之外应该让学校自我管理。毫无疑问，大多数学校会在它们认为最重要的方面重点安排自己的课程。

2. 学生的测试成绩

如前所述，我们赞成为学生提供一种统一的州测试体制且规定学校必须公布其测试结果，既要向公众公布总体结果，也要向每个家庭公布自己孩子的测试结果。

3. 教师资格

如前所述，我们支持这一政策，即不断地测试教师并要求学校公布其教师通过测试的比例。或许学校也应该公布每位教师的聘用年限以及新聘人员比率。学校应该说明其教师的教育背景，明确说明教师中的哪些人持有州教师资格证，但是我们不要求将这类证书视为聘用条件。

4. 学校设施

学校应该描述它们的办公楼及设备，例如它们的实验室、体育馆和计算机设施等。

5. 学术规章

面对家庭咨询，学校必须明确告知自己对儿童的学业要求，以便儿童可以保持在该学校上学并从低年级升入高年级。学校也应公布制定这些决策的程序。

6. 学校纪律及流程

如果学校有一套学生行为规范，应该在学生和家长申请入学时，公布这套行为规范及在争议情形下学校认定事实和形成判定意见所遵循的程序。

7. 入学许可

我们稍后会讨论学校在入学录取上的自主程度。不管这一功能采用何种政策，学校应该公布其入学标准和最近几年入学记录的适当摘要，例如申请者人数、录取者人数及注册者人数。

8. 财务问题

我们已经讨论了学校是否应该在奖学金外另收取学费。如果允许另收费，家长们必须收到一份清晰的声明书，其中应标明所有应收的费用，外加可获得的财政援助项目的信息，以及这些财政援助项目可以全部或部分地免除哪些费用。我们不是很清楚是否必须要将学校的总体财政情况告知家庭。另一个问题是在多大程度上对州官员们公布这类信息，这会在下文讨论。以下是涉及向家长公布信息的综合性条款：

> 信息公布
>
> 项目参与学校应该向在校学生的家庭及咨询的学生家庭提供一种宣传册，其中至少涵盖以下信息：学校满足了对同类学校在课程方面的所有要求；各年级学生的平均测试成绩；教师资格；重要的学校设施；学业期望及规定；纪律规定和程序；录取政策；学费、费用及可用的财政援助。

（三）给收入及教育受限的家庭提供的社区延展服务信息

通常人们认为，受教育水平较低的（或者收入较低的）家长们不能为他们的孩子作出明智的教育决策。事实上，这一提法是用来反对择校计划的常见论据。最能清楚表明缺失选择能力的证据就是对公立学校活动的低参与度，那些受教育水平和收入都相对较低的家长被归属为此类典型。我们反对这一观点。在现行体制下，依据参与等级不可能得出任何结论。现在，不积极参与择校的家长们可能理性地推断：由于他们在这件事情上没有选择，对学校没有影响力，因此，他们掌握再多的机构信息也没有多大价值，但是这并不意味着一旦他们必须负责孩子的安置时他们会漠不关心或是不能运用此类信息。事实上，在这种情况下他们有着最强的动机去获得相关信息。这可能既在政治上是明智的，而且对那些受教育有限的家长来说尤为有利，因为择校计划包含的信息特征对他们而言是明确且有针对性的。

最有前景的方法可能基于时间和空间而有所不同。例如，在择校项目的早年期间，或许州政府应该聘用顾问，让他们在低收入家庭集中的社区资讯中心工作。除了收集各学校的宣传手册，每个顾问也可以帮助家庭做出自己的选择，并安排他们去学校参观。然而，从长远看，社区组织、教堂及类似机构可以更好地履行这一职责。有充分理由期望家长们从街坊的小道消息中打听到这些机构，而这些当地机构会很快显示出它们是否值得家长信任。相反，永久性的政府服务存在官僚化、系统偏好及学校实验过场化的风险。

（四）对公立学校信息披露的同等要求

垄断的最主要武器之一是封锁信息，而州系统无耻地使用了这一武器。通常很多问题不可能从公立学校得到信息，但是在择校机制下这些问题显得非常关键。毫无疑问，市场本身很可能会促使大量信息的披露，但是仍有充分的理由要求每所传统形式的公立学校也应像参与择校计划的学校一样公布各种信息，促使信息更加公开透明。家庭需要决定是固守在当地的公立学校还是送孩子去别的地方上学。公立学校在信息诚信披露上接受纪律监督，是适宜且重要的做法。

九、繁杂的财务问题

此处讨论关于应对学校经济方面的各种问题。是否应该在这方面控制参与学校？如果控制，怎样控制？控制多少？

（一）营利

迄今为止，我们都假定项目参与学校，无论公立还是私立，都是非营利团体的组织形式。许多改革者会将营利学校排除在外，仿佛默认这类学校不能使用纳税人的钱。通常这些批评家们都表明，在高等教育中，非营利学校在私立部分占主导地位，营利性学校有某些不好的名声（尽管一些以营利为目的的后中等教育学校办学质量极好）。然而，在学前教育和其他相关的服务领域，混合存在着非营利学校、营利学校以及自认非慈善非企业的单个服务提供者。虽然在许多功能上它们有相似之处，但是形成鲜明对照的是，如今中小学部分的大多数私立学校都不是营利机构。

最近，爱迪生公司及其他利润追求者们已经进入了学校领域。他们预见，一旦私立学校可以在近乎平等的基础上与受补助的公立学校相竞争，可能会有许多新企业家来提供所需要的场所。鼓励营利性学校参与择校有助于实现获得更多资金的重大目标。这些资金可以用来建造或修复学校设施，也可以在最初几年的亏损后建立一个新型企业。而且，正如我们在医疗保健领域了解到的那样，通常情况下很难维持营利机构与非营利机构之间有意义的区别。不管法律形式如何，学校会以丰厚的薪水回馈其创始人／教师及领导人。他们会与那些由创始人掌管的营利性公司签订合约，以获得管理和其他服务。单个的学校无论如何都不太可能赚取巨大利润，而通过这种模式产生的盈余会像指定的利润一样有效。

因此，最明智的解决方法或许是欢迎营利性学校的加入，并要求其披露学校的法律地位。

（二）给州政府的财政报告

在前文，我们质疑了向家长详细地披露财政状况的必要性。但州是否应该对学校要求更多？我们谨慎地判断，对州奖学金资助的学校进行有限的州财政监督或许有政治上的考量。

州对学校预算及账目的任何细节其实并无特殊兴趣。与投标并得到合同维修州政府计算机的承包商不同，学校只与家长签订合约。在这一交易中，没有需要学校贿赂的州政府官员，也无须对州政府承诺学校会取得某种特定结果。事实上，通过授权给家长并自我抽离，州政府放弃了其在特定教育过程或是结果中的影响，它只关注于以下三点：

第一，州政府想要将钱下发到符合条件的学校手里。

第二，除了利润以外，学校必须将钱花费在它真诚地认为是教育的方面（完全自由支配利润）。

第三，学生必须参与支配经费的活动。

对于上述关注点的第一项内容，州政府无需特别的审计权力去为学校争到奖学金。州政府控制着奖学金的兑换，只会支付给符合条件的学校或是其代理人。至于第三项，即学生参与的问题，州政府顶多需要得到学校的日常汇报。

然而，州政府关注的第二项内容更为复杂。在完全非营利的体制中，要求学校的每笔开支都花在教育上的做法看似合理，而且州政府在审计学校的记录时，也时刻记着这一点。相比之下，在允许营利的体制中，显然是允许有一定程度的非教育性开销。例如，学校可能会给红十字会捐款，这在概念上也构成了对利润的处置。实际问题是任何确保合理支出的审计都会在对象界定方面存在困难。

州政府用诚信测试审查各项开支是否用于教育的时候，上述困难就更为复杂。根据这样的规定，所有临界个案都要求州审计员对学校办学诚信作出主观判断，但是采用一种客观测试的方法又会加剧这一困难。新学校需要打着教育的标签制定众多的行为规范，来具体说明奖学金可以购买的物品。在此过程中，州政府会挫败择校的核心目标，即鼓励多样性和灵活性。

如果此处需要做一类比，可能在食品券项目中能找到同样的问题。政府不允许用食品券兑换酒、毒品或现金。政府并没有以人们可能用食品券兑换现金为由，对食品供应商，例如西夫韦连锁超市，进行常规审计。他们的利润状况也并没有改变政府在这一问题上的立场。当然，西夫韦可能触犯与食品券相关的法律规定。它可能接受过用食品券兑换昂贵威士忌的行为，然后将食品券兑换成现金。尽管如此，政府满足于依赖传统的刑事程序来监管不法行为。我们也乐于用同样的方式管理学校。学校内存在许多形式的商业欺诈和犯罪行为。目前食品券和其他采购项目也存在诸如此类的犯罪，应该对这些犯罪判处刑罚。因此，应该禁止学校（和家长）提供或接受贿赂、回扣（见下文）等。欺骗其主顾的学校或者违反重要规定的学校应该被驱逐出体制。但是我们并未发现特别审计机制在此能发挥什么作用。

尽管如此，我们凭经验了解并深深地敬重政治当家人的顾虑，他们预见到那些反对择校的人会通过媒体广告去诽谤择校。政治要求择校在政府可以审计的体制内运转。学校会因为政府审计而受影响，但是它们仍然会幸存且繁荣兴旺。然而，我们还必须坚持一项制约性原则，即任何审计制度必须保持平等竞争环境，它必须被完全而严格地应用到传统公立学校中。

　　　　每所公立学校及每所兑换州教育奖学金的公立或私立学校，必须与
一般公司业务一样保留所要求的财务记录，并且根据合理通知，将这些
财务记录恰当地提交给州立某机构委派的稽查员。这些记录必须足以确
定学校的权力结构及包括雇员在内各方利益的特性及各方利益间的财政
关系。

（三）回扣及贿赂

　　不管学校是向家长提供酬金作为他们送孩子入学的报答，还是从想让自
己孩子被录取的家长处索取贿赂，这在政治上和道德上都令人生厌。或许这
些惯例会很快被诚实的家长们和有充分理由将消息公布于众的竞争者们发现，
从而损害学校的声誉。然而，择校项目中包含反对这些惯例的禁令，在政治
上或许是一个明智的举措。

十、在家上学

　　据估计，美国有超过一百万儿童目前是在家上学。这里最基本的场景是
家长让孩子待在家，自己教育孩子，但是这些孩子很少完全孤立，家庭学校
的教育者们常常聚集在一起外出举行活动和运动等。为了符合义务教育法，
一些家长专门成立学校，由家长任教师，儿童任学生。家庭有时候以这种方
式结合起来，合作式教育他们的孩子。这种家庭学校现象开始变得更像是一
所正式的学校，只是正式学校的教师们通常不是学生的家长。

　　然而，对补助择校的倡导者来说，家庭学校是一个要应对的难题。一方
面，择校倡导者尊重这些家长自己所做的决定，而且，他们经常热心地帮助
这些家长在课程材料、外出活动、学习过程中需要的电脑、教学建议及评估
等方面获得一些财政资助。但是，授课的家长是否应该因为他们的家庭学校
服务而得到酬劳完全是另一个问题。

　　一些人认为获得这种酬劳是合理的。如果家长履行这一职责且孩子们学
到了东西，为什么他们不能像择校计划的其他教师一样得到酬劳？其他人可
能会同意这一点，但是也会很困惑。他们担心这样会导致许多选民和立法者
全然反对择校计划。为什么有人反对？不知何故，家长们要求报酬的做法似
乎不合时宜。这里的感觉似乎类似于这种正常反应——州资助日托是个好主
意，但是家长们不能因负担日托而获得报酬。当然，其他人的反应同样是说

教式的。他们赞成为所有家长提供丰厚的儿童津贴这一计划，如果家长们选择日托，可以用这笔津贴支付日托费用，但是在家照顾孩子的家长可能会把津贴花在别的用途上。当然，美国从来没有此类的津贴项目，即使其他国家已经有了此类项目。

许多人担心存在不良动机，他们承认目前在家教育孩子的家长都是全心全意为了孩子的有爱心的家长，否则他们不会自己背负沉重的负担。但是他们害怕一些家长看到择校计划包括家庭学校后，就将其视为自己赚钱的新途径，从而不利于他们的孩子。他们断定，就这类家庭而言，儿童待在更传统的学校里境况会更好。

这种困境导致许多人将家庭学校排除在择校计划之外。他们可以阻止教师是学生家长的学校加入到择校计划。同样，通过将学生人数少于一定数量，比如少于 25 人的学校逐出择校计划也可以解决这一问题。但是，另一种可能性是给家庭教育提供大幅度缩小的奖学金。我们发现这是一个极其复杂的问题，强烈建议择校计划起草者特别关注某些解决方案的政治蕴意，但要切记日后可以在成功实施的择校方案中增加家庭学校。

第八章　入学政策

　　鉴于入学问题的特殊重要性，我们单列一章进行探讨。对于那些参加择校计划的学校，州应该在何种程度上对其招生权进行管理？此前，我们探讨了那些已经被参与学校录取的学生的权利。这里，我们将聚焦于那些想上特定学校的儿童，聚焦于学校拒收他们的权利。

一、学校的规模

　　第一个问题是，学校是否能够拒绝申请者。在最广义的层面，如果仅仅因为学校的容纳能力已达极限，或是不想根据需求扩大规模，我们认为问题的答案应该是肯定的。对公立学校而言，至少在理论上他们有这样的义务。他们可以在很大程度上预测需求的大小并提前做准备。而且，学区能够调整学校的边界，从而实现不同学校间共同分担当地入学的突发性负担。在择校计划下，情况完全不同。个别很受欢迎的学校如果来者不拒，将会完全深陷困境。事实上，这可能破坏学校的特性。

　　我们认为，参与学校至少应该可以决定校级层面和年级层面办学的最大规模。补充一点，任何已经入学的孩子，只要未毕业且未被劝退，都有权利留在学校继续完成学业。剩下的问题便是将新增加的可用名额分配给新的申请人。

二、靠运气被录取？

　　一种观点认为，在教育中，家庭选择的作用微乎其微。学校可能会提供关于自己的信息，甚至可能会暗示他们的课程不适合某个或某类学生。"但最后，如果家庭偏爱哪所学校，孩子就应该在那所学校入学，当然至少是在学校空间允许的情况下。这就将选择权坚定地交到消费者手里。"它反映了市场背景下商品和服务运作的方式。而且，它往往被很多州采纳，用作特许学校的规则。

　　如果这种方法被用到学校的奖学金计划，剩下的招生问题将会相对简单一些。主要的问题将是怎样应对过量的申请。一个解决办法是"先到先得"。这种方法有利于那些比较机敏、蓬勃奋进的家长，但也会让学校对那些他们喜欢的家庭提前透露消息。因此，随机派位系统似乎是更好的解决方案。简单地说，学校会公布有多少可供选择的席位，申请书应该在规定日期内完成，如果申请人超过了可用学位的数量，系统将会随机选出幸运儿。

这也会带来一些棘手的问题。其中之一便是，一个家庭可以申请多所学校吗？如果可以，随机派位系统将会如何构建？或许最好的解决办法是有一个集中的随机派位系统，对所有申请人都能编好排序，这样就可以设计出将机会最大化的规则，以便让所有家庭都能获得他们最优或次优的选择。接着我们会考虑是否应该给已录取学生的兄弟姐妹一些优先权。根据我们的判断，出于方便父母的考虑，这个方法是妥当的。第三点，如果一个学校想要达到一种平衡的性别结构，能允许学校将男孩和女孩放进单独的系统运作吗？实际上，如果学校偏爱一种能体现社会种族或民族或其他理想的多样性学校模型，是否应该允许学校对民族与种族分别实行独立的随机派位？虽然对特殊的随机派位的需求可能不多，但性别平衡政策可能盛行于很多父母和学校间。种族平衡政策同样受到人们关注，尽管在相关社区的确定上有一些问题。同时，对于相应的比例划分也出现了冲突。但是，这些将会通过市场反馈给学校，并由学校根据自身定位来解决，而不是靠政府解决。我们回到下面这个问题。

三、给学校一些自主权？

20世纪60年代，当我们开始起草关于学校选择计划时，我们主张基于随机派位系统的录取规则，将尽可能多的权力交到家庭手中。然而，在过去的30年里，我们也遇到过那些热情的拥护者，主张给学校更多遴选学生的权力。现有的私立学校保留了这些权力，这些学校中很少会有学校在报名人数过多时选择随机录取。即使学校还有可用学位，有时也会拒绝申请者。私立的学术精英学校明确提出会认真考虑学生天资和过去的成就。一些学校甚至筛选学生的性格类型，还有些学校会争取社会经济、种族等方面的理想化搭配。宗教学校倾向于优先考虑其教徒和其他信仰其宗教的成员。

如果我们从高等教育中寻找启示，发现的则是杂乱的景象。社区学院和很多私立的职业学校或是来者不拒，或是先到先得，几乎不拒绝任何一个申请者。另一方面，名牌院校关注的是学生的学术以及学校看重的某些特点。在其他的私人服务行业，很多职业，比如律师，保留了拒绝客户的权力。这也同样适用于医生，虽然管理式治疗正改变着这一模式。现在，医疗集团通常有义务接诊任何与医疗计划有关的人，并且必须向每位患者承诺在医疗计划中可用的一些医生。或许学校应该更像医疗集团，而不是个体医生。同理，对于学龄前儿童而言，我们感觉，与私人保姆或家庭日托运营商相比，日托中心往往更少存在歧视现象。

就政治上而言，赋予项目参与学校一些招生权力有助于在立法或竞选中赢得私立学校和学生家长的支持。然而，这样也会使学校陷入精英主义和排外的指控。无论何种解决方案，都和学校的供应息息相关。给学校更多的自主权可能会有更多的供给者，也会为消费者提供更多的选择。

四、禁止采用的标准

即使在录取上给予参与学校更多的自主选择权，某些遴选的标准仍会被择校计划明令禁止。例如，肯定不会允许学校歧视少数族裔，无论是完全排斥还是通过配额限制。但是，如果声称不出现恶意的种族歧视，那么可能就不会受到平权行动的反对。我们已经提到，一些学校会希望奉行这样的做法。因此，是否应该允许它们在一个合理的范围内以多样化的名义倾向于选择那些来自弱势群体的学生？择校计划的倡议者难免会面临公众的争议。即使他们赞同随机录取，如前所述，多样性的问题也不会消失。如果在这些州能够取消公立学校的种族优待政策，也算是一个意外收获，表明市场是一个高效的整合工具。

计划应该允许学校区别对待有宗教信仰的家庭吗？我们也考虑到，一旦非信徒的学生被录取，他们应该受到什么样的保护？但是，学校应该在一开始就拒绝非信徒学生或将他们放在信徒成员的录取队伍后面吗？那些赞同这种做法的人常抱怨，当学位有限时，随机系统可能会排除掉会众的孩子。然而，这种风险的大小尚不清楚。大多数与特定宗教绑定的学校不太可能有很多教外的申请者，尤其是在一套能催生大量新学校的择校系统中。但是，对于这种特殊学校，即使只有一个非教徒申请者也会对学校的身份定位产生威胁。学校更喜欢不受约束的排除权力。而对于非信徒来说，在这样的共同体中寻找入学机会是完全不合适的。决策者不得不就此做一个艰难的选择。

性别的问题表现在两个方面。部分成员学校可能希望成为一所男校或女校。我们认为应该允许这种要求，因为这可能是所有男校和女校的合法要求。第二个问题是男女同校的学校的性别平衡问题。诚如之前所言，一些学校和家长迫切希望学校能够有所选择，从而实现性别的大体平衡。很多择校计划的支持者，包括本书的作者们，主张将这个问题交由学校的自由裁量权去解决。

残疾学生带来了一个更棘手的问题。很多倡议者主张将残疾儿童编入到常规班级中。越来越多的人意识到，如果安排妥当，大部分残疾学生都能够很好地融入到常规班级。可以有把握地预测到，阻止学校选拔残疾学生将会面临强大的压力。这一融合的理想之处在于它可以在无损各方利益的情况下完成。然而，我们并不能确定让残疾学生到常规班级对每一位残疾学生来说都是最佳选择。很多残疾学生的家长倾向于择校计划提供专门的特殊教育学校。在涉及严重残疾儿童的案例中，即使是公立学校自夸的承诺也经常无法兑现，因此，财务诚信、甚至是该系统教学的有效性也都会被置于风险之中。在一些案例中，出于学生利益的考虑，残疾学校与普通学校也应分开设立。一些重度残疾的儿童并不能从传统课堂中收益很多，而且公办学校往往还会忽略残疾儿童的利益。

坦白地说，小规模学校完全没有准备好接收这样的孩子。强迫这些学校招收残疾学生的规定对这些学校提出了比一般公立学校更多的要求。对残疾人的真正公平不应该将回归主流作为压过其他因素的首要考虑。当然，我们尚不能确定对融合的要求在什么时候会过度，并且在什么是最正确的录取规则上可能会出现善意的分歧。关于现行有关特殊教育的联邦法律的影响，专家们也存在着分歧，这就增加了计划起草者的困难。决策必须在相当不确定的法律环境下作出。当然，这种情况也并不少见，也不会停止商议。

然而，很显然，政策必须对最重要的法律规范保持敏感。无论择校计划倾向于什么样的条款，某些录取的实践也可能违宪或违法。但即便这样一个简明的法律规则也会变得复杂。只有当法院认定参与奖学金计划构成政府行为时，联邦宪法的限制才将适用于私立学校。这是因为宪法只适用于政府和那些代表政府的私立部门的歧视行为。虽然并不完全确定，但参加奖学金计划的私立学校的录取决定很可能不算州政府行为，而参与计划的公立学校的录取决定很可能被认为是政府行为。当然，宪法所允许的，联邦法律可能禁止，同时州宪法和法律条文也会影响学校治理的规则。改革者应该始终牢记，如果择校计划本身被作为一条州宪法修正案，那么所有州层面的障碍都不再是障碍。

五、选拔性

（一）谁将受到青睐

在已经考察了那些较具争议的选拔形式后，我们最后来讨论一下实践中常用于精英小学和中学的选拔标准。如果被批准，这些标准也可以应用到择校计划中。我们将这些标准分为四个方面的具体才能——学术、运动、艺术、人格／领导力。精英学校会寻求那些具有广泛特质或某一方面突出特质的学生。这是否应该被允许？坦白说，一些天资卓越的孩子的家庭希望录取他们孩子的学校也聚集着其他有天赋的学生。这正是一些学校用来吸引学生及家长的东西。但这也困扰着那些资质平平的孩子的家长，他们也希望自己的孩子能够进入到少数具有天赋的学生的圈子。即使这些孩子不能取得好的成绩，不能进入学校的运动队，不能加入学生组织，家长也希望他们的孩子能从这样的经历中受益。这些家庭的子女应该享有同样的平等权利吗？切记，这不是一个专属于私人部门的问题。在很多大城市的学区有一些办学时间长的学术性精英公立学校，它们的持续存在使人们在阻止奖学金计划引入选拔机制时显得犹豫不决。

（二）被拒绝和开除的学生

最后，我们聚焦于那些被开除学生的入学权利上。这些学生之前已被参与计划的学校录取，但之后却因为学业上的失败或不良行为被迫退学。在学校有空余学位的前提下，如果所有其他学生有选择在任何学校上学的权利，那么这些被开除的学生还应该有这样的权利吗？抑或是否应该制定一个"一次失败，求远出局"的规则？当然，他们是大多数项目参与学校最不愿意录取的申请者。但另一方面，也应该确保这些孩子最终都有申请一个免费学校就读的资格。现在，他们严重的行为不端或者反复的学业失败往往将他们集中在学区经营的所谓继续教育学校或者机会学校（Opportunity School，在美国另一项教育计划 Opportunity Program 倡导下建立的特殊学校，旨在为问题青少年提供职业技能培训，以防他们滑向犯罪——译者注）中，也有可能集中到由青少年司法系统运营的被称作改造学校的地方。择校系统应该怎样对待这些学生？如果这些学生仅可保留在公立学校间选择的权利，那将颇受争议。也就是说，如果他们没有去私立学校的机会，这将再次引发人们对公平竞争环境的高呼。

我们将会面对问题的根本。让我们设想一个包含之前讨论过的程序权利的择校系统。确切地说，小学生一旦被录取，便应该受到合理的保护而免受驱逐。如果情况是那样，问题就仅涉及那些相对较少的不受管教的孩子。这又可以分为学业问题和行为问题。那些因为学业问题将要被开除的学生在多数情况下可以及时地赶上来，以避免留下不好的烙印，并继续保留他们的选择。如果学生学业上的失败是因为一些学校的高要求，那么其他那些非精英学校可能会很乐意接受这些学生。真正的问题在于那些因考试不及格而非自愿地从正规学校退学的学生和被驱逐的顽劣学生。帮助这些孩子非常重要，但是具体每所学校应该承担多少的责任呢？也许，每所学校顶多为这样的孩子保留很小的录取份额，同时在给予公平的机会之后保留自己开除学生的权力。最好的期望是择校项目能催生和发展出一些欢迎这类学生并能和他们一起走向成功的学校。这样的学校要么适用于各种类型的孩子，要么仅适用于被开除的孩子。这样的学校一旦在市场上出现，便能够化解上述录取困境。

这里有一个示例条款，旨在为低收入家庭孩子在项目参与学校就读提供公平的机会，既允许学校对学生进行选拔，也允许收取额外的学费：

> 无论是公立的还是私立的学校，接收奖学金的任何学校应根据联邦宪法的有效准则，而不是州内居住地来招收和选拔学生。每所这样的学校每年应该保留20%的录取名额，给那些经济收入在州整体水平中处于75%之后的家庭。如果这样的申请比预留的席位少，必须录取所有的申请者；如果这样的申请者超过了预留的席位，学校可从中选择出预留的数量。在教育和相关服务的收费中，超出奖学金覆盖的部分应该考虑家庭的支付能力。

"预定（预留）"条款使得学校具有了招收超过20%低收入家庭学生的动机，也为学校提供了一个在学生中间实施普通标准的机会。

第九章　择校计划中的教师

一、工会问题

纵观美国，教师工会是一股反对择校计划的强大政治力量。他们极其反对涉及资助私立学校的计划。这已经导致一些择校计划的支持者反过来支持与反工会措施相关的一些计划。事实上，一些人可能已经加入到"学校选择"运动中，因为他们一开始就持有反工会的观点，将择校视为一个破坏工会的机会。我们认为，双方尖锐的立场对立一般都是无益的。很有可能的情况是，尽管工会强烈反对，但择校计划还是会获得合法地位。然而，一旦落实，教师的良好意愿和福利将会成为政策和司法领域一个重要的问题。事实上，如前所述，对择校计划的主要期待之一便是，以包括工会教师在内的大多数教师群体为基础建立学校以及促使工会自己去建立学校。

因此，问题就变成了项目参与学校及其教师应该在什么样的框架下与工会互动？我们认为，私立学校的教师出于集体谈判的需要，有资格去组织或选择加入一个工会。但是由于私立学校适用的是联邦的劳动法律而不是州的劳动法案，因此其教师与公立学校教师并不选择同一个工会作为谈判代表。私立学校教师是否选择成立工会是不确定的。今天，小学和初中层面的私立教育基本上是非工会化的。然而，这部分是因为很多私立学校教师受雇的宗教学校适用于不同的法规。目前的状况可能并不能预示择校计划下教师的偏好。如果几个私立学校的教师组织在一起，可能就会像建筑业和货运业的普遍做法一样，出现多雇主集体谈判的情况。在这样的安排下，一个工会将会代表不同学校的教师和不同的雇主进行谈判。

在公共部门中，即使在今天，州也必须对类似的问题作出决策，即怎么对待那些特许公立学校教师。不同的州达成的解决方案也不同。例如在加州，法院认为由于教育法规排除了所谓的特许学校，所以关于公共部门集体谈判的法律不适用于这样的学校。这就表明，如果教师是非联合的（没有形成教师工会），特许学校和学校里的教师可以选择直接面对面地谈判解决，但是从技术的角度看，双方都不受劳动法的保护。一些人说，只要特许学校的老师愿意，他们应该能够正式组织起学校。这看起来似乎是正确的。但另一方面，我们认为参加奖学金计划的特许学校的教师与传统公立学校的教师共用一个谈判协商组织是不明智的。组织结构的不同意味着协商制度的不同。

公共部门教师关心的另一个重要问题是其在公立学校之间转入和转出的流动问题。今天，根据典型的工会合同，当有缺口时，学区内的员工可以根据其资历在校际之间流动。相比之下，一个去特许学校教学的教师应该失去他在学区的其他所有的受雇权利吗（比如，如果一个教师后来又想离开特许学校回到原来的岗位）？同样的，特许学校的管理者是否能够在选择自己的员工时不受制于那些保护教师选择的资历流动权？那些受雇于城市或大学等其他州机构创办的学校的教师们又应该享有什么权利呢？

我们的判断是，特许学校的管理者应该能够选择自己的教师。如果要求那些自愿加入特许学校的教师放弃之前的所有权利，就像现在教师离职去私立学校会失去之前的所有权利一样，我们也是赞同的。然而，我们也认为，允许教师保留一些权利将会在很大程度上鼓励他们冒险成立或是加入一所特许学校。也许现在一些地方的折中方案是最好的解决办法：如果公立学校教师去那些学区建立或批准的特许学校教学，可以在一定时期内为他们保留回到学区常规学校教学的权利。一段时间后，教师可以选择要么满足于受雇特许学校所享受的权利，要么返回常规的公立学校。

二、员工福利

公立学校的教师会有优渥的福利。如果没有同样的福利，很多人会不情愿转到特许学校。因此，择校计划必须决定是否将所有的特许学校都纳入当地学区的福利体系，或者让学校选择是否加入体系，或者允许每个学校的教师可以在各种福利中选择等。如今，在特许学校有很多这方面的规则和实践。

就参与项目的私立学校而言，他们的教师不可能被纳入州立机构雇员福利体系。但是，如果学校和教师同意的话，奖学金在额度确定时应该将这些福利成本考虑在内，以便私立学校能够为其教师提供等值的福利包。

三、新学校中的创始老师

如果私立学校可以被纳入选择计划，公共部门的教师可能会离职，甚至合伙建立私立学校。一个更棘手的问题是，如何对待那些想要在择校计划内成立公立特许学校的教师？

创始教师应该像其他人一样去说服当地的主管机构吗？抑或是他们应该有成立公立特许学校并自己运行的特权？例如，在现有的公立学校中，如果大部分（比如 60%）的教师想要转到参加项目的公立学校，那么其所在学区是否应该尊重这一需求并给这些教师提供校舍场所？退一步说，除非有充分的反对理由，学区董事会当局是否至少应该对这群人想要建立特许学校的愿望给予一定的支持？

如果来自同一学区内几个不同公立学校的十多个教师想要合伙按照他们自己的设计建立一所新的特许学校呢？他们有这样的组织权利吗？如果其他人可以有机会获得学区内目前未被利用的学校建筑，那么有什么理由去拒绝那些充满抱负的公立学校教师群体（不管他们具体是谁）呢？

州可能希望鼓励这种类型学校的产生。州甚至可以给他们提供一些特殊的补贴。这种额外补贴具有显而易见的合理性，因为它可以帮助他们购买一些管理上以及商业方面的专门服务，使得他们可以专注于教学事务。

四、教师工资

传统上，教师工资是按照资历和额外教育工作量等因素支付的。然而不同学区往往有不同的工资薪级表。我们认为，这些问题不应该由择校计划统一解决，反而应该留作个别解决——要么通过市场和个人合同，要么借助教师代表组织的谈判。无论属于哪种情况，一种全新的教师工资支付方式在新的学校兴起。一些学校会按照学生的学业表现给教师发奖金。在另外一些学校，对于那些参加学校领导者选定的专业发展项目（而不是传统上教师个人选择的项目）的教师，也可能会支付额外的津贴。我们认为，如果教师们乐意，计划应该允许类似这样的灵活安排。

第十章　择校的政治

无论身处这个国家的哪一个角落，每一个想要发起家长择校提案的公民都必须充分了解一些特定的现实情况。其中一个是，只有在理解某个提案中的术语并且认识到其主要受惠者将是普通家庭和贫困人群后，选民才会热切支持。另外一个是，那些目前正受惠于公共教育垄断性的群体会竭尽所能来阻止选民认识的觉醒。这些阻挠者的代理机构都是我们比较熟悉的，包括两个全国性的教师联盟及其在各地的分支机构、联盟支持的立法者和其他政客、很多师范学院的学者、学校董事会及其在州和联邦层面的协会、家长教师联谊会（家长在其中只是装点门面的）、教科书出版商和其他大型企业如卫生保健组织（目前垄断了大型公立学校系统及其工会的采购）、学校行政管理者的各种协会（他们是实现父母责任要突破的第一关）。

对于改革项目，还存在着一个不明显的威胁。学校的垄断可以从三个看起来是天敌的群体那里获得间接或较少的支持。首先便是那些相对少数的宗教学校。他们拒绝那些即使和恺撒有着最弱联系的宗教学校，并且担心学生可能流失到任何适用补贴的学校中。其次是学费昂贵的实行精英教育的私立学院。这些学院不参加任何奖学金计划，但是他们担心，随着择校计划下享受补贴的优质教育的出现，人们对其产品的特定需求将被弱化。第三类是在家上学的人。他们担心自己可能不但会被排除在奖学金计划外，而且还会在协商谈判中受到更多的监管。这三个群体在信念上其实是倾向于家庭责任和选择权利的，如果唤起他们对自己信念的忠诚，那么他们很可能会继续保持低调。他们最常见的反应是优柔寡断。我们很难找到明确的方法去团结他们成为补贴计划的积极拥护者。同时，我们提醒新法规起草者要尽可能多的保护他们的利益，以使他们保持中立性。如前所述，在那些借助民众修宪运动的州中，更容易实现这样的保护，而这一点应该成为各州一个主要的关切点。

我们在政治上的主要前提在于一个判断，即一方面，对于资助择校计划的宣传具有较好的公共舆论氛围；但一方面，垄断方也将竭力阻止对公众的宣传教育。改革者的主要政治任务是：首先，设计一个能够真正服务于普通家庭的系统；第二，确保公众乐于享用该系统提供的机会。关于设计的问题，本书已经在各章进行了讨论；接下来，就那些我们认为对任何方案都具有必要性的设计上的具体特征，我们要确认其是否公正且在政治上可行。

同时，我们要解决第二个任务，即确保公众能够理解方案设计，进而提高对它的支持度。在政治方面，我们没有灵丹妙药，只有一些普遍性的原则。对这些原则的坚持将最终驱散当前垄断方制造的偏见迷雾。

择校计划在政治上的第一个原则是，任何联盟从一开始就必须吸收和突出那些被公认关心弱势群体的行动者。其领导班子中必须明确包含少数民族的男性和女性以及著名的民主党人士。在 20 世纪 90 年代，这种富于策略性的主张终于开始被认可，并在威斯康星和俄亥俄州取得了良好的效果。如果择校计划采取这一策略，那么它就会成为政治温和派（散布在政治谱系的中心）的政策。

我们强调，这个原则包含领导聘任的时间和顺序。择校运动的首次公开亮相必须表明和凸显非保守派的参与。可以尝试从争取保守派的许可开始，因为他们比较容易认同赋予家庭择校权利的主张，但这很可能会使改革走入死胡同。对该项目的保守性承诺是必要的，但在联盟取得领导地位之前应该保持沉默。这一领导地位可以在党派、社会阶层或种族方面（最好是三者兼有）体现出媒体所解读的对弱势群体的关心。

令人惊奇但又的确时常发生的事情是，保守派或自由派的公众人物都能够有把握地接纳对手的良好建策，而不是相互拆台。择校的策略将会是先说服自由派，借助他或她自己对穷人所声称的关怀而发起运动。这种对原则的忠诚度会在各处开始体现。我们认为通过耐心的劝导，真诚有时就会被激发，毕竟提案本身是设计得当的。考虑到这一点，在提案起草过程中应该邀请激进的自由派参与，这有利于争取他们的支持。

另一条相关的原则便是这样一条公理：所有政治都是本土性的。设计和游说的任务需要那些谨慎小心并富有经验的人，他们了解潜在的参与者及其外在和内在两方面的需求。一些人的政治生涯会因此而得到庇护，而另一些人的政治生涯才刚刚开始。一个高度去中心化的日托产业等待着能在学校市场中崭露头角的机会。各种教会拥有可资利用的历史关系和人际关系，他们会充分利用这些关系并规避矛盾。当地公立学校的教师群体聚集了足够多的富有创见的人，他们正在为择校计划做准备。一名黑人牧师就如同一个火花塞。一名农场工人可以将信息以最有效的方式传达给那些移民家庭乃至他们的工会。所有这些可能性都具有鲜明的本土性和个体性，唯一的共通点在于所有参与者都对普通父母们抱有信心。

　　一个最具本土性的决策很关注提案的标签。毕竟，该提案必须同传统体制以及其他可能出现的改革形式一起参与市场竞争。米尔顿·弗里德曼（Milton Friedman）给择校制度贴上了教育券的标签。仅仅就词本身来说，它并没有什么危害，但是它却引发了两个貌似合理的反对意见。择校反对者对这一术语持续不断的非议已经破坏了它本身所具有的政治价值。另一种观点认为，教育券就如同市场本身一样，仅仅是实现人类目标的有效工具。同时，这个词并没有体现出制度本身所应体现出的强大深层要素，比如正义以及对家庭自由选择的尊重等，反而让人觉得改革者把使用这一工具放在第一位。兴许还未能找到合适的词语来描述这种隽永的深意。近年来，我们已经尝试过许多替代性术语，如奖学金、助学金、奖励。总体上，我们更喜欢"奖学金"这个词，因为它至少意味着对教育和心灵世界的关注，这与对房子、食品和药物之类纯粹物质的担忧有很大的不同。在任何情况下，描述奖学金的广泛目的时，我们都建议采用词语在特定语境中的意思来表达，从而确保家庭在扮演教育者角色时的尊严。也许父母或家庭的教育选择是最好的，但是我们也要考虑当地群众的智慧。

　　最后，并非一切都由当地的特殊性而决定。在末尾我们会重申本书的主要观点，那就是让设计方案符合终极目标。这一点非常重要。择校的组织者必须提前弄清他或她能够在提案的具体条款上所愿意做出的让步限度，以确保在协议框架内达成一致。我们认为，个人的局限性在协议起草的过程中将得到检验，因为圆桌谈判的每位参与者或多或少都存在相互冲突的意识形态，他们会试图在方案中守住各自的底线。我们守住底线，并在随后的澄清中达成满意。这有助于我们总结方案起草过程中那些我们想要坚持的原则，同时也能通过不同的方式使参与者都获得满意。这些与制定一套服务于所有学龄儿童的奖学金体系密切相关。专门针对弱势儿童群体而提供的奖学金，经常无需复杂的法规就能进行安全的管理。以下是我们支持的奖学金通用制度的要点：

　　1. 公立学校必须有自主权，并能以同私立学校相近和相匹敌的形式重建自身。

　　2. 不能对参与择校项目的私立学校在课程、雇佣、纪律和其他特性方面提出新的规定。

3. 入学及学费政策必须确保所有儿童具有平等的入学机会。

4. 入学政策必须使特殊教育学生享有在公立和私立学校间进行选择的权利，并平衡家庭的入学利益和学校的维持利益。

5. 奖学金数额必须足够大，以刺激新的办学者加入。

6. 在交通成为入学必要条件的地区，针对那些难以支付路费的家庭，应当确保学校处在合理的距离。

7. 必须确保将充足的信息通过私立或公立的代理机构，传达给缺少经验的父母们。

据我们判断，确保满足上述七条通用制度要点是奖学金方案在政治上成功的一个条件。即便没有满足，我们也会将其作为公平问题去为之坚持。我们现在欣喜地看到，在密尔沃基和克利夫兰以及包括加利福尼亚等其他正在考虑的地区，都已将这七个要点（至少是其中的一部分）贯彻到其针对性方案中了。所有这些方案无一例外地又格外关注低收入家庭或者其他弱势家庭的儿童。

密尔沃基的奖学金额度如今达到了公立学校 80%—90% 的支出或私立学校 100% 的学费，一般会选择二者中相对较低的那个额度；私立学校对贫民子弟的入学政策确保了他们至少能获得与在公立学校就读时一样公平的待遇；附加学费受到调节监管；自 1998 年起，学区开始设立特许学校，这鼓励和推动了择校计划在公立学校范围内的发展。可是，美中不足的是它没有提供交通补贴。

克利夫兰的择校项目总体上稍多了些试验性。其招生政策以那些低收入阶层为目标群体，交通补贴也格外慷慨，附加学费被限制在 10% 以内。但是，它的奖学金数额却太小（大概 $2500），以至于难以激发更多的企业家投资办学。目前，尚不清楚俄亥俄州特许学校法律是否会包含克利夫兰学区，以鼓励政府办学之间的竞争。

无论是克利夫兰还是密尔沃基都没有为消费者提供信息的正式项目，但是针对父母行为的研究则表明，小道消息已经发挥着显著的作用。无论如何，通用制度中的许多其他重要或必要的政策已经被认为既积极又实用。

最后，对学校身份特色的保护不仅至关重要也很困难，但是正在得到优先重视。威斯康星公立学校当局采取了一种可预测的反对策略，即制定了迷惑、打击、恐吓私立办学者的条例，然而这些条例又被州法院裁定违反了授权法的规定。这种错误的做法对于真正的择校计划是一种长期的威胁，并且，长此以往，警惕便成为换取自由的代价。然而，事情似乎有了一个良好的开端，因为对于那些采取修宪提案策略的州来说，威斯康星的经验提供了一个生动的启示，即应该着力建立可以合理保护多样性及自主性的根本性法律。

在此，我们以瑞典最近的经验简介（按我们所理解的那样）来作为总结。在 1990 年初，出人意料的，瑞典保守派上台执政。他们之前发起了一项包括私立学校在内的择校运动，并在掌权后将其付诸实施了。后来上台执政的社会民主党消除了择校方案中的教育券题名，但运动依旧保留了择校制度的核心特征。现在，瑞典在大规模地推广择校方案，并得到了举国上下的支持。私立学校的数量在不断增长，短短几年里，国内的私立学校从最初的一无所有发展到约 300 所，学生将近 9 万名，占全国学生总数的 30%。许多人预测，在不久的将来，参与择校项目的私立学校将占据 10% 以上的市场份额。

我们认为，以下是瑞典方案广受欢迎的关键：

第一，几乎所有学校的入学政策都是非挑选性的。除了学术型高中，各学校基本上都会接收所有学生，直至满员。

第二，对参与择校项目的私立学校的资助大致参照对公立学校的资助（大概比全国平均水平低 7%）。

第三，私立学校基本上不收取任何附加学费（少数学校会因为冰球等特殊项目收取少量的额外费用）。

第四，保留项目参与学校的管理自主权。

第五，允许选择私立学校的家庭获得财政资助的同时，也在公立教育内为其提供更多的择校方式（尽管还少于我们所建议的数量）。

支持择校的美国人将会发现，其实这些设计元素与新兴特许学校运动的特点具有显著的相似性。瑞典的经验给了我们将这些政策应用在本国私立学校上的启发。

附录：关于一个加利福尼亚教育改革倡议的样本条款

这个附录将上面所建议的法律条款非正式地拟定在一起（作了少量的修订和补充）。它大致以修宪提案的形式呈现，但很容易被重塑为普通的法律条款。

下面的部分被加进了加利福尼亚州宪法的第九条：

目的：人们采用这个修正案旨在提高公立和私立学校的质量和效率，使所有孩子的受教育机会最大化，为弱势和残疾儿童提供更多的入学选择，确保家庭的尊严，将为孩子选择专业教育者的权利和责任交还给他们的父母。

1. 学生的奖学金资格
奖学金资格的分阶段实施：

（1）截至某一时间点，从第一学年开始，在公立学校接受中小学教育的每位低收入居民或是严重残疾的儿童或是在那个时间点以后达到入学年龄的儿童均有资格获得奖学金。

（2）从第二学年开始，其他所有学龄儿童、低收入家庭的儿童和严重残疾的儿童均有资格获得奖学金。

（3）截至某一时间点，从第三学年开始，在公立学校接受中小学教育的其他所有该地住户或是在那个时间点以后达到入学年龄的儿童均有资格获得奖学金。

（4）从第四学年开始，所有居住此地的学龄儿童均有资格获得奖学金。

关于奖学金资格的替代性条款：
我们已经起草了"条款1（1）"，并且该示例剩余的大多数内容皆是基于通用奖学金这一前提假设，也就是说，奖学金最终会惠及州内所有学龄儿童。但由于前文所讨论过的原因，起草者可能更倾向于一个侧重特定学生的制度。下面的两个示例条款提供了替代性选择。在某些情况下，这样的目标定向会降低像上文"1（1）"等特定条款的重要性，而这在普遍模型中都是必要的。

（A）低收入家庭的孩子和严重残障儿童具有获得奖学金的资格。在任何时候，低收入家庭的孩子是指其家庭收入在全体学龄儿童的家庭中处于后15%—20%，或者在过去3年中因满足上述标准而获得奖学金的儿童。在这一范围内，立法应该计算出此类儿童的大约数量。为了方便起见，可以借助于现有家庭平均收入确定资格的项目来确定。严重残障儿童意味着儿童的残障程度已经极大地阻碍其接受普通儿童可以接受的教育，或者正在接受特殊教育服务，或者其教育成本已经显著高于特殊教育的平均成本。

或者：

（B）州教育委员会应根据学校整体质量对公立学校系统内的所有学校每年进行一次排序。排序考量的因素主要包括标准化测试成绩、成绩提高的幅度、旷课率以及州教育委员认为合适的其他因素。排名结果应当在互联网上向公众公开。连续两年排名后10%的学校将被认定为"连续不合格学校"。此类学校中的所有学生或者将被指定到此类学校的所有学龄儿童，都有资格获得奖学金。一旦使用奖学金的学生在参加择校计划的学校注册，其奖学金资格就应该延续到读完原来学校能提供的最高年级的教育。

奖学金的平均金额：

奖学金的平均金额至少应大致相当于本州公立学校生均平均总成本的85%。

个体的奖学金金额：

立法机关应该调整个人奖学金的数值以大体反映如下因素：给低收入家庭的儿童补助合理的交通费用，与年级水平相关的支出差异，公立学校内严重残疾的儿童所特有的支出差异。立法机关可以因其他合理的教育目标而调整奖学金的实际额度，只要使相似教育环境的儿童获得同等的奖学金即可。

奖学金的最大额度：

在任何情况下，奖学金的额度不应超过儿童在学校的正常学费（学校成本），前提条件是参与的学校可以获得奖学金的额外部分，即低收入家庭的儿童的交通费用补助和残疾儿童教育费用补助金。

2. 参与择校计划的学校

特许学校：

学区、社区学院、博物馆、公立大学，各市县都可以建立适用州奖学金的特许学校。每一所学校都应该是非营利公立法人，其治理形式应在成立时由组织者以规定的形式固定下来。此外，特许学校必须依法运行，法律对其限制不应超过对私立学校的限制，包括设置课程的自由、制定合理纪律的自由、设置雇佣条件的自由。它必须遵守普通法和成文法的规定，包括破产法。

奖学金学校：

奖学金学校是被非政府办学者拥有和管理的学校，并依法具有兑换奖学金的资格。私立学校不应该被强制要求转变成奖学金学校。

项目参与学校的初始资格：

在填写一份表格，声明满足教师聘用、课程、基础设施等方面要求之后，特许和奖学金学校有权兑换其学生带来的州奖学金。自本法通过之日起，这同样也适用于私立学校。除此之外，在奖学金项目的管理规定中，不应该给参与学校强加其他要求，两院立法议员成员 2/3 赞成票正式通过的关于健康与安全的要求除外。任何生源数量少于 25 的学校都不能兑换奖学金，除非立法另有规定。

学校持久参与的权利：

在通告和充分的辩护上诉后，除非有实质性的证据表明有本节提到的违规行为，任何学校不应失去兑换奖学金的资格。

3. 项目参与学校的规章
入学：

项目参与学校应根据联邦宪法的有效准则，而不是州内居住地来招收和选拔学生。每所这样的学校每年应该保留 20% 的录取名额，给那些经济收入在州整体水平中处于 75% 之后的家庭。如果这样的申请比预留的席位少，必须录取所有的申请者；如果这样的申请者超过了预留的席位，学校可从中选择出预留的数量。

学费：

项目参与学校在教育及相关服务上收费超出奖学金额度部分的，应与家庭的支付能力相一致。

课程．

项目参与学校必须满足那些本法通过之前适用于私立学校的教育法规的要求（包括数学、英语、自然科学等相关学科的教学）。

教学禁令：

任何学校，若教授与种族、少数民族、有色人种、民族血统、宗教或性别等相关的优劣论或基于此怂恿仇恨任何人或群体，都不能获得兑换奖学金的资格。

教师认证：

在项目参与学校中，学术科目的教师必须参加公立学校教师必须参加的所有教师能力考试。每所参与学校都应公布其通过和没通过这类考试的教师占全体教师数量的比例。同时，参与学校还应该公布其教师的教育背景，包括他们是否获得了州教师资格认证。

教师认证（替代新规定）：

在项目参与学校中，应有不少于3/4的学术科目教师既通过了资格认证，也通过了公立学校教师应参加的一切教师能力考试。

聘用限制：

项目参与学校不应聘用曾经犯过以下罪行的个人：（1）任何重罪犯；（2）任何涉及猥亵或淫荡行为的犯罪；（3）任何涉及性骚扰或其他虐待儿童的犯罪。任何一所项目参与学校的所有者都不应包括上述这些人。然而，如果根据诉讼和其他正当理由，州教育委员会可以在这些规定之外，允许那些明显证明已平反昭雪的特殊案例存在。

对之前受雇于公立学校的员工的福利保障：

对于从公立学校转到特许学校的员工，只要他仍受雇于任何一所特许学校，就应按照学区其他雇员的标准继续为其缴纳养老金和医疗保险。

学生测试：

为了加强家长及社会的问责，州教育委员要求每所学校注册的所有学生，不管学生获得公立资助还是兑换州奖学金，都参加州范围内统一的测试，以评估个体在教育上的进步。这类测试应该由独立的团体负责出题、实施和评分。每所学校在每一年级测试的综合成绩都应该向公众发布。个人成绩应该包括百分位成绩，且只对儿童及其家长提供。

学术标准：

除非学生没有取得实质性的学业收获，或者不愿付出努力去达到学校公布的标准，项目参与学校不得开除学生。

学术标准（替代新规定）：

除非在很长一段时间内达不到学校所公布的标准且没有任何进步的可能性，学生一旦注册，可以继续留在项目参与学校。

学校纪律：

在合理告知并遵循程序的情况下，学校可以设置并施行一套行为规范和纪律，可以开除那些违反学校相关规范的、有严重或惯常不端行为的学生。

宗教行为：

参与学校可以要求掌握包括宗教内容的课程，但是不应强迫学生宣称信奉某一信仰或参加仪式或象征信仰的其他行为。

虚假信息：

项目参与学校不应蓄意提供涉及自身的虚假信息或误导性信息。对于学校或个人可能出现的与教唆学生或奖学金兑现相关的欺诈行为，立法机关应该制定民事及刑事处罚。在公告及抗辩机会之后，除非有明确且有力的证据表明学校确实违反了上述规定，任何学校不应被剥夺奖学金兑现的资格。由任何职能机构发起的撤销奖学金兑现资格的程序都应该交由司法程序重新复审。如果法庭确定学校继续营运最符合学生的利益，面对学校申请继续办学，法庭可以在做出最终判决之前暂时搁置撤销学校资格的命令。

信息披露：

　　项目参与学校应该向在校学生的家庭及咨询的学生家庭提供一种宣传册，其中至少涵盖以下信息：学校满足了对同类学校在课程方面的所有要求；各年级学生的平均测试成绩；教师资格；重要的学校设施；学业期望及规定；纪律规定和程序；录取政策；学费、费用及可用的财政援助。

　　每所公立学校及每所兑换州教育奖学金的公立或私立学校，必须与一般公司业务一样保留所要求的财务记录，并且根据合理通知，将这些财务记录恰当地公布给州立某机构委派的稽查员。这些记录必须足以确定学校的权力结构及包括雇员在内各方利益的特性及各方利益间的财政关系。

诉讼的民事权利：

　　家长和儿童应该具有司法行为，以挽救因学校违反本节中的职责以及违反家长和学校之间契约而造成的损害。在因不法行为或违约而故意造成严重伤害的案例中，法官或陪审团可以根据普通法处以惩罚性赔偿。

人名译名对照表

Adam Smith	亚当·斯密
Albert Camus	阿尔伯特·加缪
Ann Orlov	安·奥尔洛夫
Armin Schroeder	阿明·施罗德
Barbara Lewis	芭芭拉·刘易斯
Bertrand Russell	伯特兰·罗素
Christopher Jencks	克里斯托弗·詹克斯
Daniel Defoe	丹尼尔·笛福
Daniel P.Moynihan	丹尼尔·莫伊尼汉
David Sonnenfeld	戴维·索南费尔
Dietrich Bonhoeffer	迪特里希·潘霍华
E.F. Schumacher	厄恩斯特·弗里德里克·舒马赫
Eloise Schmidt	埃洛伊丝·施密特
Eva Scipio	伊娃·西皮奥
Everett Reimer	埃弗里特·赖默
G. K. Chesterton	吉尔伯特·基思·切斯特顿
Gail Saliterman	盖尔·萨利特曼
George Santayana	乔治·桑塔亚纳
Herbert Kohl	赫伯特·科尔
Herbert Spencer	赫伯特·斯宾塞
Hilaire Belloc	希莱尔·拜劳克
Hugh Calkins	休·卡尔金斯
Ivan Illich	伊万·伊里奇

J.S. Mill	约翰·斯图尔特·密尔
James Coleman	詹姆斯·科尔曼
Jeffrey Gordon	杰弗里·戈登
John Acron	约翰·阿克顿
John E. Coons	约翰·孔斯
John Holt	约翰·霍尔特
Judith Areen	朱迪思·阿伦
Judith Kahn	朱迪思·卡恩
Kohlberg	科尔伯格
Kowalski	科瓦尔斯基
Laura Bergang	劳拉·柏刚
Lewis Carroll	路易斯·卡罗尔
Mario Fantini	马里奥·凡蒂尼
Mark Hopkins	马克·霍普金斯
Milton Friedman	米尔顿·弗里德曼
Milton Shapp	米尔顿·夏普
Nancy St. John	南希·圣约翰
Nicholas Berdyaev	尼古拉·别尔嘉耶夫
Norman Williams	诺曼·威廉斯
Pam Kolacy	帕姆·科莱西
Paul Goodman	保罗·古德曼
Peter Doe	彼得·多伊
Phillip Whitten	菲利普·惠滕
Phyllis Mcginley	菲莉丝·麦金利
Potter Stewart	波特·斯图尔特
Richardson Preyer	理查森·普莱尔
Robert Browning	罗伯特·布朗宁
Robert Heilbroner	罗伯特·海尔布鲁诺

Robert Mnookin	罗伯特·姆努金
Stephen Aarons	史蒂芬·阿伦斯
Stephen D. Sugarman	史蒂芬·休格曼
Steven Klees	史蒂夫·克里斯
Theodore Sizer	西奥多·赛泽
Thomas Paine	托马斯·潘恩
Victor Gollancz	维克多·戈兰茨
William Clune	威廉·克鲁恩

地名译名对照表

Alum Rock	艾勒姆·洛克区
California	加利福尼亚
Columbia	哥伦比亚
Detroit	底特律
East Palo Alto	东帕罗奥多
Evanston	埃文斯顿
Harlem	哈莱姆区
Indianapolis	印第安纳波利斯
Louisville	路易斯维尔
Milwaukee	密尔沃基
Minneapolis	明尼阿波利斯
New Hampshire	新汉普希尔
Pasadena	帕萨迪纳
Portland	波特兰
Ravenswood	雷文斯伍德
Richmond	里士满
Rochester	罗彻斯特
Vermont	佛蒙特
Wilmington	威尔明顿

太平洋研究院及其学校改革研究中心简介

太平洋公共政策研究院致力于推广个体自由和个人责任的理念。研究院认为，只有借助一系列强调自由经济、民间自主和有限政府的政策，上述两个理念才能得到最大限度的提倡。通过聚焦诸如教育、环境、法律、经济、社会福利等公共政策问题，研究院致力于使政府、学界、媒界和商界的领导人更深刻地理解自由社会的理念。

该研究院的**学校改革研究中心**致力于探索和推进学校改革战略的多样化，包括特许学校、择校扩展、公私立校际合作、学校财政支持改革、学术标准的提升以及问责制度的优化。

《使择校惠及所有家庭》是该中心"立法和政策改革模板"系列丛书中的第二本。该系列丛书描述了学业标准、择校、特许学校三个教育改革关键领域中所有相关的问题。政府官员和立法者对这些问题必须深入理解，并具体运用到政策的优化设计中。该丛书借鉴了那些已经出现了相关问题的州的应对经验，深入分析了国际和国内的相关数据，详细描述了不同的问题解决方法如何影响具体的政策和立法结果。丛书还给出了确保预期结果实现的最佳操作方法和语言表述，并指出了政策偏离最佳操作方法时会伴随出现的突出问题。该丛书共包括三册：《制定并落实学业标准》(Lance T. Izumi)、《使择校惠及所有家庭》(John E. Coons 和 Stephen D. Sugarman)、《扩展特许学校计划》(Kenneth Lloyd Billingsley 和 Pamela riley)。

译后记

　　教育选择是当代西方国家一个重要的改革动向，同时也充满了争议和复杂性。一方面，市场化的倡导者、家长权利的倡导者、激进的教育改革者致力于推动教育选择，以实现提升学校效率、保障家庭权益等目的。另一方面，教师工会、学校管理者、教师教育者极力批判教育选择带来的种种弊端，包括损害公立学校声誉、阻碍教师专业发展、加剧教育不公平等。

　　在教育选择的倡导者中，加州大学伯克利分校法学院的两位教授约翰·E.孔斯和史蒂芬·D.休格曼，是从教育公平角度系统论证教育选择正当性的重要代表人物。他们不仅提出了教育选择在补偿弱势群体方面所能发挥的重要价值和作用，而且结合现实问题，对教育选择的实施路径进行了具体分析，并构建了一个立法和政策改革的模板。也就是说，在这两位法学教授看来，教育选择有助于促进教育公平而非损害教育公平。事实上，相较于市场化等改革指向，以教育公平为导向的教育选择计划在实践中最具有可行性，其影响力也是最大的。

　　在本书中，孔斯教授和休格曼教授围绕着为何要实施教育选择、谁来做出选择以及如何实施教育选择等核心议题展开了论述，其间涉及教育选择的思想流派和理论基础、儿童的利益问题、教育权的归属问题、种族融合问题以及教育资助的主体、类型与方式问题等。两位作者以缜密的逻辑思维对上述议题及其可能引发的问题进行了分析，并旗帜鲜明地提出了要赋予弱势群体家庭以教育选择权。

　　本书分为上下两篇，在英文版发行时，分别是两本书。上篇是《教育选择：家庭的权利与责任》，下篇是《使择校惠及所有家庭：一个立法和政策改革的模板》。之所以将两本书合在一起，除了著作篇幅上的考虑外，主要在于这两本书具有内在的一致性。可以认为，后者是前者的具体化和操作化。如果说，《教育选择：家庭的权利与责任》讨论的是教育选择实施的基本理念问题的话，那么《使择校惠及所有家庭：一个立法和政策改革的模板》就是对教育选择在实践过程中可能遇到的问题进行分析，从而使教育选择理念具有现实上的可行性。

　　《教育选择：家庭的权利与责任》的序一、引言、第一章至第七章由王佳佳翻译；第八章至第十一章以及结论由韦珠祎翻译，并由王佳佳审校。序二、《使择校惠及所有家庭：一个立法和政策改革的模板》由程接力翻译。本书的两位作者，加州大学伯克利分校的约翰·E.孔斯和史蒂芬·D.休格曼为本书中文版的出版提供了大力支持。在整个翻译的过程中，他们为译者解惑答疑，使译文的质量得到了保障。他们邀请译者到加州大学伯克利分校访学，使译者有更充分的机会理解作者的思想。

　　北京师范大学曾晓东教授将本书纳入"教育均衡与选择研究"丛书，使之能够顺利出版。中国教育学会会长，北京师范大学教授、原校长钟秉林教授，中国教育政策研究院副院长、新教育实验发起人、全国政协常委朱永新教授，以及21世纪教育研究院院长、国家教育咨询委员会委员、北京理工大学教授杨东平教授对本书青睐有加。从本书翻译项目的策划到最终的出版，华东师范大学教育学部刘涛博士耗费了许多心血，并翻译完成本书中文版代序的内容。广西师范大学出版社的刘美文编辑、周伟编辑对本书进行了细致的校对。在此一并致谢。

王佳佳　程接力　韦珠祎

2017 年 11 月 20 日

Education by Choice：The Case for Family Control © 1999, Educator's
International Press

著作权合同登记号桂图登字：20－2018－201 号

图书在版编目(CIP)数据

教育选择：家庭的权利与责任／（美）约翰·E.孔斯,（美）
史蒂芬·D.休格曼著；王佳佳等译. —桂林：广西师范大学出
版社，2018.12
　　书名原文：Education by Choice：The Case for Family Control
　　ISBN 978－7－5495－8294－5

Ⅰ．①教… Ⅱ．①约… ②史… ③王… Ⅲ．①教育社会学
Ⅳ．①G40－052

中国版本图书馆 CIP 数据核字(2016)第 152663 号

出 品 人：刘广汉
策划编辑：刘美文
责任编辑：周　伟
助理编辑：李　影
封面设计：王鸣豪

广西师范大学出版社出版发行

（广西桂林市五里店路9号　　　邮政编码:541004）
　网址:http://www.bbtpress.com

出版人:张艺兵
全国新华书店经销
销售热线:021－65200318　021－31260822－898
山东临沂新华印刷物流集团有限责任公司印刷
(临沂高新技术产业开发区新华路1号　邮政编码:276017)
开本:720mm×1000mm　　1/16
印张:20.5　　　　　　　字数:343 千字
2018 年 12 月第 1 版　　　2018 年 12 月第 1 次印刷
定价:58.00 元

如发现印装质量问题,影响阅读,请与出版社发行部门联系调换。